高等职业教育新形态一体化教材

高职应用语文

钱俊

唐笑琳 顾思晨 杨佳韵

吴晨曦 张润海

中国教育出版传媒集团

高等教育出版社 · 北京

内容简介

　　本教材是高等职业教育新形态一体化教材，强调语文学科属性的同时，兼及职业教育的应用性和实践性。

　　本教材以立德树人为根本任务，围绕"培根、铸魂、筑梦"的育人理念，按照"源出经典，源于生活"的开发原则和"陶冶个人—服务社会—贡献国家—胸怀天下"的逻辑理路，构建"语文元素＋五育元素＋优秀文化元素"课程思政体系，以"课程思政"和"语文核心素养"双线索，培育文化底蕴深、爱国信念强、"有根、有魂、有梦"的时代新人。

　　本教材设有阅读鉴赏篇和实践训练篇两大板块共十二个专题。阅读鉴赏篇有"崇德修身""青春之歌""为学有径""美在深情""敬畏生命""职场经纬""乡土本色""胸怀天下""人在旅途"九个专题，强调语言表达、诗文鉴赏、思辨审美等能力的提升；实践训练篇对接语文能力的实践应用和高职学生成长就业的需求，设置"表达与交流""应用文写作""文化寻访"三个专题，采用"情境—任务"导向型的编写方式，设计以学生为中心的任务活动，在实践中涵养职业精神、提升职业素养、服务专业成长。

　　本教材以二维码的形式链接了编写团队开发建设的省精品在线开放课程"微言品语文"和校级课程思政示范课程"大学语文"两门在线课程的数字资源，旨在建设立体化教材，延展教学空间，方便学生拓展学习。本教材还配套开发了PPT课件和电子教案，具体获取方式请见书后"郑重声明"页的资源服务提示。

　　本教材既可作为高等职业院校公共课程教材，也可作为大学语文自学参考用书。

图书在版编目（CIP）数据

　　高职应用语文 / 邓虹，钱俊主编 . -- 北京 : 高等教育出版社，2024.4（2025.9重印）

　　ISBN 978-7-04-061741-2

　　Ⅰ. ①高… Ⅱ. ①邓… ②钱… Ⅲ. ①大学语文课 - 高等职业教育 - 教材 Ⅳ. ① H19

　　中国国家版本馆 CIP 数据核字 (2024) 第 042827 号

GAOZHI YINGYONG YUWEN

策划编辑	方　雷	责任编辑	方　雷	封面设计	张申申	版式设计	杜微言
责任绘图	黄云燕	责任校对	张　薇	责任印制	刁　毅		

出版发行	高等教育出版社	网　　址	http://www.hep.edu.cn
社　　址	北京市西城区德外大街 4 号		http://www.hep.com.cn
邮政编码	100120	网上订购	http://www.hepmall.com.cn
印　　刷	鸿博汇达（天津）包装印刷科技有限公司		http://www.hepmall.com
开　　本	787mm×1092mm　1/16		http://www.hepmall.cn
印　　张	21.25		
字　　数	430 千字	版　　次	2024 年 4 月第 1 版
购书热线	010-58581118	印　　次	2025 年 9 月第 4 次印刷
咨询电话	400-810-0598	定　　价	43.80 元

本书如有缺页、倒页、脱页等质量问题，请到所购图书销售部门联系调换

文化兴则国运兴，文化强则民族强。高职语文是职业教育体系中一门必修的职业通用能力课程，是高职院校开展人文素质教育的核心课程。高职语文帮助学生提升文学知识、语言修养、审美品质，升华高雅志趣；能够培养职业道德、合作意识、敬业精神，让学生全面发展；能够提升自我适应、自我发展的能力，增强学生可持续发展的本领。高职语文更是终身教育的需要。

"工欲善其事，必先利其器"，教材是课程达成教育目标的载体和保障。本教材编写团队基于教育部《职业院校教材管理办法》《教育部关于职业院校专业人才培养方案制订与实施工作的指导意见》等文件精神，坚持立德树人的根本任务，本着贯彻落实党的二十大报告"发展社会主义先进文化，弘扬革命文化，传承中华优秀传统文化"会议精神，遵循厚植文化底蕴，突出应用性、职业性和实践性的原则，完成《高职应用语文》教材的开发和编写工作。

教材编写团队就如何培养高素质技术技能人才，围绕"源出经典，源于生活"的教材开发原则和"陶冶个人—服务社会—贡献国家—胸怀天下"的逻辑理路，凝练出"课程思政"和"语文能力"双线索，确定"培根、铸魂、筑梦"的育人理念，旨在通过系统构建培育文化底蕴深、爱国信念强，"有根、有魂、有梦"的时代新人。

教材把脉学生认知规律，对接其需求和课程需求，按照板块和专题的结构体例进行编排，设有阅读鉴赏篇和实践训练篇两大板块共十二个专题。阅读鉴赏篇立足中华优秀传统文化、革命文化、社会主义先进文化，立足蕴含其中蕴含的厚德载物、天下为公、民为邦本、亲仁善邻等宇宙观、天下观、社会观、道德观，关照生命价值、审美意识、职业素养、劳动教育等因子，依托优秀传统文化、革命文化、地方文化等，秉持微言大义，以事说理，按照"小故事大主题、小人物大时代、小切口大格局"的思路，撷取贴合学生学习和生活的作品，凝练出"崇德修身""青春之歌""为学有径""美在深情""敬畏生命""职场经纬""乡土本色""胸怀天下""人在旅途"九个专题，旨在培养学生语言表达、诗文鉴赏、思辨审美等能力。实践训练篇设置"表达与交流""应用文写作""文化寻访"三个专题，切合高职学生成长和就业需求，在行动实践中涵养学生的职业精神，提升职业素养，服务专业成长。

阅读鉴赏篇的九个专题以古今经典文本为载体。各专题设有"卷首语""作品选文"

和"专题实践任务"三个部分，"卷首语"开宗明旨、言简意赅，阐明本专题核心思想。"专题实践任务"以生活为基础，以专题为引领，以语文实践活动为主线，整合学习内容、方法、资源等要素，设计语文实践任务群，促进学生学、思、行、悟共同发展。每篇选文设有"注释"和"阅读提示""思辨感悟""拓展延伸"。"阅读提示"以编者提示促进阅读活动，引导学生达成对文本的整体感知与系统理解，激发学生阅读兴趣；"思辨感悟"精心设计开放性问题，留给学生评论、思考的空间，培养学生既读且思、既评且议的良好阅读习惯；"拓展延伸"推荐了与选文相匹配的课外经典作品与文化节目，以一篇带一本，以一课带一类，拓宽学生阅读视野；"随堂练习"检验学习效果、巩固所学知识。

实践训练篇的三个专题强化语文能力的实践应用。采用"情境—任务"导向型的编写模式，选择和创设真实的生活、学习、工作情境，设计以学生为中心的任务活动，让学生在实践中完成知识、技能、思维、观念的建构、整合和运用。每种实践任务分为情景模拟、知识导读、任务明确、任务实施、实践训练五个部分，在生动有趣的情境中提升学生的交谈、演讲、辩论、无领导小组讨论等口语交际能力和简历、求职信、会议记录、通知、策划书等应用文写作能力。"文化寻访"专题，通过"诗·城""戏曲寻梦""探寻非遗"三个活动，让学生在探访时行中学、学中悟，了解文化遗产、触摸土地温度、感受国粹艺术、赏悟文化之美、探寻文化之根、传承文化之魂，让语文学习落地生根，为打造体验式、分享式大学语文"行动课堂"提供载体，在同类教材的语文能力实践的主题设置方面不失为一种创新。

教材编写团队在省精品在线开放课程"微言品语文"、校课程思政示范课程"大学语文"中，遴选出与教材内容相关联的微课等数字资源、并同步开发与选文相匹配的随堂练习题库数字资源，教材设置二维码链接在线优质资源，打造线上线下相结合的新形态一体化教材，延展教材空间和容量，以故事性、趣味性的颗粒化资源，对接学生的碎片时间，让学生易学、会学、乐学、爱学。

本教材由扬州工业职业技术学院、江苏旅游职业技术学院、无锡商业职业技术学院三所学校联合编写而成。教材编写团队成员共8人，扬州工业职业技术学院6人，江苏旅游职业技术学院1人，无锡商业职业技术学院1人，其中博士3人，副教授2人。本教材主编有过主编"十二五"职业教育国家规划教材《应用文写作》、参编江苏省重点教材《"扬州工"文化概论》、主编校级规划教材《大学语文》的经历，教材编写经验丰富；教材编写团队成员具备丰富的教学经验和深厚的学术素养，对高职院校学情了解深刻，在"大学语文"课程建设、教材建设、课程思政建设、团队建设、教学能力比赛等方面均有不俗成果。

本教材在编写过程中得到多方大力支持，感谢扬州工业职业技术学院、江苏旅游职业技术学院、无锡商业职业技术学院三校领导的殷切关怀，感谢高等教育出版社方雷编辑严谨细致的指导和审读。限于编者的学识、眼界和能力，教材中难免存在疏漏和不足之处，欢迎各位专家、读者和广大师生批评指正。

编　者

2024 年 2 月

目录

实践训练篇 —————————————————— 247

参考文献 —————————————————— 327

阅读鉴赏篇

专题一　崇德修身

《周易》云："天行健，君子以自强不息。""地势坤，君子以厚德载物。"意为君子应效法天地，一方面像天宇一样运行不息、刚健永恒，不能一曝十寒、半途而废；另一方面要增厚美德，心胸像大地一样宽广厚实，载育万物，助利万物。

中国传统文化历来强调个人自身道德的养成，由修身到齐家、治国、平天下是一个渐次展开、逐层递进的关系，崇德修身的重要性不言而喻，而其关键就在于厚德载物的精神要求。厚德载物的内核是"德"，本义为目视不偏，行动端正。在此基础上，不计较个人得失，胸怀宽广，心地善良，重公轻私，谓之"厚德"；用厚德的品行理性地对待客观环境中的人和事物，谓之"载物"。厚德载物是中国自古就有的民族精神，在本专题中体现为"修齐治平"的积极入世，"己欲立而立人，己欲达而达人"的以德为先，"人皆有不忍人之心""君子莫大乎与人为善"的宽厚仁爱，"秉德无私，参天地兮"的宏大志向，"民，吾同胞；物，吾与也"的胸怀天下……

崇德修身所彰显的是淳厚的德性、包容万物的胸怀，是一种优秀的道德品质，集孝、悌、忠、义、礼、信、诚等多种要求于一体，近乎中国传统道德的理想模式。这种敦促世人不断"向内看""反求诸己"的道德要求，在当代社会也并不过时，反而历久弥新，焕发出新的活力与生机。崇德修身思想作为中华优秀传统文化的重要内容，凝聚着中华民族在历史长河中沉淀的智慧、神采与气韵，形成了中华文化独特的精神标识。

大学（节选）

《礼记》

赵孟頫《大学》书法

大学之道①，在明明德②，在亲民③，在止于至善。知止④而后有定，定而后能静，静而后能安，安而后能虑，虑而后能得⑤。物有本末，事有终始。知所先后，则近道矣。

古之欲明明德于天下者，先治其国；欲治其国者，先齐其家⑥；欲齐其家者，先修其身⑦；欲修其身者，先正其心；欲正其心者，先诚其意；欲诚其意者，先致其知⑧。致知在格物⑨。

物格而后知至，知至而后意诚，意诚而后心正，心正而后身修，身修而后家齐，家齐而后国治，国治而后天下平。

自天子以至于庶人⑩，壹是⑪皆以修身为本。其本乱，而末治⑫者否矣。其所厚者薄，而其所薄者厚⑬，未之有也⑭。

所谓诚其意者⑮：毋⑯自欺也。如恶恶臭⑰，如好好色⑱，此之谓自谦⑲。故君子必慎其独也⑳！小人闲居㉑为不善，无所不至，见君子而后厌然㉒，掩㉓其不善，而著㉔其善。人之视己，如见其肺肝然，则何益矣。此谓诚于中㉕，形于外，故君子必慎其独也。

所谓修身在正其心者，身㉖有所忿懥㉗，则不得其正；有所恐惧，则不得其正；有所好乐，则不得其正；有所忧患，则不得其正。心不在焉，视而不见，听而不闻，食而不知其味。此谓修身在正其心。

所谓齐其家在修其身者，人之㉘其所亲爱而辟㉙焉，之其所贱恶而辟焉，之其所畏敬而辟焉，之其所哀矜㉚而辟焉，之其所敖惰㉛而辟焉。故好而知其恶，恶而知其美者，天下鲜矣！故谚有之曰："人莫知其子之恶，莫知其苗之硕[32]。"此谓身不修不可以齐其家。

所谓治国必先齐其家者，其家不可教而能教人者，无之。故君子不出家而成教于国：孝者，所以事君也；弟[33]者，所以事长也；慈[34]者，所以使众也。《康诰》曰："如保赤子。"[35]心诚求之，虽不中[36]，不远矣。未有学养子而后嫁者也。一家仁，一国兴仁；一家让，一国兴让；一人贪戾，一国作乱。其机[37]如此。此谓一言偾[38]事，一人定国。尧、舜[39]帅[40]天下以仁，而民从之；桀、纣[41]帅天下以暴，而民从之。其所令反其所好，而民不从。是故君子有诸[42]己而后求诸人，无诸己而后非诸人。所藏乎身不恕[43]，而能喻[44]诸人者，未之有也。故治国在齐其家。

《诗》云："桃之夭夭，其叶蓁蓁。之子于归，宜其家人。"[45]宜其家人，而后可以教国人。《诗》云："宜兄宜弟。"[46]宜兄宜弟，而后可以教国人。《诗》云："其仪不忒[47]，正是四国。"其为父子兄弟足法，而后民法之也。此谓治国在齐其家。

所谓平天下在治其国者，上老老[48]而民兴孝，上长长[49]而民兴弟，上恤孤[50]而民不倍[51]。是以君子有絜矩之道[52]也。所恶于上，毋以使下；所恶于下，毋以事上；所恶于前，毋以先后；所恶于后，毋以从前；所恶于右，毋以交于左；所恶于左，毋以交于右。此之谓絜矩之道。

《诗》云："乐只君子，民之父母。"[53]民之所好好之，民之所恶恶之。此之谓民之父母。《诗》云："节彼南山，维石岩岩。赫赫师尹，民具尔瞻。"[54]有国者不可以不慎。辟则为天下僇[55]矣。《诗》云："殷之未丧师，克配上帝。仪鉴于殷，峻命不易。"[56]道得众则得国，失众则失国。是故君子先慎乎德。有德此[57]有人，有人此有土，有土此有财，有财此有用。德者，本也；财者，末也。

（选自《大学·中庸》，中华书局，2006 年版）

注释

①大学之道：大学的宗旨。"大学"一词在古代有两种含义：一是"博学"的意思；二是相对于小学而言的"大人之学"。"道"的本义是道路，引申为规律、原则等，在中国古代哲学、政治学里，也指宇宙万物的本原、个体，一定的政治观或思想体系等，有时指方法、办法，在不同的上下文语境里有不同的意思。

②明明德：前一个"明"作动词，有使动的意味，即"使彰明"，也就是发扬、弘扬的意思。后一个"明"作形容词，"明德"也就是光明正大的品德。

③亲民：程颐认为"亲"应作"新"，即革新、弃旧图新。亲民，也就是新民，即使人弃旧图新、去恶从善。

④知止：知道目标所在。止，用作名词，指所止之地，即至善境界。

⑤得：有所收获。

⑥齐其家：管理好自己的家庭或家族，使家庭或家族和和美美，蒸蒸日上，兴旺发达。

⑦修其身：修养自身的品性。

⑧致其知：使自己获得知识。

⑨格物：认识、研究万事万物。

⑩庶人：指平民百姓。

⑪壹是：都是。

⑫末：相对于"本"而言，指枝末、枝节。末治，指国家治理成功。

⑬所厚者薄：该重视的不重视。所薄者厚：不该重视的却加以重视。

⑭未之有也：倒装句式，按现代汉语语序，应是"未有之也"。没有这样的道理（事情、做法等）。

⑮诚其意：使意念真实无妄。

⑯毋：不要。

⑰恶（wù）恶（è）臭（xiù）：厌恶腐臭的气味。臭，气味，较现代单指臭（chòu）味的含义宽泛。

⑱好（hào）好（hǎo）色：喜爱美丽的容貌。好色：美丽的容貌。

⑲谦（qiè）：通"慊"，满足，惬意，心安理得的样子。

⑳慎其独：在独自一人时也谨慎、不苟。

㉑闲居：即独处。

㉒厌然：躲躲闪闪的样子。

㉓掩：遮掩，掩盖。

㉔著：显示。

㉕中：指内心。下面的"外"指外表。

㉖身：程颐认为应为"心"，即思想。

㉗忿懥（zhì）：愤怒。

㉘之：这里相当"于"，即"对于"。

㉙辟：偏颇，偏向。

㉚哀矜：同情，怜悯。

㉛敖（ào）：通"傲"，骄傲。惰：怠慢。

㉜硕：大，肥壮。

㉝弟（tì）：同"悌"，指弟弟尊重兄长。

㉞慈：慈爱，指父母爱子女。

㉟如保赤子：《尚书·周书·康诰》原文作"若保赤子"。这是周武王告诫康叔的话，意思是保护平民百姓如母亲养护婴孩一样。赤子，婴孩。

㊱ 中（zhòng）：达到目标。

㊲ 机：本指弩箭上的发动机关，引申为关键。

㊳ 偾（fèn）：败，坏。

㊴ 尧、舜：传说中父系氏族社会后期部落联盟的两位领袖，即尧帝和舜帝，历来被儒家认为是圣君的代表。

㊵ 帅：同"率"，率领，统率。

㊶ 桀（jié）：夏代最后一位君主。纣：即殷纣王，商代最后一位君主。二人历来被认为是暴君的代表。

㊷ 诸："之于"的合音词，兼词用法，有"对于"之意。

㊸ 恕：即恕道。孔子说："己所不欲，勿施于人。"意思是说，自己不想做的，也不要让别人去做，这种推己及人、将心比心的品德就是儒学所倡导的恕道。

㊹ 喻：晓谕，使别人明白。

㊺ "桃之夭（yāo）夭"句：引自《诗经·周南·桃夭》。夭夭，鲜嫩，美丽。蓁蓁（zhēn），茂盛的样子。之子，这个（之）女子（子）。于归，指女子出嫁。

㊻ "宜兄宜弟"句：引自《诗经·小雅·蓼萧》。宜，善。

㊼ "其仪不忒（tè）"句：引自《诗经·曹风·鸤鸠》。仪，仪表，仪容。忒，差错。

㊽ 老老：尊敬老人。前一个"老"字作动词，意思是把老人当作老人看待。后一个"老"字作名词，即老人。

㊾ 长长：尊重长辈。前一个"长"字作动词，意思是把长辈当作长辈看待。后一个"长"字作名词，即长辈。

㊿ 恤：体恤，周济。孤：孤儿，古时候专指幼年丧失父亲的人。

51 倍：通"背"，背弃。

52 絜（xié）矩之道：儒家伦理思想之一，指一言一行要有示范作用。絜，量度。矩，画直角或方形用的尺子，引申为法度、规则。

53 "乐（lè）只君子，民之父母"句：引自《诗经·小雅·南山有台》。乐，快乐，喜悦。只，语助词。

54 "节彼南山"句：引自《诗经·小雅·节南山》。节，高大。岩岩，险峻的样子。师尹，太师尹氏，太师是周代的三公之一。尔，你。瞻，瞻仰，仰望。

55 僇（lù）：通"戮"，杀戮。

56 "殷之未丧师"句：引自《诗经·大雅·文王》。师，民众。配，符合。仪，宜。鉴，鉴戒。峻，大。不易，指不容易保全。

57 此：乃，才。

阅读提示

  《大学》出自儒家经典"五经"中的《礼记》第四十二章，其作者相传是孔子弟子之一——曾子。曾子为春秋末年思想家，年少即拜孔子为师，他勤奋好学，积极推行儒家主张，传播儒家思想，颇得孔子真传。曾子是孔子学说的主要继承人和传播者，上承孔子之道，下启思孟学派，其学说在儒家文化中具有承上启下的重要地位。他著有《大学》《孝经》等儒家经典，后世儒家尊他为"宗圣"。

  《大学》以"大学之道，在明明德，在亲民，在止于至善"开篇，总领全文，开门见山地指出，"大学"的根本宗旨在于修养自身以弘扬美好高尚的品德，在于使民众弃旧图新、弃恶从善，在于让自己和他人都回归到圆满的本性中来，达到"德"的最高境界。

  我国古代教育的宗旨是培养圣贤之人，贯彻始终的是德育优先的原则，也就是教育不仅是知识和技能的传授，更重要的是道德修养的培育。《大学》就为我们指明了做人、做事的"三纲领"——明明德、亲民和止于至善。此外，《大学》还提出了实现"三纲领"的具体步骤——格物、致知、诚意、正心、修身、齐家、治国、平天下，即"八条目"。"八条目"的修习要依次进行，因为"物有本末，事有终始。知所先后，则近道矣"。

思辨感悟

  1. 结合自己的成长经历，谈谈"诚意""正心"对个人修养的意义。

  2. 格物、致知、诚意、正心、修身、齐家、治国、平天下，是儒家所倡导的渐次完善人格的步骤，试以一历史人物的成长历程为例，分析儒家这一理论的合理性。

拓展延伸

  1. 李国利，等：《系好人生"第一粒扣子"》，人民日报，2019 年 2 月 25 日
  2. 朱熹：《四书章句集注》，中华书局，1983 年版
  3. 梁启超：《为学与做人》（《梁启超讲演集》，河北人民出版社，2004 年版）
  4. 纪录片《家风》，央视网

随堂练习

论语（十则）

《论语》

孔子像

子曰："弟子，入①则孝，出②则悌，谨③而信，泛爱众，而亲仁④。行有余力，则以学文。"（《学而篇第一》）

子游⑤问孝。子曰："今之孝者，是谓能养。至于⑥犬马，皆能有养；不敬，何以别乎？"（《为政篇第二》）

子夏⑦问孝。子曰："色难⑧。有事，弟子服其劳；有酒食，先生馔⑨，曾⑩是以为孝乎？"（《为政篇第二》）

子曰："事父母几⑪谏，见志不从，又敬不违⑫，劳⑬而不怨。"（《里仁篇第四》）

子曰："巧言、令色、足恭⑭，左丘明耻之，丘亦耻之。匿怨而友其人，左丘明耻之，丘亦耻之。"（《公冶长篇第五》）

子曰："可与共学，未可与适⑮道；可与适道，未可与立⑯；可与立，未可与权⑰。"（《子罕篇第九》）

孔子曰："益者三友，损者三友。友直，友谅⑱，友多闻，益矣。友便辟⑲，友善柔⑳，友便佞㉑，损矣。"（《季氏篇第十六》）

孔子曰:"生而知之者上也,学而知之者次也;困而学之,又其次也;困而不学,民斯为下矣。"(《季氏篇第十六》)

陈亢㉒问于伯鱼㉓曰:"子亦有异闻㉔乎?"

对曰:"未也。尝独立,鲤趋而过庭。曰:'学诗㉕乎?'对曰:'未也。''不学诗,无以言。'鲤退而学诗。他日,又独立,鲤趋而过庭。曰:'学礼乎?'对曰:'未也。''不学礼,无以立。'鲤退而学礼。闻斯二者。"

陈亢退而喜曰:"问一得三,闻诗,闻礼,又闻君子之远其子也。"(《季氏篇第十六》)

子曰:"小子何莫学夫诗?诗,可以兴,可以观,可以群,可以怨㉖。迩㉗之事父,远之事君;多识于鸟兽草木之名。"(《阳货篇第十七》)

（选自《论语译注》,中华书局,2017 年版）

注释

①弟子:这里指年纪幼小的人。入:《礼记·内则》:"由命士以上,父子皆异官。"入则是"入父宫"。

②出:与"入"相对,出是"出己宫"。

③谨:寡言少语。

④仁:仁人。古代汉语中常用某一具体的人或事物的特征、性质来指代那一具体的人或事物。

⑤子游:孔子学生,姓言,名偃,字子游。

⑥至于:谈到,讲到。

⑦子夏:孔子学生,姓卜,名商,字子夏。

⑧色难:指儿子侍奉父母,以做到和颜悦色为最难。

⑨先生:年长者。馔:吃喝。

⑩曾:难道,竟。

⑪几(jī):轻微,婉转。

⑫违:触忤,冒犯。

⑬劳:忧愁。

⑭巧言:花言巧语。令色:伪善的容貌。足恭:十足的恭顺。

⑮适:至,往。

⑯立:《论语》的"立"经常包含着"立于礼"(《泰伯篇》第八章)的意思。"不学礼,无以立。"(《季氏篇》第十三章)因此,译为"立足于社会"并不排斥

而是包含着"立于礼"的意思。

⑰ 权：本义为秤锤，引申为权衡轻重，随机应变。

⑱ 谅：诚信。

⑲ 便辟：惯于装饰外貌，指谄媚逢迎的人。

⑳ 善柔：面善态柔，工于媚悦，指口是心非的人。

㉑ 便佞：夸夸其谈，指巧言善辩的人。

㉒ 陈亢（gāng）：即陈子禽，孔子弟子。

㉓ 伯鱼：孔子儿子孔鲤，字伯鱼。

㉔ 异闻：异于其他弟子的传授。

㉕ 诗：此即"诗三百"，后世称《诗经》。

㉖ 兴：托物言志。观：观察。群：处理人际关系。怨：讽刺时弊。

㉗ 迩：近。

阅读提示

孔子（前551—前479），名丘，字仲尼，春秋时期鲁国人，我国历史上伟大的思想家、教育家，儒家学派的创始人，被誉为"万世师表""千古圣人"。他对我国古代文化进行了整理、研究和传播，曾修《诗》《书》，定《礼》《乐》，续《周易》，作《春秋》。他的思想和学说，为中国文化乃至世界文明做出了不朽的贡献。

《论语》是儒家学派的经典著作之一，由孔子的弟子及其再传弟子编撰而成，以语录体和对话文体为主，记录了孔子及其弟子的言行，集中体现了孔子的政治主张、伦理思想、道德观念及教育原则等，与《大学》《中庸》《孟子》并称"四书"。春秋时期是社会发生剧烈变动的时期，社会制度的变革必然引起传统意识形态的动摇，在礼崩乐坏的社会状况之下，为整饬社会秩序，孔子就伦理重建问题提出诸多重要主张。本篇节选《论语》中的十则，围绕"孝之道""交友之道""学习之道"三个主题，阐述孔子思想体系的两大核心——"仁"与"礼"。

思辨感悟

1.《论语》中关于"孝"的论述共有多少处？包含几层含义？请结合生活阅历，谈谈《论语》阐述的"孝"这一道德观念，对当今社会有哪些借鉴意义。

2. 关于交友，《论语》中提出了哪些准则？

3.《论语》中关于"学""思"的论述有多处，请一一找出，并谈谈你对这些论述的感悟。

拓展延伸

1. 张岱年：《孔子与中国文化》，《清华大学学报（哲学社会科学版）》，1986 年第 1 期

2. 杨伯峻：《论语译注》，中华书局，2017 年版

3.《典籍里的中国》第五集《论语》，央视网

随堂练习

微课

《论语》论"孝"
（孔子与孝之流变）

《论语》中"孝"
和"顺"的辨析

山东济宁博物馆：孔子观明堂

孟子（二章）

《孟子》

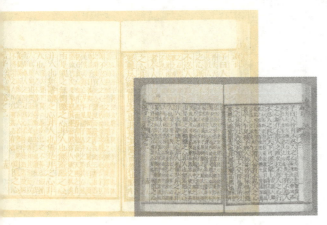

《孟子》书影

人皆有不忍人之心①

孟子曰："人皆有不忍人之心。先王有不忍人之心，斯有不忍人之政矣。以不忍人之心，行不忍人之政，治天下可运之掌上。所以谓"人皆有不忍人之心"者，今人乍见孺子②将入于井，皆有怵惕恻隐③之心，非所以内交④于孺子之父母也，非所以要⑤誉于乡党⑥朋友也，非恶其声而然也。由是观之，无恻隐之心，非人也；无羞恶之心，非人也；无辞让之心，非人也；无是非之心，非人也。恻隐之心，仁之端⑦也；羞恶之心，义之端也；辞让之心，礼之端也；是非之心，智之端也。人之有是四端也，犹其有四体也。有是四端而自谓不能者，自贼⑧者也。谓其君不能者，贼其君者也。凡有四端于我者，知皆扩而充之矣，若火之始然⑨，泉之始达。苟能充之，足以保四海⑩；苟不充之，不足以事⑪父母。"（《公孙丑上》）

与 人 为 善

孟子曰："子路⑫，人告之以有过，则喜。禹⑬闻善言，则拜。大舜有大焉⑭；善与人同，舍己从人，乐取于人以为善；自耕、稼、陶、渔⑮，以至为帝，无非取于人者。取诸人以为善，是与人为善⑯者也，故君子莫大乎与人为善。"（《公孙丑上》）

（选自《孟子》，中华书局，2018年版）

注释

① 不忍人之心：同情心。

② 乍：忽然。孺子：小孩子。

③ 怵惕（chù tì）：惊惧。恻隐：哀痛，同情。

④ 内（nà）交：结交。内，同"纳"，结纳。

⑤ 要：求。

⑥ 乡党：乡里。

⑦ 端：发端，开始。

⑧ 贼：暴弃。

⑨ 若火之始然：然，同"燃"，就会像刚刚开始燃烧的火（终必不可扑灭）。

⑩ 保：定。四海：天下。

⑪ 事：侍奉，赡养。

⑫ 子路：孔子弟子，仲由（前542—前480），字子路，又字季路。

⑬ 禹：古代历史传说中开创夏朝的天子，也是中国第一位治理洪水的伟大人物。

⑭ 大舜有大焉：伟大的舜更是了不得。有，同"又"。

⑮ 耕、稼、陶、渔：《史记·五帝本纪》云："舜耕历山，历山之人皆让畔；渔雷泽，雷泽之人皆让居；陶河滨，河滨器皆不苦窳。一年所居成聚，二年成邑，三年成都。"

⑯ 与人为善：偕同别人一道行善。与，偕同。

阅读提示

孟子（约前372—前289），名轲，字子舆，战国中期邹国人（今山东邹城人）。孟子继承了孔子"仁"的思想并将其发展成为"仁政"思想，被称为"亚圣"。

《孟子》是儒家的经典之作，被南宋朱熹列为"四书"之一，记录了孟子的治国思想和政治策略，由孟子和他的弟子记录并整理而成。

在孟子看来，人皆有之的恻隐、羞恶、辞让、是非之心是"仁"的发源地，四端萌动，仁意呈现，举手投足，都能够反映出"仁"的意旨。一切体仁、达仁的追求都不过是"四端"的发现与推广。能不能发挥自己的"不忍人之心"关系重大，把"四端"由个体的特殊体验向外扩充，于家可以侍奉父母尊长，于国可以为政治民，乃至于统御天下。反之，则连个人的身家性命都难以自保。

"与人为善"是君子综合修养的表现之一，因此，孟子才强调"君子莫大乎与人为善"。今天使用"与人为善"，更多的是强调在处理人际关系时要善意理解、对待他人，热心帮助他人、团结他人，共同进步；要尊重他人，与人和睦相处，体现为一种人道主义的态度和友善的行为。

思辨感悟

1. 查阅资料，说说孟子提出"人皆有不忍人之心"这一观点的背景与目的。

2. 阅读《与人为善》，说说子路、夏禹、虞舜对待"善"的态度有什么不同，三者中哪一个境界最高？为什么？

拓展延伸

1. 孟祥才：《孟子新传》，人民出版社，2021 年版

2. 杨泽波：《孟子性善论研究》，上海人民出版社，2016 年版

3. 梁涛：《孟子解读》，中国人民大学出版社，2010 年版

随堂练习

友爱之手

橘　颂

［战国·楚］屈原

屈原像

后皇嘉①树，橘徕服②兮。受命不迁，生南国兮。深固难徙，更壹志③兮。绿叶素荣④，纷其可喜⑤兮。曾枝剡棘⑥，圆果抟⑦兮。青黄杂糅，文章烂⑧兮。精色内白⑨，类可任兮⑩。纷缊宜脩⑪，姱而不丑⑫兮。

嗟尔幼志⑬，有以异兮⑭。独立不迁，岂不可喜兮。深固难徙，廓⑮其无求兮。苏世独立，横而不流⑯兮。闭心自慎⑰，不终失过兮。秉德⑱无私，参天地⑲兮。愿岁并谢⑳，与长友兮。淑离㉑不淫，梗㉒其有理兮。年岁虽少，可师长㉓兮。行比伯夷㉔，置以为像㉕兮。

（选自《屈原集校注》，中华书局，1996 年版）

注释

①后皇：后皇指天地。后，后土。皇，皇天。嘉：美、善。

②橘徕（lái）服兮：适宜南方水土。徕，通"来"。服，习惯。

③壹志：志向专一。壹，专一。

④素荣：白花。

⑤纷：盛多，繁茂。可喜：惹人喜爱。

⑥曾（céng）：通"层"，重叠。曾枝：指橘树枝条重叠。剡（yǎn）：锐利。棘：刺。剡棘：利刺。

⑦抟（tuán）：通"团"，圆圆的；一说同"圜"（huán），环绕，楚地方言。

⑧ 文章：花纹色彩。烂：斑斓，明亮。

⑨ 精色内白：指橘肉精纯洁净。

⑩ 类可任兮：可托以重任。类，像。任，抱。

⑪ 纷缊（yùn）宜脩（xiū）：纷缊，同"纷纭"，盛多，纷繁，指橘树枝繁叶茂，色彩斑斓。脩，同"修"。

⑫ 姱（kuā）：美好。丑：通"俦"，同类，等类。不丑：不群，与众不同。

⑬ 尔：汝，指橘而言。幼志：天生的本性。

⑭ 有以异兮：有与众不同的志向。

⑮ 廓：胸怀开阔。

⑯ 横：横绝，横断，当间阻截，与"流"相对。流：顺流而下，随波逐流。横而不流：横截中流而不随水漂流。

⑰ 慎：小心，谨慎。

⑱ 秉：持，执。秉德：坚持道德。

⑲ 参天地：与天地相配，相当。参，比，并。古人认为天地是无私的，故有德之人，可与天地比。

⑳ 岁：年岁，寿命。并：一同，一起。谢：凋谢，这里指时光流逝。岁并谢：一起度过时光，一起成长。

㉑ 淑：善良，美好。离，通"丽"。淑离：美丽而善良自守。

㉒ 梗：竖直硬挺。指橘树的枝干，用以比喻人的品质刚强、正直。

㉓ 师：老师。长：长者，长辈。一说师长即教师，亦通。

㉔ 伯夷：商末孤竹国君之子。固守臣道，反对周武王伐纣，与弟叔齐逃到首阳山，不食周粟而死，古人认为他是贤人义士。

㉕ 置：树立。像：法式，榜样。

阅读提示

屈原（约前340—约前278），名平，字原，又自云名正则，字灵均，战国末期楚国丹阳（今湖北秭归）人，出身楚国贵族，学识渊博，是杰出的政治家和爱国诗人。

《橘颂》是《楚辞·九章》中的一篇，是中国文学史上第一篇咏物言志诗，南宋诗人刘辰翁称之为"咏物之祖"。相传是屈原早年所作，也有人认为作于屈原放逐江南时期。王逸《楚辞章句》注《橘颂》云："美橘之有是德，故曰颂。"王夫之《楚辞通释》评曰："因比物类志，为之颂以自旌焉。"本篇虽围绕橘树而作，但处处体现着诗人自己的精神品质，看似颂橘，实则颂人，把橘树与诗人融为一体，橘所特有的品质正和屈原自身的品质相符，橘树成了诗人的化身，是诗人的自喻。

《橘颂》是用比兴的手法写成的，在屈原的作品中这是独具特色的一篇。它是后世托物言志辞赋诗词的一个典范。

全篇没有忧伤愤懑的情绪，相反却充满了意气风发的昂扬基调。在此之后，南国之橘便因为蕴含了仁人志士热爱祖国的文化内涵，而为人们所歌咏。

思辨感悟

1. 阅读本诗，说说屈原笔下的橘树具有哪些优秀的品质。

2. 屈原被后世多位文人视为精神领袖、异代知己，请举诗为证，谈谈屈原对他们的影响。

拓展延伸

1. 张九龄：《荔枝赋并序》（选自李玉宏校注《曲江集》，当代中国出版社，2004 年版）

2. 司马迁：《史记·屈原列传》，中华书局，2013 年版

3. 《典籍里的中国》第七集《楚辞》，央视网

随堂练习

沈藻《橘颂》帖

西　铭

[北宋] 张载

　　乾称父，坤称母①，予兹藐焉，乃混然中处②。故天地之塞③，吾其体；天地之帅，吾其性④。民吾同胞；物吾与也⑤。

　　大君者吾父母宗子⑥；其大臣宗子之家相⑦也。尊高年所以长其长，慈孤弱所以幼其幼⑧。圣其合德，贤其秀也⑨。凡天下疲癃残疾惸独鳏寡，皆吾兄弟之颠连而无告者也⑩。

　　于时保之，子之翼也⑪；乐且不忧，纯乎孝者也。违曰悖德，害仁曰贼⑫；济恶者不才，其践形惟肖者也⑬。

　　知化则善述其事，穷神则善继其志⑭。不愧屋漏为无忝，存心养性为匪懈⑮。恶旨酒，崇伯子之顾养⑯；育英才，颍封人之锡类⑰。不弛劳而厎豫，舜其功也⑱；无所逃而待烹，申生其恭也⑲。体其受而归全者，参乎⑳！勇于从而顺令者，伯奇也㉑。

　　富贵福泽，将厚吾之生也㉒；贫贱忧戚，庸玉汝于成也㉓。存，吾顺事；没，吾宁也。㉔

（选自《张载集》，中华书局，2012 年版）

注释

　　①"乾称父"二句：《易传·说卦》"乾，天也，故称乎父；坤，地也，故称乎母"。

　　②予：我。兹：语气词。藐：弱小，多指幼儿。《尚书·顾命》："眇眇予末小子。"眇：通"藐"。混然：张伯行《近思录集解》卷二解释为"形气与天地混合无间"。中处：处于天地之中。

　　③天地之塞：乾坤的阴阳二气充塞天地。

　　④"天地之帅"二句：气的本性即天地之间的领导因素，就是人的天性。帅，带领，遵循。吾其性，我因此而成就了自己的本性。

　　⑤"民吾同胞"二句：民：人民。同胞：同一父母所生的兄弟。物：万物，此处指人类以外的生物。与：同类。

　　⑥大君：指天子。吾父母：指乾坤、天地。宗子：嫡长子。

　　⑦家相：一家的总管。相，宰相。

　　⑧所以：以此，以之。长其长：前"长"字为动词，后"长"字为名词，意为尊重年长之人。幼其幼：意为爱护年幼之人。

　　⑨"圣其合德"二句：圣人与天地德性相合为一，贤人是集聚了天地的灵秀

而产生的。秀，灵秀。

⑩ 疲癃（lóng）：老态龙钟的人。惸（qióng）独：孤苦伶仃的人。鳏寡：鳏夫和寡妇。颠连：困顿，苦难。无告：无可诉告。一说为无靠，告通"靠"。

⑪ 于时：郑玄笺"时，是也"。保之：郑玄笺"得安文王之道"。翼：小心翼翼，恭敬。

⑫ "害仁曰贼"句：《孟子·梁惠王下》有"贼仁者谓之贼"，害仁就是贼人。

⑬ 济恶：助长为恶。不才：没有才能。践形：体现出人的天赋品质。践：实现，实行。肖：相似，此处即专指子对父的相似。

⑭ "知化则善述其事"二句：二"其"字都指天地乾坤而言。天地乾坤所做之事为化育，所存之志为神妙的天机，圣人继承其事其志犹如孝子继承父母。

⑮ "不愧屋漏为无忝"二句：在人所看不到的地方，不做亏心事，是不辱父母的孝子。忝，羞辱，有愧于。匪懈，不懈。匪，同"非"。

⑯ "恶旨酒"二句：恶旨酒，意为酒能乱性，所以说不饮酒就是能保养本性的孝子。崇伯子，即夏禹。顾养，顾念父母的养育之恩。

⑰ "育英才"二句：育英才，《孟子·尽心上》："孟子曰：君子有三乐，而王天下不与存焉。父母俱存，兄弟无故，一乐也。仰不愧于天，俯不怍于人，二乐也。得天下英才而教育之，三乐也。"颖封人，即颍考叔，曾任颍谷封人。春秋时郑国人，以事母至孝著称。赐类，永赐尔类的简称。这里是说教育英才的人，对于天就像颍考叔的纯孝，能使同类都成为天之孝子。

⑱ "不弛劳而厎（dǐ）豫"二句：不弛劳，勤劳不松懈。弛，本义为放松弓箭，引申为松懈、延缓、减弱。厎豫，致使其快乐。厎，至，到。舜其功也，意为这是舜所获得的成功。

⑲ "无所逃而待烹"二句：申生，春秋时晋献公太子，晋献公宠爱骊姬，申生为其所谮，自缢而死。文中所说"待烹"，犹言待死，并非确指。恭，申生死后的谥号。这里是说人无所逃于天地之间，命里该死的时候，就只能像申生的恭顺天命。

⑳ 体其受：身体发肤，受之于父母。归全：保全身体，归之于父母。参：曾参，字子舆，孔子弟子，以孝著称，相传《大学》《孝经》均为其所作。

㉑ "勇于从而顺令者"二句：勇于从而顺令，勇于顺从父母的旨意。伯奇，古代孝子。

㉒ 福泽：福利恩泽。厚生：生计温厚，丰衣足食。

㉓ 忧戚：忧虑烦恼。戚：忧患，悲哀。庸：用，以，乃。玉汝于成：爱护而使之有成就。

㉔ "存，吾顺事"二句：存：生存。顺事：顺从天地之事。没：通"殁"，死亡。宁：安宁。

阅读提示

张载（1020—1077），字子厚，北宋大儒，思想家、教育家、理学创始人之一，因居住于陕西横渠而被称为"横渠先生"。"为天地立心，为生民立命，为往圣继绝学，为万世开太平"这一历代传诵不衰的名言正是由他提出，被称为"横渠四句"。张载的"横渠四句"阐释了个体在承载德运、命运、文运与国运中的责任与义务。

《西铭》是张载哲学思想和价值理念的集中表现，张载引用并改造了《孟子》中的很多思想理论。在天道观上，继承孟子"天人合一"思想，对"天"进行重构与解读；在心性论上，继承孟子"性善论"的观点，阐述恶的来源问题，丰富了儒家的道德修养理论；在伦理观上，继承孟子的仁爱思想，并将仁爱提升至侍奉天地父母的高度。《西铭》对孟子思想的继承与发展，在儒学史上具有重要意义。

思辨感悟

1. 结合本文，说说张载对孔孟思想有哪些继承与发展。
2. 结合《西铭》中提出的"民胞物与"思想，谈谈你对"横渠四句"的理解。

拓展延伸

1. 张载，章锡琛：《张载集》，中华书局，2012 年版
2. 朱建民：《张载思想研究》，中华书局，2020 年版
3. 张载：《横渠易说校注》，中华书局，2021 年版

随堂练习

专题实践任务

1. 本专题所选的文章从不同方面探讨了"人"应具备的可贵品质及其意义：如《大学（节选）》论述"修身齐家治国平天下"；《论语（十则）》强调何为孝道；《孟子（二章）》主张发挥"不忍人之心""与人为善"；《橘颂》表达屈原忠君爱国、坚贞不渝的高洁品质；《西铭》提出"民吾同胞，物吾与也"，反映了博爱与民本精神。当今时代，各行各业涌现出了许多模范人物，如道德模范、时代楷模、大国工匠、航天英雄、共和国勋章获得者等，请结合本专题内容，选取其中一位，为其撰写颁奖词或人物小传。

2. 请大家反复研读本专题作品，任选一项任务完成。

（1）"孝顺"一词由"孝"和"顺"两部分组成，最早出自春秋时期的《国语》。先秦思想家如孔子、孟子等人都提倡孝，却没有直接使用"孝顺"一词。孔子说"事父母几谏，见志不从，又敬不违，劳而不怨"，其中就包含"顺"的要求。但《孝经》中又记载曾子问孔子："敢问子从父之令，可谓孝乎？"孔子接连说了两次"是何言与"，最后又说"从父之令，又焉得为孝乎？"那么，"顺"究竟是不是"孝"？"顺"今天还值得提倡吗？请班级学生分为正反两方，针对这一辩题展开辩论。

（2）《橘颂》是中国诗歌史上最早的咏物诗，屈原巧妙地抓住橘树的生活习性，运用类比联想的手法，将它与人的精神品质相联系，托物言志，既沟通物我，又融汇古今。从此，南国之橘便成了仁人志士坚贞气节与爱国热情的象征，为后人所歌咏与仿效。请选择一种植物，模仿《橘颂》的手法写一篇抒情短文或一首诗词。

专题二　青春之歌

　　《楚辞·大招》有言："青春受谢，白日昭只。"三春之时，满目青翠，万事万物于其间蓬勃生长。"最是一年春好处"，大自然的一切似乎都在春天复活、苏醒。古人喜爱春天，又多伤春之辞。伤春在于惜春，惜春则因重春。

　　一年最好是春天，一生最好是少年。春天是一年的青春，青春是生命的春天。青春匆匆而过，有人留下了深深的脚印，有人刻下了浅浅的伤痕。"桃之夭夭，灼灼其华"。爱情，是人们在青春时期为之流连忘返的花朵之一。"出其东门，有女如云。虽则如云，匪我思存"。《诗经》中的爱情，执着坚定而专一。"人必生活着，爱才有所附丽。"民国时期的爱情，在个人思想解放与传统观念的束缚中，举步维艰而易伤易逝。

　　青春，绝不仅是风华正茂的年华，而是一种心境，更是"深沉的意志、恢宏的想象和炙热的情感"。岁月悠悠，日居月诸，有些人虽然年近花甲，"苍苍者或化而为白矣，动摇者或脱而落矣"，然其心中依然常有"生命之欢乐，奇迹之诱惑，孩童般之天真"，其生命之深泉依然在不停涌动，风华永存。"年岁有加，并非垂老；理想丢弃，方堕暮年"。

　　青春孕育无限希望，青年创造美好明天。"吾族青年所当信誓旦旦以昭于世者，不在龈龈辩证白首中国之不死，乃在汲汲孕育青春中国之再生"。作为新时代的青年，应推己及人，跃出一己之私域，以一人惜春重春之深情，推及父母左右之家庭、上下四方之社会，推及过去未来之民族国家，推及古往今来的全人类共同体。青春之义也，非只为私，"大道之行也，天下为公"！

青春（节选）

李大钊

李大钊像

　　人类之成一民族一国家者，亦各有其生命焉。有青春之民族，斯①有白首之民族，有青春之国家，斯有白首之国家。吾之民族若②国家，果为青春之民族、青春之国家欤，抑为白首之民族、白首之国家欤？苟已成白首之民族、白首之国家焉，吾辈青年之谋所以致之回春为之再造者，又应以何等信力与愿力③从事，而克以著效？此则系乎青年之自觉何如耳。异族之觇吾国者，辄曰：支那者老大之邦也。支那之民族，濒灭之民族也。支那之国家，待亡之国家也。洪荒而后，民族若国家之递兴递亡者，踔④然其不可纪矣。粤⑤稽西史，罗马、巴比伦之盛时，丰功伟烈，彪著寰宇，曾几何时，一代声华，都成尘土矣。祇今⑥屈指，欧土名邦，若⑦意大利，若法兰西，若西班牙，若葡萄牙，若和兰⑧，若比利时，若丹马⑨，若瑞典，若那威⑩，乃至若英吉利，罔不有积尘之历史，以重累其国家若⑪民族之生命。回溯往祀⑫，是等国族，固皆尝有其青春之期，以其畅盛之生命，展其特殊之天才。而今已矣，声华渐落，躯壳空存，纷纷者皆成文明史上之过客矣。其较新者，惟德意志与勃牙利⑬，此次战血洪涛中，又为其生命力之所注，勃然暴发，以挥展其天才矣。由历史考之，新兴之国族与陈腐之国族遇，陈腐者必败；朝气横溢之生命力与死灰沈滞之生命力遇，死灰沈滞者必败；青春之国民与白首之国民遇，白首者必败。此殆天演公例，莫或能逃者也。支那自黄帝以降，赫赫然树独立之帜于亚东大陆者，四千八百余年于兹矣，历世久远，纵观横览，罕有其伦。稽其民族青春之期，远在有周之世，典章文物，灿然大备，过此以往，渐向衰歇之运，然犹浸衰浸微⑭，扬其余辉，以至于今日者，得不谓为其民族之光欤？夫人寿之永，不过百年，民族之命，垂五千载，斯亦寿之至也。印度为生释迦而兴，故自释迦生而印度死；犹太为生耶稣而立，故自耶稣生而犹太亡；支那为生孔子而建，故自孔子生而支那衰，陵夷⑮至于今日，残骸枯骨，满目黯然⑯，民族之精英，澌灭⑰尽矣，而欲不亡，庸可得乎？吾青年之骤闻斯言者，未有不变色裂眦，怒其侮我之甚也。虽然，勿怒也。吾之国族，已阅长久之历史，而此长久之历史，积尘重压，以桎梏其生命而臻于衰敝者，又宁容讳？然而吾族青年所当信誓旦旦⑱，以昭示于世者，不在龂龂辩证白首中国之不死，乃在汲汲孕育青春中国之再生。吾族今后之能否立足于世界，不在白首中国之苟延残喘，而在青春中国之投胎复活。盖尝闻之，生命者，死与再生之连续也。今后人类之问题，民族之问题，非苟生残存之问题，乃复活更生、回春再造之问题也。与吾并称为老大帝国之土耳其，则青年之政治运动，屡试不一试⑲焉。巴尔干诸邦，则各谋离土自立，而为民族之运动，兵连祸结，干戈频兴，卒以酿今兹世界之大变焉。遥望喜马拉亚山之巅，恍见印度革命之烽烟一缕，引而弥长，是亦欲回其民族之青春也。吾华自辛亥首义，癸丑之役⑳继之，喘息未安，风尘澒洞㉑，又复倾动九服㉒，是亦欲再造其神州也。而在是等国族，凡以冲决历史之桎梏，涤荡历史之积秽，新造民族之生命，挽回民族之青春者，固莫不惟其青年是望矣。建国伊始，肇锡㉓嘉名，实维中华。中华之义，果何居乎？中者，宅中位正之谓也。吾辈青年之大任，不仅以于空间能致中华为天下之中而遂足，并当于时间而谛㉔时中㉕之旨也。旷观世界之历史，古往今来，变迁何极！吾人当于今岁之青春，画为中点，中以前之历史，不过如进化论仅于考究太阳、地球、动植各物乃至人类之如何发生、如何进化者，以纪人类民族国家之如何发生、如何进化也。中以后之历史，则以是为古代史之职，而别以纪人类民族国家之更生回春为其中心之的也。中以前之历史，封闭之历史，焚毁之历史，葬诸坟墓之历史也。中以后之历史，洁白之历史，新装之历史，待施绚绘㉖之历史也。中以前之历史，白首之历史，陈死人之历史也。中以后之历史，青春之历史，活青年之历史也。青年乎！其以中立不倚之精神，肩兹砥柱中流之责任，即由今年今春之今日今刹那为时中之起点，取世界一切白首之历史，一火而摧焚之，而专以发挥青春中华之中，缀㉗其一生之美于中以后历史之首页，为其职志，而勿逡巡不前。华者，文明开敷之谓也，华与实相为轮回，即开敷与废落相为嬗代。白首中华者，青春中华本以胚孕之实也。青春中华者，白首中华托以再生之华也。白首中华者，渐即废落之中华也。青春中华者，方复开敷㉘之中华也。有渐即废落之中华，所以有方复开敷之中华。有前之废落以供今之开敷，斯有后之开敷以续今之废落，即废落，即开敷，即开敷，即废落，终竟如是废落，终竟如是开敷。宇宙有无尽之青春，斯宇宙有不落之华，而栽之、培之、灌之、溉之、赏玩之、享爱之者，舍青春中华之青年，更谁为归㉙矣？青年乎，勿徒发愿，愿春常在华常好也，愿华常得青春，青春常在于华也。宜有即华不得青春，青春不在于华，亦必奋其回春再造之努力，使废落者复为开敷，开敷者终不废落，使华不能不得青春，青春不能不在于华之决心也。抑吾闻之化学家焉，土质虽腴，肥料虽多，耕种数载，地力必耗，砂土硬化，无能免也，将欲柔融之，俾再反于丰壤 ㉚，惟有一种草木为能致之，为其能由空中吸收窒素肥料 ㉛，注入土中而沃润之也。神州赤县 ㉜，古称天府，胡以至今徒有万木秋声、萧萧落叶之悲，昔时繁华之盛，荒凉废落至于此极也！毋亦无此种草木为之交柔和润之耳。青年之于社会，殆犹此种草木之于田亩也。从此广植根蒂，深固不可复拔，不数年间，将见青春中华之参天翁郁，错节盘根 ㉝，树于世界，而神州之域，还其丰壤，复其膏腴矣。则谓此菁菁苗苗 ㉞ 之青年，即此方复开敷之青春中华可也。

　　顾人之生也，苟不能窥见宇宙有无尽之青春，则自呱呱堕地，迄于老死，觉其间之春光，迅于电波石火 ㉟，不可淹留，浮生若梦 ㊱，直菌鹤马蜩 ㊲ 之过乎前耳。是以川上尼父，有逝者如斯之嗟 ㊳；湘水灵均，兴春秋代序之感 ㊴。其他风骚雅士，或秉烛夜游，勤事劳人，或重惜分寸 ㊵。而一代帝王，一时豪富，当其垂暮之年，绝诀之际，贪恋幸福，不忍离舍，每为咨嗟太息，尽其权力黄金之用，无能永一瞬之天年，而重留遗憾于长生之无术焉。秦政 ㊶ 并吞八荒 ㊷，统制四海，固一世之雄也，晚年畏死，遍遣羽客 ㊸，搜觅神仙，求不老之药，卒未能获，一旦魂断，宫车晚出 ㊹。汉武穷兵，蛮荒慑伏，汉代之英主也，暮年咏叹，空有"欢乐极兮哀情多，少壮几时奈老何" ㊺ 之慨。最近美国富豪某，以毕生之奋斗，博得 $ 式之王冠，衰病相催，濒于老死，则抚枕而叹曰："苟能延一月之命，报以千万金弗惜也。"然是又安可得哉？夫人之生也有限，其欲也无穷，以无穷之欲，逐有限之生，坐令似水年华，滔滔东去，红颜难再，白发空悲，其殆人之无奈无何者欤！涉念及此，灰肠断气，厌世之思，油然而生。贤者仁智俱穷，不肖者流连忘返，而人生之蕲向 ㊻ 荒矣，是又岂青年之所宜出哉？人生兹世，更无一刹那不在青春，为其居无尽青春之一部，为无尽青春之过程也。顾青年之人，或不得常享青春之乐者，以其有黄金权力一切烦忧苦恼机械生活，为青春之累耳。谚云："百金买骏马，千金买美人，万金买爵禄，何处买青春？"岂惟无处购买，邓氏铜山 ㊼，郭家金穴 ㊽，愈有以障翳青春之路俾无由达于其境也。罗马亚布达尔曼帝 ㊾，位在皇极，富有四海，不可谓不尊矣，临终语其近侍，谓四十年间，真感愉快者，仅有三日。权力之不足福人，以视黄金，又无差等。而以四十年之青春，娱心不过三日，悼心悔憾，宁有穷耶？夫青年安心立命之所，乃在循今日主义以进，以吾人之生，洵如卡莱尔 ㊿ 所云，特为时间所执之无限而已。无限现而为我，乃为现在，非为过去与将来也。苟了现在，即了无限矣。昔者圣叹作诗，有"何处谁人玉笛声" 51 之句。释弓年小，窃以玉字为未安，而质之圣叹。圣叹则曰："彼若说'我所吹本是铁笛，汝何得用作玉笛'。我便云：'我已用作玉笛，汝何得更吹铁笛？'天生我才，岂为汝铁笛作奴儿婢子来耶？"夫铁字与玉字，有何不可通融更易之处。圣叹顾与之争一字之短长而不惮烦者，亦欲与之争我之现在耳。诗人拜轮 52，放浪不羁，时人诋之，谓于来世必当酷受地狱之苦。拜轮答曰："基督教徒自苦于现世，而欲祈福于来世。非基督教徒，则于现世旷逸自遣，来世之苦，非所辞也。二者相校，但有先后之别，安有分量之差。"拜轮此言，固甚矫激，且寓风刺之旨。以余观之，现世有现世之乐，来世有来世之乐。现世有现世之青春，来世有来世之青春。为贪来世之乐与青春，而迟吾现世之乐与青春，固所不许。而为贪现世之乐与青春，遽弃吾来世之乐与青春，亦所弗应也。人生求乐，何所不可，亦何必妄分先后，区异今来也？耶曼孙㊾曰："尔若爱千古，当利用现在。昨日不能呼还，明日尚未确实。尔能确有把握者，惟有今日。今日之一日，适当明晨之二日。"斯言足发吾人之深省矣。盖现在者吾人青春中之青春也。青春作伴㊼以还于大漠之乡㊽，无如而不自得，更何烦忧之有焉。烦忧既解，恐怖奚为？耶比古达士㊾曰："贫不足恐，流窜不足恐，囹圄不足恐，最可恐者，恐怖其物也。"美之政雄罗斯福㊿氏，解政之后，游猎荒山，奋其铁腕，以与虎豹熊罴相搏战。一日猎白熊，险遭吞噬，自传其事，谓为不以恐怖误其稍纵即逝之机之效，始获免焉。于以知恐怖为物，决不能拯人于危。苟其明日将有大祸临于吾躬，无论如何恐怖，明日之祸万不能因是而减其毫末。而今日之我，则因是而大损其气力，俾不足以御明日之祸而与之抗也。艰虞万难之境，横于吾前，吾惟有我、有我之现在而足恃。堂堂七尺之躯，徘徊回顾，前不见古人，后不见来者，惟有昂头阔步，独往独来，何待他人之援手，始以遂其生者？更胡为乎"念天地之悠悠，独怆然而涕下"哉？惟足为累于我之现在及现在之我者，机械生活之重荷，与过去历史之积尘，殆有同一之力焉。今人之赴利禄之途也，如蚁之就膻，蛾之投火，究其所企，克致志得意满之果，而营营扰扰㊿已逾半生，以孑然之身，强负黄金与权势之重荷以趋，几何不为所重压而僵毙耶？盖其优于权富即其短于青春者也。耶经㊿有云："富人之欲入天国，犹之骆驼欲潜身于针孔。"此以喻重荷之与青春不并存也。总之，青年之自觉，一在冲决过去历史之网罗，破坏陈腐学说之囹圄，勿令僵尸枯骨，束缚现在活泼泼地之我，进而纵现在青春之我，扑杀过去青春之我，促今日青春之我，禅让明日青春之我。一在脱绝浮世虚伪之机械生活，以特立独行之我，立于行健不息之大机轴。袒裼裸裎㊿，去来无罪，全其优美高尚之天，不仅以今日青春之我，追杀今日白首之我，并宜以今日青春之我，豫杀来日白首之我，此固人生唯一之蕲向，青年唯一之责任也矣。拉凯尔㊿曰："长保青春，为人生无上之幸福，尔欲享兹幸福，当死于少年之中。"吾愿吾亲爱之青年，生于青春死于青春，生于少年死于少年也。德国史家孟孙㊿氏，评骘㊿锡札㊿曰："彼由青春之杯，饮人生之水，并泡沫而干之。"吾愿吾亲爱之青年，擎此夜光之杯，举人生之醍醐㊿浆液，一饮而干也。人能如是，方为不役于物㊿，物莫之伤。大浸稽天㊿而不溺，大旱金石流㊿土山焦而不热，是其尘垢秕糠，将犹陶铸尧、舜㊿。自我之青春，何能以外界之变动而改易，历史上残骸枯骨之灰，又何能塞蔽青年之聪明也哉？市南宜僚㊿见鲁侯，鲁侯有忧色，示〔市〕南子乃示以去累除忧之道，有曰，"'吾愿君去国捐俗，与道相辅而行。'君曰：'彼其道远而险，又有江山，我无舟车，奈何？'市南子曰：'君无形倨㊿，无留居㊿，以为君车㊿。'君曰：'彼其道幽远而无人，吾谁与为邻？吾无粮，我无食，安得而至焉？'市南子曰：'少君之费，寡君之欲，虽无粮而乃足，君其涉于江而浮于海，望之而不见其崖，愈往而不知其所穷，送君者皆自崖而反，君自此远矣。'"⑭此其谓道，殆即达于青春之大道。青年循蹈乎此，本其理性，加以努力，进前而勿顾后，背黑暗而向光明，为世界进文明，为人类造幸福，以青春之我，创建青春之家庭，青春之国家，青春之民族，青春之人类，青春之地球，青春之宇宙，资以乐其无涯之生。乘风破浪，迢迢乎远矣，复何无计留春望尘莫及之忧哉？吾文至此，已嫌冗赘，请诵漆园㉕之语，以终斯篇。

（选自《李大钊全集》最新注释本第一卷，人民出版社，2006 年版）

注释

① 斯：此处作"即"字用。

② 若：与，和。

③ 信力与愿力：此处指信仰的力量和誓愿的力量。

④ 莽（mǎng）：莽的本字。莽然，众多貌。

⑤ 粤：语助词，与"曰""越"等同，用在句首或句中。

⑥ 祗今：即"至今"。

⑦ 若：此处作"如""像"解。以下至"若英吉利"，皆如此。

⑧ 和兰：即荷兰。

⑨ 丹马：即丹麦。

⑩ 那威：即挪威。

⑪ 若：此处作"和""与"解。

⑫ 往祀：往年。

⑬ 勃牙利：即保加利亚。

⑭ 浸衰浸微：渐渐衰竭，渐渐微弱。

⑮ 陵夷：渐渐趋于衰微。《汉书》："帝王之道，日以陵夷。"颜师古注：陵，丘陵也。夷，平也。言其颓替如丘陵之渐平也。亦即衰落。

⑯ 黮然：昏暗的景象。

⑰ 澌灭：澌，尽。灭，消失。澌灭，消失干净。

⑱ 旦旦：同"怛怛"，诚恳的态度。

⑲ 屡试不一试：屡试，多次试。不一试，用各种办法试。全句意为用各种办法试过多次。

⑳ 癸丑之役：指 1913 年孙中山与黄兴领导的二次革命。这一年农历是癸丑年。

㉑ 澒（hòng）洞：连续不断。

㉒ 九服：指全国各地区。

㉓ 肇锡：意谓起始得赐（获）。肇，初始。锡，同"赐"。

㉔ 谛：懂得某种真理或道理。

㉕时中：原为儒家术语，谓君子立身行事，无过无不及，随时合乎中道，叫作"时中"。

㉖绚绘：绚丽的绘画，或指纹饰描绘。

㉗缀：联结。

㉘开敷：张布展拓。

㉙更谁与归：还能归与谁（呢）？

㉚丰壤：丰饶的土壤。

㉛窒素肥料：即氮肥。

㉜神州赤县：中国的别称。也可分别称为"赤县"或"神州"。出自战国人邹衍的"大九州"学说："中国名曰赤县神州，赤县神州内自有九州。"见《史记·孟子荀卿列传》所附之《邹衍传》。

㉝错节盘根：树木的根节盘曲交错。

㉞菁菁苗苗：菁菁，茂盛貌。苗苗，草始生貌。

㉟石火：击石所出的火星，一发即灭。多用来形容人生的短暂。

㊱浮生若梦：老庄以人生在世，虚浮无定，后世相沿称人生为"浮生"。李白《春夜宴从弟桃李园序》："浮生若梦，为欢几何。"

㊲菌鹤马蜩：菌鹤，小飞虫。马蜩，蝉之一种。二者皆为生命极短暂之小生物。

㊳川上尼父，有逝者如斯之嗟：孔子字仲尼，故称尼父（父是古代男子的美称）。《论语·子罕》载，一次，孔子从河边经过，触景生情，叹道："逝者如斯夫！不舍昼夜。"（时间就像流水一样，日夜不停地流逝。）

㊴湘上灵均，兴春秋代序之感：屈原字灵均，被放逐后在湘水流域行吟，抒发时序变迁先后递替的感慨。"春秋代序"语出《离骚》："日月忽其不淹兮，春与秋其代序。"

㊵分寸：此处指分阴、寸阴，即短暂的光阴。

㊶秦政：秦始皇姓嬴名政。

㊷八荒：八方荒远的地方。

㊸羽客：道士。因道家学仙，神话中的仙人有羽翼，能飞升，故称道士为"羽人""羽客"。

㊹宫车晚出：喻皇帝死亡。

㊺欢乐极兮哀情多，少壮几时奈老何：语出《文选》卷四十五汉武帝《秋风辞》，原文为"欢乐极兮哀情多，少壮几时老奈何"。

㊻蕲向：追求，趋向。

㊼邓氏铜山：《史记·佞幸列传》载，汉文帝赐宠臣邓通以蜀郡严道铜山，得自铸钱，而致巨富。后以"邓氏铜山"指财源或致富之资。

㊽郭家金穴：《后汉书·皇后纪上·光武郭皇后》载，郭后之弟郭况迁大鸿胪，帝数幸其第，赏赐金钱缯帛，丰盛无比。京城号况家为"金穴"。后以"郭

家金穴”喻豪富之家。

㊾ 亚布达尔曼帝：疑为奥斯曼苏丹阿卜杜勒·哈米德二世（1876—1909 年在位），因奥斯曼帝国的首都在原东罗马帝国的首都君士坦丁堡，故称奥斯曼皇帝为罗马皇帝。

㊿ 卡莱尔：Thomas Carlyle（1795—1881），英国作家、历史学家、哲学家。对资本主义制度持批判态度，但反对暴力革命，主张将社会领导权交给少数“精神领袖”，以《论英雄和英雄崇拜》等书著称于世。

(51) 何处谁人玉笛声：见金圣叹《沉吟楼诗》：“何处谁人玉笛声，黄昏吹起彻三更。沙场夜半无穷泪，不待天明尽散营。”

(52) 拜轮：即拜伦（George Gordon Byron，1788—1824），英国浪漫主义诗人，代表作为长诗《唐·璜》。其诗作对欧洲浪漫主义文学有较大影响。

(53) 耶曼孙：今译爱默生（Ralph Waldo Emerson，1803—1882），美国散文作家、诗人，先验主义作家的代表。

(54) 青春作伴：杜甫《闻官军收河南河北》一诗有“青春作伴好还乡”句，言战乱将息，可以还乡，旅途上有花香鸟语的春色作伴。

(55) 大漠之乡：《庄子·山木》：“吾愿去君之累，除君之忧，而独与道游于大漠之国。”

(56) 耶比古达士：Epictetus（约 50—约 138），一译耶必克丢，通译爱比克泰德，古罗马著名哲学家，斯多噶派代表人物之一，对西方伦理道德学说的发展有重大贡献。

(57) 罗斯福：Theodore Roosevelt（1858—1919），1901—1909 年任美国总统，共和党人。

(58) 营营扰扰：营营，往来盘旋。扰扰，纷乱貌。

(59) 耶经：此处指《圣经》。

(60) 袒裼裸裎：（tǎn xī luǒ chéng），袒臂露身。古时认为是粗俗非礼的行为，此处指无拘无束。

(61) 拉凯尔：疑为德国著名历史学家兰克（Leopold von Ranke，1795—1886）之日译名之转译。

(62) 孟孙：即德国著名罗马史专家蒙森（Theodor Mommsen，1817—1903）。

(63) 评骘：评定。

(64) 锡札：即罗马执政官恺撒（Gaius Julius Caesar，前 102 或前 100—前 44）。

(65) 醍醐：奶酥上加油制成的饮料，味甘美。

(66) 不役于物：不为物所驱使。

(67) 大浸稽天：大水滔天。浸，水。稽，及。

(68) 大旱金石流：大旱使金石溶化为液体。

(69) 陶铸尧、舜：意谓凡经受得住“大浸稽天而不溺”和“大旱金石流土山焦而不热”这两种锻炼的人，他的一点点尘垢秕糠也就可以造就尧舜了。语出《庄子·逍遥游》。

⑩市南宜僚：春秋时楚国勇士，姓熊，名宜僚，居于市南，因号为市南子。其事见《左传·哀公十六年》，为除难解纷的代表人物。

⑪形倨：形态倨傲。

⑫留居：滞守。

⑬以为君车：以上三句意为：你不要倨傲，不要执着，用这作为你的车辆。

⑭"吾愿"至"君自此远矣"：引自《庄子·山木》。

⑮漆园：指庄子。庄子曾为蒙漆园吏。

阅读提示

　　1916 年春天，李大钊提笔写下了《青春》一文。当时李大钊先生正值 27 岁青春年华。在那个国弱民贫的时代，李大钊由季节上的春天想到了人生中的春天，想到了政治上的春天，指出中国正处于黑暗与黎明之交，鼓励青年为建设蓬勃朝气的国家而奋斗，"不在龈龈辩证白首中国之不死，乃在汲汲孕育青春中国之再生"。陈独秀被《青春》一文回环绕梁的韵律、荡气回肠的气魄和精辟透彻的说理深深打动，1916 年 9 月特别将其安排在《新青年》第二卷第一号发表。《青春》一文，表达了改变国家、社会的决心，体现了慷慨悲壮的气魄。文中写道："以宇宙之生涯为自我之生涯，以宇宙之青春为自我之青春。宇宙无尽，即青春无尽，即自我无尽。""青年循蹈乎此，本其理性，加以努力，进前而勿顾后，背黑暗而向光明，为世界进文明，为人类造幸福，以青春之我，创建青春之家庭，青春之国家，青春之民族，青春之人类，青春之地球，青春之宇宙，资以乐其无涯之生。"可见，作者当时风华正茂，对建设国家充满信心。

思辨感悟

　　1. 请结合李大钊的作品《青春》，谈谈你作为当代大学生对中国梦的理解。

　　2. 对比阅读梁启超的《少年中国说》，谈谈你将如何展现当代青年的青春面貌。

拓展延伸

　　1. 电影《革命者》，2021 年

　　2. 李大钊：《李大钊诗文选集》，人民文学出版社，1981 年版

　　3. 王朝柱：《李大钊》，作家出版社，2013 年版

随堂练习 　　　　微课

《青春》朗诵

青 春

[美] 塞缪尔·厄尔曼

奔跑的青年

　　青春不是年华，而是心境；青春不是桃面、丹唇、柔膝，而是深沉的意志，恢宏的想象，炙热的情感；青春是生命的深泉在涌流。

　　青春气贯长虹，勇锐盖过怯弱，进取压倒苟安。如此锐气，二十后生而有之，六旬男子则更多见。年岁有加，并非垂老；理想丢弃，方堕暮年。

　　岁月悠悠，衰微只及肌肤；热忱抛却，颓废必致灵魂。忧烦，惶恐，丧失自信，定使心灵扭曲，意气如灰。

　　无论年届花甲，抑或二八芳龄，心中皆有生命之欢乐，奇迹之诱惑，孩童般天真久盛不衰。人人心中皆有一台天线，只要你从天上人间接受美好、希望、欢乐、勇气和力量的信号，你就青春永驻，风华常存。

　　一旦天线倒塌，锐气便被冰雪覆盖，玩世不恭、自暴自弃油然而生，即使年方二十，实已垂垂老矣；然则只要竖起天线，捕捉乐观信号，你就有望在八十高龄告别尘寰时仍觉年轻。

（选自《青春》，《北方人》，2021 年第 14 期）

阅读提示

　　　塞缪尔·厄尔曼（1840—1924），美国作家，1840 年生于德国，儿时随家人移居美国，参加过南北战争，之后定居伯明翰，经营五金杂货，年逾 70 岁开始写作。他的散文《青春》广受读者喜爱。

本文就是他丰富的社会阅历和人生体验对"青春"的最好诠释："青春不是年华，而是心境""是深沉的意志、恢宏的想象、炙热的情感""是生命的深泉在涌流"。《青春》是一篇优美的散文，作者以理性深沉的思考、简练诗化的语言和高亢激越的旋律对"青春"做出了完美的解释。只要拥有"勇锐"，拥有"进取"，你就会充满青春的活力。

《青春》一文打动了无数人，诗歌中表现出对生命的无限热忱，对希望的执着渴求，是我们每一个人不可缺少的。一个人的生命如星河般壮美，而往往人们认为"青春"则像流星般转瞬即逝，但诗人却用他一生从不虚度岁月、从不荒废生命的信念告诉人们：青春虽不能永恒，但可以用美好的理想、坚定的信念、乐观的心态去铸就永恒的青春。

思辨感悟

1. 通过学习，分析本文对生命的理解。
2. 结合青春有关的诗歌，请谈谈大学里的你对青春的把握。

拓展延伸

1. 《朗读者》，2017 年 5 月 6 日第十二期"青春主题"，央视网
2. 席慕蓉：《无怨的青春》，长江文艺出版社，2017 年版

随堂练习

凤凰涅槃

郭沫若

凤凰形象概念图

天方国①古有神鸟名"菲尼克司"（Phoenix），满五百岁后，集香木自焚，复从死灰中更生，鲜美异常，不再死。

按此鸟殆即中国所谓凤凰：雄为凤，雌为凰。《孔演图》②云："凤凰火精，生丹穴。"《广雅》③云："凤凰……雄鸣曰即即，雌鸣曰足足。"

序　曲

除夕将近的空中，
飞来飞去的一对凤凰，
唱着哀哀的歌声飞去，
衔着枝枝的香木飞来，
飞来在丹穴山上。

山右有枯槁了的梧桐，
山左有消歇了的醴泉，
山前有浩茫茫的大海，
山后有阴莽莽的平原，
山上是寒风凛冽的冰天。

天色昏黄了，
香木集高了，
凤已飞倦了，
凰已飞倦了，
他们的死期将近了。

凤啄香木，
一星星的火点迸飞。
凰扇火星，
一缕缕的香烟上腾。

凤又啄，
凰又扇，
山上的香烟弥散，
山上的火光弥满。

夜色已深了，
香木已燃了，
凤又啄倦了，
凰已扇倦了，
他的死期已近了！

啊啊！
哀哀的凤凰！
凤起舞，低昂！
凰唱歌，悲壮！
凤又舞，
凰又唱，
一群的凡鸟，
自天外飞来观葬。

凤　　歌

即即！即即！即即！
即即！即即！即即！

茫茫的宇宙，冷酷如铁！
茫茫的宇宙，黑暗如漆！
茫茫的宇宙，腥秽如血！

宇宙呀，宇宙，
你为什么存在？
你自从哪儿来？
你坐在哪儿在？
你是个有限大的空球？
你是个无限大的整块？
你若是有限大的空球，
那拥抱着你的空间
他从哪儿来？
你的外边还有些什么存在？
你若是无限大的整块，
这被你拥抱着的空间
他从哪儿来？
你的当中为什么又有生命存在？
你到底还是个有生命的交流？
你到底还是个无生命的机械？

昂头我问天，
天徒矜高，莫有点儿知识。
低头我问地，
地已经死了，莫有点儿呼吸。
伸头我问海，
海正扬声而鸣唈。

啊啊！
生在这个阴秽的世界当中，
便是把金刚石的宝刀也会生锈！
宇宙呀！宇宙，
我要努力地把你诅咒：
你脓血污秽着的屠场呀！
你悲哀充塞着的囚牢呀！

你群鬼叫号着的坟墓呀！
你群魔跳梁着的地狱呀！
你到底为什么存在？

我们飞向西方，
西方同是一座屠场。
我们飞向东方，
东方同是一座囚牢。
我们飞向南方，
南方同是一座坟墓。
我们飞向北方，
北方同是一座地狱。
我们生在这样个世界当中，
只好学着海洋哀哭。

凰　歌

足足！足足！足足！
足足！足足！足足！
五百年来的眼泪倾泻如瀑。
五百年来的眼泪淋漓如烛。
流不尽的眼泪，
洗不净的污浊，
浇不熄的情炎，
荡不去的羞辱，
我们这缥缈的浮生，
到底要向哪儿安宿？

啊啊！
我们这缥缈的浮生
好像那大海的孤舟。
左也是漂漫，
右也是漂漫，
前不见灯台，
后不见海岸，

帆已破，

樯已断，

楫已飘流，

柁已腐烂，

倦了的舟子只是在舟中呻唤，

怒了的海涛还是在海中泛滥。

啊啊！

我们这缥缈的浮生。

好像这黑夜里的酣梦。

前也是睡眠，

后也是睡眠，

来得如飘风，

去得如轻烟，

来如风，

去如烟，

眠在后，

睡在前，

我们只是这睡眠当中的

一刹那的风烟。

啊啊！

有什么意思？

有什么意思？

痴！痴！痴！

只剩些悲哀，烦恼，寂寥，衰败，

环绕着我们活动着的死尸，

贯串着我们活动着的死尸。

啊啊！

我们年青时候的新鲜哪儿去了？

我们年青时候的甘美哪儿去了？

我们年青时候的光华哪儿去了？

我们年青时候的欢爱哪儿去了？

去了！去了！去了！

一切都已去了，
一切都要去了。
我们也要去了，
你们也要去了，
悲哀呀！烦恼呀！寂寥呀！衰败呀！

凤 凰 同 歌

啊啊！
火光熊熊了。
香气蓬蓬了。
时期已到了。
死期已到了。
身外的一切！
身内的一切！
一切的一切！
请了！请了！

群 鸟 歌

岩鹰
　　哈哈，凤凰！凤凰！
　　你们枉为这禽中的灵长！
　　你们死了吗？你们死了吗？
　　从今后该我为空界的霸王！

孔雀
　　哈哈，凤凰！凤凰！
　　你们枉为这禽中的灵长！
　　你们死了吗？你们死了吗？
　　从今后请看我花翎上的威光！

鸱枭
　　哈哈，凤凰！凤凰！
　　你们枉为这禽中的灵长！
　　你们死了吗？你们死了吗？
　　哦！是哪儿来的鼠肉的馨香！

家鸽

哈哈，凤凰！凤凰！

你们枉为这禽中的灵长！

你们死了吗？你们死了吗？

从今后请看我们驯良百姓的安康！

鹦鹉

哈哈，凤凰！凤凰！

你们枉为这禽中的灵长！

你们死了吗？你们死了吗？

从今后请听我们雄辩家的主张！

白鹤

哈哈，凤凰！凤凰！

你们枉为这禽中的灵长！

你们死了吗？你们死了吗？

从今后请看我们高蹈派④的徜徉！

凤凰更生歌

鸡鸣

昕潮涨了，

昕潮涨了，

死了的光明更生了。

春潮涨了，

春潮涨了，

死了的宇宙更生了。

生潮涨了，

生潮涨了，

死了的凤凰更生了。

凤凰和鸣

我们更生了。

我们更生了。

一切的一，更生了。

一的一切，更生了。

我们便是他，他们便是我。
我中也有你，你中也有我。
我便是你，
你便是我。
火便是凰。
凤便是火。
翱翔！翱翔！
欢唱！欢唱！

我们新鲜，我们净朗，
我们华美，我们芬芳，
一切的一，芬芳。
一的一切，芬芳。
芬芳便是你，芬芳便是我。
芬芳便是他，芬芳便是火。
火便是你。
火便是我。
火便是他。
火便是火。
翱翔！翱翔！
欢唱！欢唱！

我们热诚，我们挚爱。
我们欢乐，我们和谐。
一切的一，和谐。
一的一切，和谐。
和谐便是你，和谐便是我。
和谐便是他，和谐便是火。
火便是你。
火便是我。
火便是他。
火便是火。
翱翔！翱翔！
欢唱！欢唱！

我们生动，我们自由，

我们雄浑，我们悠久。

一切的一，悠久。

一的一切，悠久。

悠久便是你，悠久便是我。

悠久便是他，悠久便是火。

火便是你。

火便是我。

火便是他。

火便是火。

翱翔！翱翔！

欢唱！欢唱！

我们欢唱，我们翱翔。

我们翱翔，我们欢唱。

一切的一，常在欢唱。

一的一切，常在欢唱。

是你在欢唱？是我在欢唱？

是他在欢唱？是火在欢唱？

欢唱在欢唱！

欢唱在欢唱！

只有欢唱！

只有欢唱！

欢唱！

欢唱！

欢唱！

1920 年 1 月 20 日初稿

1928 年 1 月 3 日改削

（选自《女神》，人民文学出版社，2000 年版）

注释

①天方国：指阿拉伯国家。

②《孔演图》：亦作《演孔图》，汉代纬书名。纬书是汉代方士和儒生依托
今文经义宣扬符箓、瑞应、占验之书。

③《广雅》：中国古代语言和训诂学著作，三国魏张揖撰，十卷，为研究古代词汇和训诂的重要资料。

④高蹈派：又称巴那斯派，19世纪60年代法国诗歌流派，主张诗歌脱离社会，不问政治，"为艺术而艺术"，注重诗歌形式，是当时自然主义思潮在诗歌创作中的表现。

阅读提示

郭沫若（1892—1978），原名郭开贞，号尚武，四川乐山人。中国现代著名的作家、历史学家、考古学家。新中国成立后，历任中国文联主席、政务院副总理、中国科学院院长、全国人大常委会副委员长等职，后当选为中央委员。其代表作品有诗集《女神》，剧作《卓文君》《蔡文姬》《棠棣之花》《屈原》等。

《凤凰涅槃》写于五四运动的高潮时期，是一首时代的颂歌。1920年1月，《时事新报》副刊《学灯》，破例以整版的篇幅连续发表这首长诗，认为此诗"比谁都出色地表现了'五四'精神"。郭沫若自己也曾明白地告诉读者，"我的那篇《凤凰涅槃》，便是象征着中国的再生"（《革命春秋》），"同时也是我自己的再生"（《我的作诗的经过》）。《凤凰涅槃》是《女神》中最具有代表性的诗篇，也是在现代诗歌史上具有重要历史地位的诗篇。诗人借凤凰"集香木自焚，复从死灰中更生"的传说，以"浴火凤凰"的新生预告了旧世界、旧中国的灭亡和新世界、新中国的诞生，充分表现了五四时期反帝反封建的叛逆精神和狂飙突进的时代精神，体现了五四时期个性解放的鲜明要求，具有浓郁的浪漫主义风格。

全诗结构缜密完整，共分为五个部分，从"序曲"的沉郁、"凤歌"的愤懑、"凰歌"的凄婉，到"凤凰更生歌"的沸腾激昂，形成了"弱—强—弱—特强"的节奏起伏。"凤歌"和"凰歌"部分以低昂、悲壮的葬歌结束了中华民族历史上最黑暗的一页，"凤凰更生歌"以热诚、和谐的欢唱预示了生动、自由、净朗、华美的民族振兴时期的到来，中间穿插了岩鹰、孔雀、鸱枭、家鸽、鹦鹉、白鹤等凡鸟对凤凰的嘲笑，表达了凤凰对这些凡鸟的蔑视之情，可以说是戏剧化的诗或诗化的戏剧。

《凤凰涅槃》是新诗史上第一首杰出的浪漫主义抒情长诗，美丽的神话传说、丰富的想象与夸张的形象和语言，大大增强了此诗的浪漫主义色彩。郭沫若多元化地吸取中外艺术养分并进行融汇创造，以"火山爆发式的内在情感"开创了"革命浪漫主义"的先河，使《凤凰涅槃》以其雄放的姿态独步"五四"诗坛，以其浑厚高昂的歌声震动中外。

思辨感悟

1. "凤歌""凰歌"中,诗人选择了"铁、漆、血"这些闭口音的词和"悲哀、烦恼、寂寥、衰败"这些词义相近的词,揭示了"凤凰"怎样的内心世界,又抒发了什么样的情感? 应该用怎样的情绪读"更生"前的部分? "凤凰更生歌"中出现的是"欢唱""翱翔",是"新鲜、净朗、华美、芬芳"这些开口音和词义美好的词语;当我们读到"更生"后的"凤凰"歌唱的时候,应该用什么样的情绪朗读合适? 作者这样创作的目的是什么? 请分角色有感情地诵读此诗。

2. 结合本诗的创作背景,分析诗中的"火"的象征意义与诗中"凤凰"与"群鸟"的形象,并探讨五四时代精神在这首诗中的体现。

拓展延伸

1. 郭沫若:新诗《女神之再生》《天狗》《炉中煤》《地球,我的母亲》
2. 郭沫若:剧作《屈原》《棠棣之花》《蔡文姬》

随堂练习

《诗经》中的爱情

《诗经》

楚

周南·汉广

南有乔木，不可休思①。汉有游女②，不可求思。汉之广矣，不可泳思。江之永③矣，不可方④思。

翘翘错薪⑤，言刈其楚⑥。之子⑦于归，言秣其马。汉之广矣，不可泳思。江之永矣，不可方思。

翘翘错薪，言刈其蒌⑧。之子于归，言秣其驹。汉之广矣，不可泳思。江之永矣，不可方思。

（选自《诗经注释》，中华书局，2010年版）

注释

①思：语气词。

②汉：水名，源出陕西，东流至湖北汉阳入长江。游女：出游的女子。

③永：水流长。

④方：筏子，这里指以筏渡水。

⑤翘翘（qiáo）：高高的样子。错薪：杂乱的柴草。

⑥楚：草名，又名荆。

⑦之子：这位姑娘，指游女。

⑧蒌：一种水草，今名蒌蒿。多年生草本植物，叶子互生，多生水滨，高四五尺。叶嫩时可食，老则为薪。

郑风·出其东门 ①

出其东门，有女如云 ②。虽则 ③ 如云，匪我思存 ④。缟衣綦巾 ⑤，聊乐我员 ⑥。
出其闉阇 ⑦，有女如荼 ⑧。虽则如荼，匪我思且 ⑨。缟衣茹藘 ⑩，聊可与娱。

（选自《诗经注释》，中华书局，2010 年版）

注释

①郑风：《诗经》十五国风之一，今存 21 篇。东门：城东门，是郑国游人云集的地方。

②如云：形容女子众多。

③虽则：虽然。

④匪：非。思存：想念。思：语助词。存：一说在；一说念；一说慰藉。

⑤缟（gǎo）：白色；素白绢。綦（qí）巾：暗绿色头巾。

⑥聊：且，愿。员（yún）：同"云"，语助词。一说友，亲爱。

⑦闉（yīn）阇（dū）：城门外的护门小城，即瓮城门。

⑧荼：茅花，白色。茅花开时一片皆白，此亦形容女子众多。

⑨思且（jū）：思念，向往。且：语助词。一说慰藉。

⑩茹（rú）藘（lú）：茜草，其根可制作绛红色染料。此处指绛红色衣巾。"缟衣""綦巾""茹藘"之服，均显示此女身份之贫贱。

阅读提示

《诗经》是我国最早的一部诗歌总集，共收录周代诗歌 305 篇，原称"诗"或"诗三百"，另有 6 篇，有目无辞。《周南·汉广》是《诗经》中的一首诗。这是男子追求女子而不能得的情歌。抒情主人公钟情于一位美丽的姑娘，却始终难遂心愿，情思缠绕，无以解脱。面对浩渺的江水，他唱出了这首动人的诗歌，倾诉了满怀惆怅的愁绪。全诗人物形象生动，诗意逻辑严密。

《郑风·出其东门》描写男子对心上人忠贞不二的感情。诗歌的两个场景一个是内城东门，一个是外城闉阇，看到的都是同一片景象：花团锦簇般的美女，一方面形容她们如同天上的白云，另一方面形容她们如同田野中的白色茅草。城里城外，天上地下，尽管满眼的美色，但是男子不为所动，一个坦荡荡的君子跃然纸上。男子不为众多的美女而心动，不由让人好奇，男子的心上之人是何许人也，竟然让男子为之情有独钟、忠贞不二。

思辨感悟

1. 请分析这两首诗是如何运用赋比兴手法的。
2. 请列举并分析《诗经》中关于爱情的其他名篇，谈谈你对爱情的看法。

拓展延伸

1.《西洲曲》（南朝乐府民歌）
2.《诗经·卫风·木瓜》
3.《诗经·郑风·将仲子》

随堂练习

茹藘（左）

伤逝（节选）
——涓生的手记

鲁 迅

《伤逝》书影

子君也逐日活泼起来。但她并不爱花，我在庙会时买来的两盆小草花，四天不浇，枯死在壁角了，我又没有照顾一切的闲暇。然而她爱动物，也许是从官太太那里传染的罢，不一月，我们的眷属便骤然加得很多，四只小油鸡，在小院子里和房主人的十多只在一同走。但她们却认识鸡的相貌，各知道那一只是自家的。还有一只花白的叭儿狗，从庙会买来，记得似乎原有名字，子君却给它另起了一个，叫作阿随。我就叫它阿随，但我不喜欢这名字。

这是真的，爱情必须时时更新，生长，创造。我和子君说起这，她也领会地点点头。

唉唉，那是怎样的宁静而幸福的夜呵！

安宁和幸福是要凝固的，永久是这样的安宁和幸福。我们在会馆里时，还偶有议论的冲突和意思的误会，自从到吉兆胡同以来，连这一点也没有了；我们只在灯下对坐的怀旧谭中，回味那时冲突以后的和解的重生一般的乐趣。

子君竟胖了起来，脸色也红活了；可惜的是忙。管了家务便连谈天的工夫也没有，何况读书和散步。我们常说，我们总还得雇一个女工。

这就使我也一样地不快活，傍晚回来，常见她包藏着不快活的颜色，尤其使我不乐的是她要装作勉强的笑容。幸而探听出来了，也还是和那小官太太的暗斗，导火线便是两家的小油鸡。但又何必硬不告诉我呢？人总该有一个独立的家庭。这样的处所，是不能居住的。

我的路也铸定了，每星期中的六天，是由家到局，又由局到家。在局里便坐在办公桌前钞，钞，钞些公文和信件；在家里是和她相对或帮她生白炉子，煮饭，蒸馒头。我的学会了煮饭，就在这时候。

但我的食品却比在会馆里时好得多了。做菜虽不是子君的特长，然而她于此却倾注着全力；对于她的日夜的操心，使我也不能不一同操心，来算作分甘共苦。况且她又这样地终日汗流满面，短发都粘在脑额上；两只手又只是这样地粗糙起来。

况且还要饲阿随，饲油鸡，……都是非她不可的工作。

我曾经忠告她：我不吃，倒也罢了；却万不可这样地操劳。她只看了我一眼，不开口，神色却似乎有点凄然；我也只好不开口。然而她还是这样地操劳。

我所豫期的打击果然到来。双十节的前一晚，我呆坐着，她在洗碗。听到打门声，我去开门时，是局里的信差，交给我一张油印的纸条。我就有些料到了，到灯下去一看，果然，印着的就是：

奉局长谕史涓生着毋庸到局办事

　　　　　　　秘书处

　　　　　　　启十月九号

这在会馆里时，我就早已料到了；那雪花膏便是局长的儿子的赌友，一定要去添些谣言，设法报告的。到现在才发生效验，已经要算是很晚的了。其实这在我不能算是一个打击，因为我早就决定，可以给别人去钞写，或者教读，或者虽然费力，也还可以译点书，况且《自由之友》的总编辑便是见过几次的熟人，两月前还通过信。但我的心却跳跃着。那么一个无畏的子君也变了色，尤其使我痛心；她近来似乎也较为怯弱了。

"那算什么。哼，我们干新的。我们……。"她说。

她的话没有说完；不知怎地，那声音在我听去却只是浮浮的；灯光也觉得格外黯淡。人们真是可笑的动物，一点极微末的小事情，便会受着很深的影响。我们先是默默地相视，逐渐商量起来，终于决定将现有的钱竭力节省，一面登"小广告"去寻求钞写和教读，一面写信给《自由之友》的总编辑，说明我目下的遭遇，请他收用我的译本，给我帮一点艰辛时候的忙。

"说做，就做罢！来开一条新的路！"

我立刻转身向了书案，推开盛香油的瓶子和醋碟，子君便送过那黯淡的灯来。我先拟广告；其次是选定可译的书，迁移以来未曾翻阅过，每本的头上都满漫着灰尘了；最后才写信。

我很费踌蹰，不知道怎样措辞好，当停笔凝思的时候，转眼去一瞥她的脸，在昏暗的灯光下，又很见得凄然。我真不料这样微细的小事情，竟会给坚决的，无畏的子君以这么显著的变化。她近来实在变得很怯弱了，但也并不是今夜才开始的。我的心因此更缭乱，忽然有安宁的生活的影像——会馆里的破屋的寂静，在眼前一闪，刚刚想定睛凝视，却又看见了昏暗的灯光。

许久之后，信也写成了，是一封颇长的信；很觉得疲劳，仿佛近来自己也较为怯弱了。于是我们决定，广告和发信，就在明日一同实行。大家不约而同地伸直了腰肢，在无言中，似乎又都感到彼此的坚忍崛强的精神，还看见从新萌芽起来的将来的希望。

外来的打击其实倒是振作了我们的新精神。局里的生活，原如鸟贩子手里的禽鸟一般，仅有一点小米维系残生，决不会肥胖；日子一久，只落得麻痹了翅子，即使放出笼外，早已不能奋飞。现在总算脱出这牢笼了，我从此要在新的开阔的天空中翱翔，趁我还未忘却了我的翅子的扇动。

小广告是一时自然不会发生效力的；但译书也不是容易事，先前看过，以为已经懂得的，一动手，却疑难百出了，进行得很慢。然而我决计努力地做，一本半新的字典，不到半月，边上便有了一大片乌黑的指痕，这就证明着我的工作的切实。《自由之友》的总编辑曾经说过，他的刊物是决不会埋没好稿子的。

可惜的是我没有一间静室，子君又没有先前那么幽静，善于体帖了，屋子里总是散乱着碗碟，弥漫着煤烟，使人不能安心做事，但是这自然还只能怨我自己无力置一间书斋。然而又加以阿随，加以油鸡们。加以油鸡们又大起来了，更容易成为两家争吵的引线。

加以每日的"川流不息"的吃饭；子君的功业，仿佛就完全建立在这吃饭中。吃了筹钱，筹来吃饭，还要喂阿随，饲油鸡；她似乎将先前所知道的全都忘掉了，也不想到我的构思就常常为了这催促吃饭而打断。即使在坐中给看一点怒色，她总是不改变，仍然毫无感触似的大嚼起来。

使她明白了我的工作不能受规定的吃饭的束缚，就费去五星期。她明白之后，大约很不高兴罢，可是没有说。我的工作果然从此较为迅速地进行，不久就共译了五万言，只要润色一回，便可以和做好的两篇小品，一同寄给《自由之友》去。只是吃饭却依然给我苦恼。菜冷，是无妨的，然而竟不够；有时连饭也不够，虽然我因为终日坐在家里用脑，饭量已经比先前要减少得多。这是先去喂了阿随了，有时还并那近来连自己也轻易不吃的羊肉。她说，阿随实在瘦得太可怜，房东太太还因此嗤笑我们了，她受不住这样的奚落。

于是吃我残饭的便只有油鸡们。这是我积久才看出来的，但同时也如赫胥黎的论定"人类在宇宙间的位置"一般，自觉了我在这里的位置：不过是叭儿狗和油鸡之间。

后来，经多次的抗争和催逼，油鸡们也逐渐成为肴馔，我们和阿随都享用了十多日的鲜肥；可是其实都很瘦，因为它们早已每日只能得到几粒高粱了。从此便清静得多。只有子君很颓唐，似乎常觉得凄苦和无聊，至于不大愿意开口。我想，人是多么容易改变呵！

但是阿随也将留不住了。我们已经不能再希望从什么地方会有来信，子君也早没有一点食物可以引它打拱或直立起来。冬季又逼近得这么快，火炉就要成为很大的问题；它的食量，在我们其实早是一个极易觉得的很重的负担。于是连它也留不住了。

倘使插了草标到庙市去出卖，也许能得几文钱罢，然而我们都不能，也不愿这样做。终于是用包袱蒙着头，由我带到西郊去放掉了，还要追上来，便推在一个并不很深的土坑里。

我一回寓，觉得又清静得多多了；但子君的凄惨的神色，却使我很吃惊。那是没有见过的神色，自然是为阿随。但又何至于此呢？我还没有说起推在土坑里的事。

到夜间，在她的凄惨的神色中，加上冰冷的分子了。

"奇怪。——子君，你怎么今天这样儿了？"我忍不住问。

"什么？"她连看也不看我。

"你的脸色……。"

"没有什么，——什么也没有。"

我终于从她言动上看出，她大概已经认定我是一个忍心的人。其实，我一个人，是容易生活的，虽然因为骄傲，向来不与世交来往，迁居以后，也疏远了所有旧识的人，然而只要能远走高飞，生路还宽广得很。现在忍受着这生活压迫的苦痛，大半倒是为她，便是放掉阿随，也何尝不如此。但子君的识见却似乎只是浅薄起来，竟至于连这一点也想不到了。

我拣了一个机会，将这些道理暗示她；她领会似的点头。然而看她后来的情形，她是没有懂，或者是并不相信的。

天气的冷和神情的冷，逼迫我不能在家庭中安身。但是，往那里去呢？大道上，公园里，虽然没有冰冷的神情，冷风究竟也刺得人皮肤欲裂。我终于在通俗图书馆里觅得了我的天堂。

那里无须买票；阅书室里又装着两个铁火炉。纵使不过是烧着不死不活的煤的火炉，但单是看见装着它，精神上也就总觉得有些温暖。书却无可看：旧的陈腐，新的是几乎没有的。

好在我到那里去也并非为看书。另外时常还有几个人，多则十余人，都是单薄衣裳，正如我，各人看各人的书，作为取暖的口实。这于我尤为合式。道路上容易遇见熟人，得到轻蔑的一瞥，但此地却决无那样的横祸，因为他们是永远围在别的铁炉旁，或者靠在自家的白炉边的。

那里虽然没有书给我看，却还有安闲容得我想。待到孤身枯坐，回忆从前，这才觉得大半年来，只为了爱，——盲目的爱，——而将别的人生的要义全盘疏忽了。第一，便是生活。人必生活着，爱才有所附丽。世界上并非没有为了奋斗者而开的活路；我也还未忘却翅子的扇动，虽然比先前已经颓唐得多……。

屋子和读者渐渐消失了，我看见怒涛中的渔夫，战壕中的兵士，摩托车中的贵人，洋场上的投机家，深山密林中的豪杰，讲台上的教授，昏夜的运动者和深夜的偷儿……。子君，——不在近旁。她的勇气都失掉了，只为着阿随悲愤，为着做饭出神；然而奇怪的是倒也并不怎样瘦损……。

冷了起来，火炉里的不死不活的几片硬煤，也终于烧尽了，已是闭馆的时候。又须回到吉兆胡同，领略冰冷的颜色去了。近来也间或遇到温暖的神情，但这却反而增加我的苦痛。记得有一夜，子君的眼里忽而又发出久已不见的稚气的光来，笑着和我谈到还在会馆时候的情形，时时又很带些恐怖的神色。我知道我近来的超过她的冷漠，已经引起她的忧疑来，只得也勉力谈笑，想给她一点慰藉。然而我的笑貌一上脸，我的话一出口，却即刻变为空虚，这空虚又即刻发生反响，回向我的耳目里，给我一个难堪的恶毒的冷嘲。

子君似乎也觉得的，从此便失掉了她往常的麻木似的镇静，虽然竭力掩饰，总还是时时露出忧疑的神色来，但对我却温和得多了。

我要明告她，但我还没有敢，当决心要说的时候，看见她孩子一般的眼色，就使我只得暂且改作勉强的欢容。但是这又即刻来冷嘲我，并使我失却那冷漠的镇静。

她从此又开始了往事的温习和新的考验，逼我做出许多虚伪的温存的答案来，将温存示给她，虚伪的草稿便写在自己的心上。我的心渐被这些草稿填满了，常觉得难于呼吸。我在苦恼中常常想，说真实自然须有极大的勇气的；假如没有这勇气，而苟安于虚伪，那也便是不能开辟新的生路的人。不独不是这个，连这人也未尝有！

子君有怨色，在早晨，极冷的早晨，这是从未见过的，但也许是从我看来的怨色。我那时冷冷地气愤和暗笑了；她所磨练的思想和豁达无畏的言论，到底也还是一个空虚，而对于这空虚却并未自觉。她早已什么书也不看，已不知道人的生活的第一着是求生，向着这求生的道路，是必须携手同行，或奋身孤往的了，倘使只知道搥着一个人的衣角，那便是虽战士也难于战斗，只得一同灭亡。

我觉得新的希望就只在我们的分离；她应该决然舍去，——我也突然想到她的死，然而立刻自责，忏悔了。幸而是早晨，时间正多，我可以说我的真实。我们的新的道路的开辟，便在这一遭。

我和她闲谈，故意地引起我们的往事，提到文艺，于是涉及外国的文人，文人的作品：《诺拉》，《海的女人》。称扬诺拉的果决……。也还是去年在会馆的破屋里讲过的那些话，但现在已经变成空虚，从我的嘴传入自己的耳中，时时疑心有一个隐形的坏孩子，在背后恶意地刻毒地学舌。

她还是点头答应着倾听，后来沉默了。我也就断续地说完了我的话，连余音都消失在虚空中了。

　　"是的。"她又沉默了一会，说，"但是，……涓生，我觉得你近来很两样了。可是的？你，——你老实告诉我。"

　　我觉得这似乎给了我当头一击，但也立即定了神，说出我的意见和主张来：新的路的开辟，新的生活的再造，为的是免得一同灭亡。

　　临末，我用了十分的决心，加上这几句话：

　　"……况且你已经可以无须顾虑，勇往直前了。你要我老实说；是的，人是不该虚伪的。我老实说罢：因为，因为我已经不爱你了！但这于你倒好得多，因为你更可以毫无挂念地做事……。"

　　我同时豫期着大的变故的到来，然而只有沉默。她脸色陡然变成灰黄，死了似的；瞬间便又苏生，眼里也发了稚气的闪闪的光泽。这眼光射向四处，正如孩子在饥渴中寻求着慈爱的母亲，但只在空中寻求，恐怖地回避着我的眼。

　　我不能看下去了，幸而是早晨，我冒着寒风径奔通俗图书馆。

　　在那里看见《自由之友》，我的小品文都登出了。这使我一惊，仿佛得了一点生气。我想，生活的路还很多，——但是，现在这样也还是不行的。

　　我开始去访问久已不相闻问的熟人，但这也不过一两次；他们的屋子自然是暖和的，我在骨髓中却觉得寒冽。夜间，便蜷伏在比冰还冷的冷屋中。

　　冰的针刺着我的灵魂，使我永远苦于麻木的疼痛。生活的路还很多，我也还没有忘却翅子的扇动，我想。——我突然想到她的死，然而立刻自责，忏悔了。

　　在通俗图书馆里往往瞥见一闪的光明，新的生路横在前面。她勇猛地觉悟了，毅然走出这冰冷的家，而且，——毫无怨恨的神色。我便轻如行云，漂浮空际，上有蔚蓝的天，下是深山大海，广厦高楼，战场，摩托车，洋场，公馆，晴明的闹市，黑暗的夜……。

　　而且，真的，我豫感得这新生面便要来到了。

　　……

　　这是冬春之交的事，风已没有这么冷，我也更久地在外面徘徊；待到回家，大概已经昏黑。就在这样一个昏黑的晚上，我照常没精打采地回来，一看见寓所的门，也照常更加丧气，使脚步放得更缓。但终于走进自己的屋子里了，没有灯火；摸火柴点起来时，是异样的寂寞和空虚！

　　正在错愕中，官太太便到窗外来叫我出去。

　　"今天子君的父亲来到这里，将她接回去了。"她很简单地说。

　　这似乎又不是意料中的事，我便如脑后受了一击，无言地站着。

　　"她去了么？"过了些时，我只问出这样一句话。

　　"她去了。"

"她，——她可说什么？"

"没说什么。单是托我见你回来时告诉你，说她去了。"

我不信；但是屋子里是异样的寂寞和空虚。我遍看各处，寻觅子君；只见几件破旧而黯淡的家具，都显得极其清疏，在证明着它们毫无隐匿一人一物的能力。我转念寻信或她留下的字迹，也没有；只是盐和干辣椒，面粉，半株白菜，却聚集在一处了，旁边还有几十枚铜元。这是我们两人生活材料的全副，现在她就郑重地将这留给我一个人，在不言中，教我借此去维持较久的生活。

我似乎被周围所排挤，奔到院子中间，有昏黑在我的周围；正屋的纸窗上映出明亮的灯光，他们正在逗着孩子推笑。我的心也沉静下来，觉得在沉重的迫压中，渐渐隐约地现出脱走的路径：深山大泽，洋场，电灯下的盛筵；壕沟，最黑最黑的深夜，利刃的一击，毫无声响的脚步……。

心地有些轻松，舒展了，想到旅费，并且嘘一口气。

……

我要离开吉兆胡同，在这里是异样的空虚和寂寞。我想，只要离开这里，子君便如还在我的身边；至少，也如还在城中，有一天，将要出乎意表地访我，像住在会馆时候似的。

然而一切请托和书信，都是一无反响；我不得已，只好访问一个久不问候的世交去了。他是我伯父的幼年的同窗，以正经出名的拔贡，寓京很久，交游也广阔的。

大概因为衣服的破旧罢，一登门便很遭门房的白眼。好容易才相见，也还相识，但是很冷落。我们的往事，他全都知道了。

"自然，你也不能在这里了，"他听了我托他在别处觅事之后，冷冷地说，"但那里去呢？很难。——你那，什么呢，你的朋友罢，子君，你可知道，她死了。"

我惊得没有话。

"真的？"我终于不自觉地问。

"哈哈。自然真的。我家的王升的家，就和她家同村。"

"但是，——不知道是怎么死的？"

"谁知道呢。总之是死了就是了。"

我已经忘却了怎样辞别他，回到自己的寓所。我知道他是不说谎话的；子君总不会再来的了，像去年那样。她虽是想在严威和冷眼中负着虚空的重担来走所谓人生的路，也已经不能。她的命运，已经决定她在我所给与的真实——无爱的人间死灭了！

自然，我不能在这里了；但是，"那里去呢？"

四围是广大的空虚，还有死的寂静。死于无爱的人们的眼前的黑暗，我仿佛一一看见，还听得一切苦闷和绝望的挣扎的声音。

……

但是，这却更虚空于新的生路；现在所有的只是初春的夜，竟还是那么长。我活着，我总得向着新的生路跨出去，那第一步，——却不过是写下我的悔恨和悲哀，为子君，为自己。

我仍然只有唱歌一般的哭声，给子君送葬，葬在遗忘中。

我要遗忘；我为自己，并且要不再想到这用了遗忘给子君送葬。

我要向着新的生路跨进第一步去，我要将真实深深地藏在心的创伤中，默默地前行，用遗忘和说谎做我的前导……。

一九二五年十月二十一日毕。

（选自《鲁迅全集》，人民文学出版社，2005 年版）

阅读提示

《伤逝》是鲁迅先生创作生涯中唯一一部爱情题材的小说，完成于 1925 年 10 月 21 日，收录于小说集《彷徨》中。在《伤逝》这篇小说中，鲁迅将妇女婚姻和青年知识分子的婚恋问题，与整个社会制度和经济制度的变革联系了起来，认为"第一，便是生活。人必生活着，爱才有所附丽"。

《伤逝》讲述的是一段民国初年的爱情。在打破家庭专制、追求个性自由解放思潮的影响下，子君勇敢地说出："我是我自己的，他们谁也没有干涉我的权利！"这是中国女性自我意识觉醒的宣言。子君和涓生原本是一对真心相爱的年轻人，子君为了爱而脱离原有的家庭，来到涓生身边，两人在吉兆胡同建立了满怀希望的小家庭。然而仅仅一年的时间，由于经济压力、人情冷暖、双方变化等因素，两人原本纯真热烈的爱情，在种种困境中逐渐消逝。子君被父亲领回了家，在父亲的严威和旁人的冷眼下走向了生命的尽头，离开了这个"无爱的人间"，而涓生也因此陷入无尽的悔恨和悲哀之中，独自寻找着新的生路。

鲁迅将一个传统的摆脱父母之命的爱情故事，写成了悲剧的结局，他清醒地思考着现代婚恋背后可能隐藏的复杂性和危机。就故事而言，小说启发读者去思考：是什么毁灭了一对年轻人的美好爱情？是什么让他们不能自由幸福地生活？爱情自由与经济独立之间的关系要如何处理？爱情理想转化为世俗生活时，又应当如何调整？在《伤逝》中，作者思考了当"爱"变成"不爱"后应该如何处置。在对自由、解放、个性歌颂的年代，鲁迅揭示了这样一个残酷的真相："真实"也可以杀人。这是鲁迅的深刻洞见。

思辨感悟

1. 结合小说主题和鲁迅的另一篇文章《娜拉走后怎样》，谈谈你对"人必生活着，爱才有所附丽"的理解。

2. 为什么鲁迅先生在呈现《伤逝》时，要将叙述的权利全部交付给涓生？为什么这个故事是一个男人滔滔不绝地自说自话，而不是涓生和子君两个人的叙述？

3. 分别评析涓生和子君这两个人物和他们的爱情观，谈谈你自己的看法。

拓展延伸

1. 亨里克·易卜生：《玩偶之家：易卜生戏剧选》，译林出版社，2022年版

2. 鲁迅：《娜拉走后怎样》（选自《鲁迅全集》第一卷，人民文学出版社，2005年版）

随堂练习

鲁迅像

专题实践任务

1. 本单元作品展现的是多姿多彩的青春。青春是美好的，青春是五彩的，青春是富有朝气和力量的，青春是浪漫的，青春是感伤的……没有使命感的青春是贫血的青春。青年是祖国的未来，是民族的希望。在任何一个时代，青年都是社会上最富有朝气、最富有创造性、最富有生命力的群体。请认真阅读李大钊的《青春》、塞缪尔·厄尔曼的《青春》、郭沫若的《凤凰涅槃》、《诗经》和鲁迅的《伤逝》，就下列四个话题：青春的模样、青春的色彩、诗歌里的青春、我们的青春，展开讨论。选取一个话题完成下列其中一项任务：制作一份小刊物或者电子相册；写一首诗词；组织一次诵读活动。

2. 请大家反复研读本专题的作品，完成以下任务：

（1）请选取以下一个辩题，组织班级小型辩论会。

辩题1：青春更应该是仰望星空，还是脚踏实地；

辩题2：正方：有遗憾的青春是完美的；反方：有遗憾的青春是不完美的。

（2）请研读《〈诗经〉中的爱情》和《伤逝》，结合鲁迅的另一篇文章《娜拉走后怎样》，思考有关青春的一个重要命题——爱情。体悟爱情拨动心弦带来的悸动，思考"人必生活着，爱才有所附丽"。请大家发挥想象力，结合《〈诗经〉中的爱情》《伤逝》《娜拉走后怎样》，创作一部短剧。

专题三 为学有径

"学而时习之，不亦说乎？有朋自远方来，不亦乐乎？人不知而不愠，不亦君子乎？"孔子认为人生有三大乐趣，而"学习之乐"先于"交友之乐"和"君子之乐"，《论语》的开篇就在倡导学习。孔子招收三千弟子，孟子"得天下英才而教育之"，他们带领更多的人走进浩瀚学海。

中国古代非常重视学习，荀子《劝学》中说"吾尝终日而思矣，不如须臾之所学也"，诸葛亮临终在给儿子的家书中叮咛嘱咐"非学无以广才，非志无以成学"，唐宋八大家之一的欧阳修认为"立身以立学为先，立学以读书为本"，宋代大儒朱熹则言"无一事而不学，无一时而不学，无一处而不学，成功之路也"。中国历代先贤圣哲都认识到了学习的重要性。

然而当今社会人们的娱乐生活越来越丰富，不断挤压我们用于学习的时间。尼尔·波兹曼在《娱乐至死》中曾经提出过警告，"如果文化生活被重新定义为娱乐的周而复始……那么这个民族就会发现自己危在旦夕，文化灭亡的命运就在劫难逃"，有时候毁灭我们的并不是我们憎恨的事物，而是我们喜欢的东西。和娱乐相比，学习并不是一件轻松的事情，"艰难困苦，玉汝于成"，坚持学习，不断突破，我们才会拥有更有价值的人生。

想要学有所成则需要采用有效的学习方法。《礼记》中的"博学之，审问之，慎思之，明辨之，笃行之"可谓经典的学习之道，朱熹提出的学习方法——循序渐进、熟读精思、虚心涵泳、切己体察、着紧用力也从细微处提供读书的指引。历史上还有很多人的具体实践给予我们形象生动的启发，如王充旁征博引、博览群书而著《论衡》，终成一代大家。我们应切记，气有浩然，学无止境，求真务实，杜绝急功近利，不染浮躁之风，勇于探索，不断进步！

学记（节选）

《礼记》

《孔子见老子》画像砖

玉不琢不成器；人不学不知道。是故古之王者建国君①民，教学为先。《兑命》②曰："念终始典于学③。"其此之谓乎！

虽有嘉肴，弗食不知其旨④也；虽有至道⑤，弗学不知其善也。是故学然后知不足，教然后知困⑥。知不足，然后能自反也。知困，然后能自强也。故曰：教学相长也。《兑命》曰："学学半⑦。"其此之谓乎！

学者有四失，教者必知之。人之学也，或失则多，或失则寡，或失则易，或失则止。此四者，心之莫同也。知其心，然后能救其失也。教也者，长善而救其失者也。

良冶之子，必学为裘⑧；良弓之子，必学为箕⑨；始驾马⑩者反之，车在马前⑪。君子察于此三者，可以有志于学矣。

古之学者，比物丑类⑫。鼓无当于五声⑬，五声弗得不和；水无当于五色⑭，五色弗得不章；学无当于五官⑮，五官弗得不治；师无当于五服⑯，五服弗得不亲。

君子曰："大德不官，大道不器，大信不约，大时⑰不齐。察于此四者，可以有志于学矣。"

三王之祭川也，皆先河而后海，或源也，或委⑱也，此之谓务本。

（选自《礼记译解》，中华书局，1989年版）

注释

① 君：统治。

② 《兑（yuè）命》：《古文尚书》中的篇名，也作《说命》。

③ "念终"句：念头要始终经常地放在学习上。

④ 旨：甘美的味道。

⑤ 至道：最好的道理。

⑥ 困：不通。

⑦ 学学半：前一个"学"字音 xiào，指教人。后一个"学"字音 xué，指向人学。意思是说教别人，自己也能收到一半的成效。

⑧ 冶：冶铸金属的工匠。裘：皮衣。为裘，把一片片的兽皮拼合缝缀成皮衣。

⑨ 弓：这里指造弓的匠人。箕：簸箕。为箕，把弯曲的柳条编制为簸箕。

⑩ 始驾马：刚开始训练驾车的小马。

⑪ 车在马前：意思是说小马跟在车后，习惯之后才到前面开始驾车。

⑫ 比物丑类：排比并列同类事物。丑，比。

⑬ 五声：指古代音乐中的宫、商、角、徵、羽五大音阶。

⑭ 五色：青、黄、赤、白、黑五种颜色。

⑮ 五官：五大夫主国事者，即司徒、司马、司空、司士、司寇。

⑯ 五服：斩衰、齐衰、大功、小功、缌麻五种丧服。它们分别用以表示血缘关系的亲疏远近。

⑰ 大时：天时。

⑱ 委：水流汇集之处。

阅读提示

《学记》是《礼记》中的一篇，充分继承先秦儒家的思想主张，将教育视作为政治民的有效途径，是中国乃至世界教育史上最早论述教育、教学问题的篇目。

本文节选《学记》中的重要段落，《学记》开篇即明确了教育的目的与作用——"建国君民"，将教育与个人、国家的发展相关联，强调了教育的社会功用和政治功能。在强调了教书育人的重要性之后，紧接着就提出了"教学相长"的原则，强调教与学是相辅相成、相互促进的关系，要贯彻这一原则，一是靠实践，正如美味佳肴不亲口品尝就不知其味一样，高深的道理也只有躬行学习才能知其精妙；二是靠主观能动性，教与学的最终目的不是"知困""知不足"，而是教师与学生都能够"自强""自反"。除此之外，《学记》也首次提出"长善救失"

的教学原则，指出学习时的四种缺点，由此要求教师了解学生心理差异，扬长避短、补偏救弊。

《学记》全文用词简练却蕴含深意，构建出一个完备的教育体系，文章对教育的目的及作用、教育教学的原则及方法、教师的地位及要求等教育范畴进行了系统全面的总结概括，对教学关系、师生关系、管理规范等教学细节做了详细描述。《学记》中以"豫、时、孙、摩"教育原则为代表的诸多理论不仅是教育史上的首创，而且经过两千多年教育实践的检验仍历久弥新，对现代的教育教学仍然具有积极的引导作用和启发价值。

思辨感悟

1. 学习能丰富人的知识，充实人的思想，《学记》中却说"学然后知不足"，谈谈你对这一问题是怎样理解的。

2.《学记》提出了八条教学原则，试查找全文相关内容进行总结，说说其中哪些原则仍可适用于今天的学习中。

拓展延伸

1. 王文锦：《礼记译解》，中华书局，2016年版
2. 中国图书评论学会：《读书的方法与艺术》，人民出版社，2017年版
3. 孟宪承：《中国古代教育文选》，人民教育出版社，2003年版

随堂练习

陶渊明杂诗二首

[东晋] 陶渊明

陶渊明像

其　一

人生无根蒂，飘如陌上尘①。
分散逐风转，此已非常身②。
落地③为兄弟，何必骨肉亲！
得欢当作乐，斗酒聚比邻④。
盛年⑤不重来，一日难再晨。
及时当勉励，岁月不待人。

注释

①"人生无根蒂"二句：蒂（dì）：瓜当、果鼻、花与枝茎相连处都叫蒂。陌：东西向的路，这里泛指路。这两句是说人生在世没有根蒂，漂泊如路上的尘土。
②此：指此身。非常身：不是经久不变的身，即不再是盛年壮年之身。
③落地：刚生下来。
④欢：友好。斗：酒器。比邻：近邻。
⑤盛年：壮年。

其　二

白日沦①西河，素月出东岭。
遥遥万里辉，荡荡空中景②。
风来入房户，夜中枕席冷。
气变悟时易，不眠知夕永③。
欲言无予和④，挥杯劝孤影。
日月掷人去，有志不获骋。
念此怀悲凄，终晓不能静。

（选自《陶渊明集笺注》中华书局，2017 年版）

注释

① 沦：沉沦、落。

② 景：同"影"，指月光。

③ 夕永：夜长

④ 无予和：没有人和我对答。

阅读提示

　　陶渊明（365 或 372 或 376—427），东晋诗人、辞赋家、散文家。一名潜，字元亮，私谥靖节，浔阳柴桑（今江西九江西南）人。他是中国第一位田园诗人，被誉为"隐逸诗人之宗""田园诗派之鼻祖"等。陶渊明的曾祖父陶侃曾担任大司马，但陶渊明少年时，家道已衰落。陶渊明喜欢读书，自小学习儒家《六经》，有建功立业的政治抱负，同时也喜欢读道家的《老子》《庄子》，爱好田园山水的自然风光。陶渊明出仕以后，先后担任过江州祭酒、镇军参军、建威参军、彭泽县令等职，但他无法忍受官场黑暗，"不为五斗米折腰"，所以辞官归田。《五柳先生传》就出自这一时期，除了"采菊东南下，悠然见南山"的闲适之外，陶渊明也创作了如《饮酒》《杂诗》《读山海经》《咏荆轲》等，这表明陶渊明归隐后也依然在关心政治和社会现实。

　　此次选取的诗歌即作于陶渊明的隐居时期。陶渊明《杂诗》共有十二首，此时陶渊明 54 岁，正是他辞官归田之年。慨叹人生之无常，感喟生命之短暂，是这组《杂诗》的基调。这种基调，在今天看来不无消极悲观的意味，但在当时特定的社会条件下，却反映了人的觉醒意识，是时代的进步。正因为人生无常，"盛年不重来，一日难再晨""日月掷人去，有志不获骋"，所以要更加珍惜时光，

"及时当勉励"。这两首诗歌，初读使人感到迷惘、沉痛，但诗人同时也执着地在生活中寻找希望，这种光风霁月的志士襟怀、生命价值未能实现之忧患意识，使人为之感奋。

思辨感悟

1. 结合自己的学习生活，谈谈你对"盛年不重来，一日难再晨。及时当勉励，岁月不待人"的理解。

2. 第二首诗的诗眼是哪句？诗人为何觉得光阴流逝，志业未成？在中国的古诗词中，还有哪些诗歌同样表达了这种壮志难酬、生命价值未能实现的忧患意识？这些诗歌对你的学习有什么启发？

拓展延伸

1. 陶潜：《陶渊明集笺注》，中华书局，2017年版
2. 李长之：《陶渊明传论》，天津人民出版社，2015年版
3.《百家讲坛》之《人间词话（2）无我之境　酒中"无我"的陶渊明》，央视网

随堂练习

微课 《归园田居》

《采菊图》

朱子读书法

[元] 程端礼

朱熹像

　　端礼窃①闻之朱子曰：为学之道，莫先于穷理②。穷理之要，必在乎读书。读书之法，莫贵乎循序而致精。而致精之本，则又在于居敬③而持志。此不易之理也。其门人与私淑④之徒，荟萃朱子平日之训⑤，而节序其要，定为《读书法》六条如下。

循 序 渐 进

　　朱子曰：以二书言之，则通一书而后及一书。以一书言之，篇章句字，首尾次第，亦各有序而不可乱，量力所至而谨守之。字求其训，句索其旨，未得乎前，不敢求乎后，未通乎此，不敢志乎彼。如是，则志定理明，而无疏易⑥陵躐⑦之患矣。若奔程趁限，一向趱⑧著了，则看犹不看也。近方觉此病痛不是小事，元来道学不明，不是上面欠工夫，乃是下面无根脚。其循序渐进之说如此。

熟 读 精 思

　　朱子曰：荀子说诵数以贯之，见得古人诵书，亦记遍数。乃知横渠教人读书必须成诵，真道学第一义。遍数已足，而未成诵，必欲成诵。遍数未足，虽已成诵，必满遍数。但百遍时，自是强五十遍。二百遍时，自是强一百遍。今人所以记不得，说不去，心下若存若亡⑨，皆是不精不熟，所以不如古人。学者观书，读得正文，记得注解，成诵精熟。注中训释文意，事物名件，发明⑩相穿纽处，一一认得，如自己做出底一般，方能玩味反复，向上有通透处。其熟读精思之学如此。

虚 心 涵 泳

朱子曰：庄子说吾与之虚而委蛇⑪，既虚了，又要随他曲折去。读书须是虚心方得。圣贤说一字是一字，自家只平着心去秤停他，都使不得一毫杜撰。今人读书，多是心下先有个意思，却将圣贤言语来凑。有不合，便穿凿之使合，如何能见得圣贤本意？其虚心涵泳之说如此。

切 己 体 察

朱子曰：入道之门，是将自身入那道理中去，渐渐相亲，与己为一。而今人道在这里，自家在外，元不相干。学者读书，须要将圣贤言语，体之于身。如克己复礼⑫，如出门如见大宾等事，须就自家身上体覆⑬，我实能克己复礼，主敬行恕⑭否？件件如此，方有益。其切己体察之说如此。

着 紧 用 力

朱子曰：宽着期限，紧着课程。为学要刚毅果决，悠悠⑮不济事。且如发愤忘食，乐以忘忧，是甚么精神，甚么筋骨。今之学者，全不曾发愤，直要抖擞精神，如救火治病然。如撑上水船，一篙不可放缓。其着紧用力之说如此。

居 敬 持 志

朱子曰：程先生云涵养须用敬，进学则在致知，此最精要。方无事时，敬以自持⑯，心不可放入无何有之乡⑰，须是收敛在此。及应事时，敬于应事，读书时，敬于读书，便自然该贯动静，心无不在。今学者说书，多是捻合来说，却不详密活熟。此病不是说书上病，乃是心上病。盖心不专静纯一，故思虑不精明。须要养得虚明⑱专静⑲，使道理从里面流出方好。其居敬持志之说如此。

（选自《五种遗规》，线装书局，2015 年版）

注释

① 窃：私自。多用作谦辞。
② 穷理：穷极事物之理。

③ 居敬：持身恭敬。

④ 私淑：私自敬仰而未得到直接的传授。

⑤ 训：教诲、训导。

⑥ 疏易：粗率、轻率。

⑦ 陵躐：超越等次。

⑧ 趱（zǎn）：赶，加快。

⑨ 若存若亡：有时记在心里，有时则忘记。

⑩ 发明：阐述，阐发。

⑪ 虚而委蛇：形容假意殷勤，敷衍应付。

⑫ 克己复礼：《论语》中孔子说："克己复礼为仁。"指约束自己，使自己的言行和待遇符合礼的严格规定就是仁。

⑬ 体覆：体验。

⑭ 主敬行恕：指待人要体谅宽容。

⑮ 悠悠：游荡貌；懒散不尽心貌。

⑯ 自持：自我克制。

⑰ 无何有之乡：出自《庄子·逍遥游》，指空无所有的地方，多用以指空洞而虚幻的境界或梦境。也用于逍遥自得的状态。

⑱ 虚明：指内心清虚纯洁。

⑲ 专静：淳朴敦厚，沉静不浮躁。

阅读提示

朱熹（1130—1200），字元晦，号晦庵，世称朱文公，祖籍徽州婺源（今属江西），南宋著名的理学家、教育家。著述甚多，其中《四书章句集注》影响最大，成为明清钦定的教科书和科举考试的标准。

朱熹对于读书有深切的体会，"为学之道，莫先于穷理。穷理之要，必在乎读书"，之所以强调读书是因为他认为圣贤之书中存在着"天理"的精蕴，只有读书，才能达到"穷理"。朱熹去世后，其弟子将他的读书经验归纳为以上六条，被称为"朱子读书法"。元代程端礼《程氏家塾读书分年日程》记载，朱熹"门人与私淑之徒，荟萃朱子平日之训，而节序其要，定为《读书法》六条：曰循序渐进，曰熟读精思，曰虚心涵泳，曰切己体察，曰着紧用力，曰居敬持志"。

"循序渐进"是读书的基础，要求按难易程度、知识之间的内在联系、自身知识水平安排读书的顺序，不要盲求读书的速度。"熟读精思"是将"熟读成诵"和"精细思考"结合，不仅要做到心、眼、口"三到"，而且要带着疑问读书。朱熹认为唯有熟读才可记牢，唯有记牢，才可精思，最终将所学所知进行内化，形成读者自身的见解。"虚心涵泳"告诫读者勿要先入为主，须仔细揣摩书中的含义，要有自身的判断能力，同时，在读的过程中，要能沉下心，安静地思考，探究作者真意。"切己体察"主张切勿"纸上谈兵"，应将所学所知结合自身经历，与实际行动联系起来，注重联系实际。"着紧用力"指读书时不仅要争分夺秒、勤奋刻苦，如"救火治病""水上撑船"，不可懈怠，还要有刚毅果决、奋发有为的精神，"发愤忘食，乐以忘忧"。"居敬持志"要求读书不仅要注意力高度集中，精神沉静专一，而且要坚定志向，所谓"居敬为纲""持志为本"。

　　"朱子读书法"虽为古人读书的方法，但其涉及的读书方法、读书态度，注重知行合一的要求，对今日读者的阅读仍有巨大的借鉴意义。

思辨感悟

　　1. "朱子读书法"对于当代学生有哪些启示？

　　2. 关于读书，朱熹有"熟读精思"，孔子有"学而不思则罔，思而不学则殆"，如何理解"读"（"学"）与"思"的关系？

拓展延伸

　　1. 纪录片《朱熹》，央视网

　　2. 朱熹：《四书章句集注》，中华书局，2012 年版

随堂练习

王 充 传

[南朝·宋] 范晔

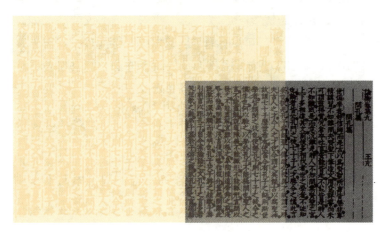

王充《问孔篇》书影

　　王充字仲任，会稽上虞人也，其先自魏郡元城徙焉。充少孤，乡里称孝。后到京师，受业太学①，师事扶风班彪。好博览而不守章句。家贫无书，常游洛阳市肆②，阅所卖书，一见辄能诵忆，遂博通众流百家之言。后归乡里，屏居③教授。仕郡为功曹④，以数谏争不合去。

　　充好论说，始若诡异，终有理实。以为俗儒守文，多失其真，乃闭门潜思，绝庆吊之礼，户牖墙壁各置刀笔⑤。著《论衡》八十五篇，二十余万言，释物类同异，正时俗嫌疑⑥。

　　刺史⑦董勤辟为从事⑧，转治中⑨，自免还家。友人同郡谢夷吾上书荐充才学，肃宗特诏公车征，病不行。年渐七十，志力衰耗，乃造《养性书》十六篇，裁节嗜欲，颐神自守。永元⑩中，病卒于家。

（选自《后汉书》，中华书局，2000 年版）

注释

　　① 太学：中国古代国立最高学府。

　　② 市肆：市中店铺。

　　③ 屏居：退居；隐居。

　　④ 功曹：官名，汉代郡守下有功曹史，简称"功曹"，相当于郡守的总务长，掌管人事和州郡部分日常政务。

⑤刀笔：书写工具。古代用笔在竹木简上写字，有误，则用刀刮去重写。

⑥嫌疑：疑惑难解的事理。

⑦刺史：汉武帝始设刺史一职。西汉刺史只负责监察工作，东汉时刺史权力逐渐扩大。"刺"，有核验和问事的意思。

⑧从事：官名，主要掌管文书工作，察举非法。汉以后三公及州郡长官皆自辟僚属，多以"从事"为称，如"从事史""从事中郎""治中从事"之类，到宋代废除。

⑨治中：西汉时设立的官名，即治中从事，是州刺史的高级佐官，仅低于别驾的等级，主管各曹的文书工作等。

⑩永元：东汉和帝年号（89—105）。

阅读提示

王充（27—约97），字仲任，会稽上虞（今属浙江绍兴）人，生活在东汉光武帝、明帝、章帝、和帝四朝，是我国古代唯物主义思想家的代表人物之一，其生平事迹见于谢承、袁山松、范晔三人各自所著的《后汉书·王充传》，以及其自述的《论衡·自纪》和散见于《论衡》其他篇章的点滴信息之中。王充著述颇丰，其中以《论衡》一书影响最大。

王充为学思想体现有二：一为博通，"好博览而不守章句""博通众流百家之言"；一为"疾虚妄""释物类同异，正时俗嫌疑"。王充生活的时代，由于一切只能在经典范围内进行解释，人们的思想受到束缚，而与之相对，在民间却形成了一种崇尚知识的风气。王充由于师承"通儒上才"的班彪，游学洛阳并崇尚知识之风，能够关照到各家学说，不为主流经学思想所束缚，认识到诸子百家之学的重要性。对于儒生墨守章句、不晓经事、不览古今的现象，王充批评其"知古不知今，谓之陆沉""知今不知古，为之盲瞽"，提倡不仅应不囿于一家之言，不拘于门派之别，兼采经学各派，还应该博采诸子，补充经学。王充所谓"好博览而不守章句""博通众流百家之言"即如上所述。

东汉谶纬思想弥漫，儒学神学化，王充高举"疾虚妄"的大旗，对一切不实之风进行了猛烈的批判。例如，汉代谶纬之书中，孔子被塑造为一个具有神秘色彩、能够先知的圣人，王充虽尊崇孔子，但是却反对谶纬思想将孔子神秘化。《问孔》《刺孟》两篇，敢于挑战圣人权威，公然指出即使是圣贤所说的话，也并非都是对的，即使是用意深思的文字也会出现不谨慎的地方，况且是仓促之间所说的话。所谓的圣人、贤人之所以能够预知未来之事，并非皆是因为他们耳聪目明，而是因为他们能够在博学广识的基础上做到"案兆察迹，推原事类"。除此之外，王充对于经传内容的失实夸张，社会上的虚美浮华、朱紫相倾现象，也进行批判，以期达到"征实""得实"。钱穆曾说："两汉思想，董仲舒是正面，王充是反面，只此两人，已足代表。""正面"指的是主流思想，"反面"指的是主流思想的对立面，是当时思想专制政策下难得的发声。钱穆的评价足见王充思想的影响力。

思辨感悟

1. 王充倡导读书要博通，你是如何看待"博"与"专"的？

2. 王充高举"疾虚妄"的旗帜，对一切不实之风进行批判，包括经学内容、孔子言行，这对你有什么启发？

拓展延伸

1. 钟肇鹏，周桂钿：《桓谭王充评传》，南京大学出版社，1993 年版

2. 黄晖：《论衡校释》，中华书局，1990 年版

3. 纪录片《中国通史》第 23、25、26 集《两汉经学》《王莽改制》《光武中兴》，央视网

随堂练习

为什么读经典

[意大利]伊塔洛·卡尔维诺

阅读点亮人生

让我们先提出一些定义。

一、经典是那些你经常听人家说"我正在重读……"而不是"我正在读……"的书。

至少对那些被视为"博学"的人是如此；它不适用于年轻人，因为他们处于这样一种年龄：他们接触世界和接触作为世界的一部分的经典之所以重要，恰恰是因为这是他们初次接触。

代表反复的"重"，放在动词"读"之前，对某些耻于承认未读过某部名著的人来说，可能代表着一种小小的虚伪。为了让这些人放心，只要指出这点就够了，也即无论一个人在性格形成期阅读范围多么广泛，总还会有众多的重要作品未读。

任何人如果读过希罗多德和修昔底德的全部作品，请举手。圣西门又如何？即使是 19 世纪那些伟大的系列小说，通常也是提及多于读过。在法国，他们在学校里开始读巴尔扎克，而从各种版本的销量来判断，人们显然在学生时代结束后很久都还在继续读他。但是，如果在意大利对巴尔扎克的受欢迎程度做一次正式调查，他的排名恐怕会很低。狄更斯在意大利的崇拜者是一小撮精英，他们一见面就开始回忆各种人物和片段，仿佛在谈论他们在现实生活中认识的人。米歇尔·布托尔多年前在美国教书时，人们老是向他问起左拉，令他烦不胜烦，因为他从未读过左拉，于是他下决心读整个《卢贡—马加尔家族》系列。他发现，它与他想象中的完全是两回事：它竟是庞杂的神话系谱学和天体演化学，后来他曾在一篇精彩的文章中描述这个体系。

上述例子表明，一个人在完全成年时首次读一部伟大作品，是一种极大的乐趣，这种乐趣跟青少年时代非常不同（至于是否有更大乐趣则很难说）。在青少年时代，每一次阅读跟每一次经验一样，都会产生独特的滋味和意义；而在成熟的年龄，一个人会欣赏（或者说应该欣赏）更多的细节、层次和含义。因此，我们不妨尝试以其他方式表述我们的定义：

二、经典作品是这样一些书，它们对读过并喜爱它们的人构成一种宝贵的经验；但是对那些保留这个机会，等到享受它们的最佳状态来临时才阅读它们的人，它们也仍然是一种丰富的经验。

因为实际情况是，我们年轻时所读的东西，往往价值不大，这又是因为我们没耐心、精神不能集中、缺乏阅读技能，或因为我们缺乏人生经验。这种青少年的阅读，可能（也许同时）具有形成性格的实际作用，原因是它赋予我们未来的经验一种形式或形状，为这些经验提供模式，提供处理这些经验的手段，比较的措辞，把这些经验加以归类的方法，价值的衡量标准，美的范式：这一切都继续在我们身上起作用，哪怕我们已差不多忘记或完全忘记我们年轻时所读的那本书。当我们在成熟时期重读这本书，我们就会重新发现那些现已构成我们内部机制的一部分的恒定事物，尽管我们已回忆不起它们从哪里来。这种作品有一种特殊效力，就是它本身可能会被忘记，却把种子留在我们身上。

我们现在可以给出这样的定义：

三、经典作品是一些产生某种特殊影响的书，它们要么本身以难忘的方式给我们的想象力打下印记，要么乔装成个人或集体的无意识隐藏在深层记忆中。

基于这个理由，一个人的成年生活应有一段时间用于重新发现青少年时代读过的最重要作品。即使这些书依然如故（其实它们也随着历史视角的转换而改变），我们也肯定已经改变了，因此后来的这次接触也就是全新的。

所以，我们用动词"读"或动词"重读"也就不真的那么重要。事实上我们可以说：

四、一部经典作品是一本每次重读都像初读那样带来发现的书。

五、一部经典作品是一本即使我们初读也好像是在重温的书。

上述第四个定义可视为如下定义的必然结果：

六、一部经典作品是一本永不会耗尽它要向读者说的一切东西的书。

而第五个定义则隐含如下更复杂的表述：

七、经典作品是这样一些书，它们带着先前解释的气息走向我们，背后拖着它们经过文化或多种文化（或只是多种语言和风俗）时留下的足迹。

这同时适用于古代和现代经典。如果我读《奥德赛》，我是在读荷马的文本，但我也不能忘记奥德修斯的历险在多少个世纪以来所意味的一切，而我不能不怀疑这些意味究竟是隐含于原著文本中，还是后来逐渐增添、变形或扩充的。如果我读卡夫卡，我就会一边认可一边抗拒"卡夫卡式的"这个形容词的合法性，因为我们老是听见它被用于指谓可以说任何事情。如果我读屠格涅夫的《父与子》或陀思妥耶夫斯基的《恶魔》，我就不能不思索这些书中的人物是如何一路转世投胎，一直到我们这个时代。

读一部经典作品也一定会令我们感到意外——当我们拿它与我们以前所想象的它相比较。这就是为什么我们总要一再推荐读第一手文本，而尽量避免二手书目、评论和其他解释。中学和大学都应加强这样一个理念，即任何一本讨论另一本书的书，所说的都永远比不上被讨论的书；然而学校却倾尽全力要让学生相信恰恰相反的事情。这里广泛存在着一种价值逆转，它意味着导言、批评资料和书目像烟幕那样，被用来遮蔽文本在没有中间人的情况下必须说和只能说的东西——而中间人总是宣称他们知道得比文本自身还多。因此，我们可以这样下结论：

八、一部经典作品是这样一部作品，它不断在它周围制造批评话语的尘云，却也总是把那些微粒抖掉。

一部经典作品不一定要教导我们一些我们不知道的东西；有时候我们在一部经典作品中发现我们已知道或总以为我们已知道的东西，却没有料到我们所知道的东西是那个经典文本首先说出来的（或那个想法与那个文本有一种特殊联系）。这种发现同时也是非常令人满足的意外，例如当我们弄清楚一个想法的来源，或它与某个文本的联系，或谁先说了，我们总会有这种感觉。综上所述，我们可以得出如下定义：

九、经典作品是这样一些书，我们越是道听途说，以为我们懂了，当我们实际读它们，我们就越是觉得它们独特、意想不到和新颖。

当然，发生这种情况通常是因为一部经典作品的文本"起到"一部经典作品的作用，即是说，它与读者建立一种个人关系。如果没有火花，这种做法就没有意义：出于职责或敬意读经典作品是没用的，我们只应仅仅因为喜爱而读它们。除了在学校：无论你愿不愿意，学校都要教你读一些经典作品，在这些作品当中（或通过把它们作为一个基准），你将辨别"你的"经典作品。学校有责任向你提供这些工具，使你可以作出你自己的决定；但是，只有那些你在学校教育之后或之外选择的东西才有价值。

只有在非强制的阅读中，你才会碰到将成为"你的"书的书。我认识一位出色的艺术史专家，一个极其博识的人，在他读过的所有著作中，他最喜欢《匹克威克外传》，他在任何讨论中，都会引用狄更斯这本书的片段，并把他生命中每一个事件与匹克威克的生平联系起来。渐渐地，他本人、宇宙及其基本原理，都在一种完全认同的过程中，以《匹克威克外传》的面目呈现。如果我们沿着这条路走下去，我们就会形成对一部经典作品的想法，它既令人仰止又要求极高：

十、一部经典作品是这样一个名称，它用于形容任何一本表现整个宇宙的书，一本与古代护身符不相上下的书。

这样一个定义，使我们进一步接近关于那本无所不包的书的想法，马拉美梦寐以求的那种书。但是一部经典作品也同样可以建立一种不是认同而是反对或对立的强有力关系。卢梭的所有思想和行动对我来说都十分亲切，但它们在我身上催发一种要抗拒他、要批评他、要与他辩论的无可抑制的迫切感。当然，这跟我觉得他的人格与我的性情难以相容这一事实有关，但是，如果这么简单的话，那么我不去读他就行了；事实是，我不能不把他看成我的作者之一。所以，我要说：

十一、"你的"经典作品是这样一本书，它使你不能对它保持不闻不问，它帮助你在与它的关系中甚至在反对它的过程中确立你自己。

我相信我不需要为使用"经典"这个名称辩解，我这里不按照古老性、风格或权威性来区分。（关于这个名称的上述种种意义的历史，弗朗哥·福尔蒂尼为《埃伊纳乌迪百科全书》第三册撰写的"经典"条目有极详尽的阐述。）基于我这个看法，一部经典作品的特别之处，也许仅仅是我们从一部在文化延续性中有自己的位置的、不管是古代还是现代的作品那里所感到的某种共鸣。我们可以说：

十二、一部经典作品是一部早于其他经典作品的作品；但是那些先读过其他经典作品的人，一下子就认出它在众多经典作品的系谱中的位置。

至此，我再也不能搁置一个关键问题，也即如何看待阅读经典与阅读其他一切不是经典的文本之间的关系。这个问题与其他问题有关，诸如："为什么读经典，而不是读那些使我们对自己的时代有更深了解的作品？""我们哪里有时间和闲情去读经典？我们已被有关现在的各类印刷品的洪水淹没了。"

当然，可以假设也许存在着那种幸运的读者，他或她可以把生命中的"阅读时间"专诚献给卢克莱修、琉善、蒙田、伊拉斯谟、克维多、马洛、《方法谈》、歌德的《威廉·麦斯特》、柯勒律治、罗斯金、普鲁斯特和瓦莱里，偶尔涉猎一下紫式部或冰岛萨迦。再假设这个人可以读上述一切而又不必写最新再版书的评论，为取得大学教席而投稿，或在最后期限即将届满时给出版商寄去作品。如果保持这种状态而不必受任何污染，那么这个幸运者就可以避免读报纸，也绝不必操心最新的长篇小说或最近的社会学调查。但是，这种严格有多大的合理性甚或有多大的功用，尚未得知。当代世界也许是平庸和愚蠢的，但它永远是一个脉络，我们必须置身其中，才能够顾后或瞻前。阅读经典作品，你就得确定自己是从哪一个"位置"阅读的，否则无论是读者或文本都会很容易漂进无始无终的迷雾里。因此，我们可以说，从阅读经典中获取最大益处的人，往往是那种善于交替阅读经典和大量标准化的当代材料的人。而这并不一定要预先假定某个人拥有和谐的内心平静：它也可能是某种不耐烦的、神经兮兮的性情的结果，某个永远都感到恼怒和不满足的人的结果。

大概最理想的办法，是把现在当作我们窗外的噪音来听，提醒我们外面的交通阻塞和天气变化，而我们则继续追随经典作品的话语，它明白而清晰地回响在我们的房间里。但是对大多数人来说，把经典作品当成房间外远方的回声来聆听已是一种成就，因为他们的房间里被现在弥漫着，仿佛是一部开着最大音量的电视机。因此我们应加上：

十三、一部经典作品是这样一部作品，它把现在的噪音调成一种背景轻音，而这种背景轻音对经典作品的存在是不可或缺的。

十四、一部经典作品是这样一部作品，哪怕与它格格不入的现在占统治地位，它也坚持至少成为一种背景噪音。

事实仍然是，读经典作品似乎与我们的生活步调不一致，我们的生活步调无法忍受把大段大段的时间或空间让给人本主义者那种庄重的悠闲；也与我们文化中的精英主义不一致，这种精英主义永远也制订不出一份经典作品的目录来配合我们的时代。

这反而恰恰是莱奥帕尔迪的生活环境：住在父亲的城堡（他的"父亲的家"①），他得以利用父亲莫纳尔多那个令人生畏的藏书室，实行他对希腊和拉丁古籍的崇拜，并给藏书室增添了到那时为止的全部意大利文学，以及所有法国文学——除了长篇小说和最新出版的作品，它们数量极少，完全是为了让妹妹消遣（"你的司汤达"是他跟保利娜谈起这位法国小说家时的用语）。莱奥帕尔迪甚至为了满足他对科学和历史著作的极端热情，而捧读绝不算"最新"的著作②，读布封关于鸟类习性的著作，读丰特奈尔关于弗雷德里克·勒伊斯的木乃伊的著作，以及罗伯逊关于哥伦布的旅行的著作。

今天，像青年莱奥帕尔迪那样接受古典作品的熏陶已难以想象，尤其是他父亲莫纳尔多伯爵那样的藏书室已经解体。说解体，既是指那些古书已所剩无几，也指所有现代文学和文化的新著作大量涌现。现在可以做的，是让我们每个人都发明我们自己理想的经典藏书室；而我想说，其中一半应该包括我们读过并对我们有所裨益的书，另一半应该是我们打算读并假设可能对我们有所裨益的书。我们还应该把一部分空间让给意外之书和偶然发现之书。

我注意到，莱奥帕尔迪是我提到的唯一来自意大利文学的名字。这正是那个藏书室解体的结果。现在我实应重写整篇文章，以清楚地表明，经典帮助我们理解我们是谁和我们所到达的位置，进而表明意大利经典对我们意大利人是不可或缺的，否则我们就无从比较外国的经典；同样地，外国经典也是不可或缺的，否则我们就无从衡量意大利的经典。

接着，我还真的应该第三次重写这篇文章，免得人们相信之所以一定要读经典是因为它们有某种用途。唯一可以列举出来讨他们欢心的理由是，读经典总比不读好。

而如果有谁反对说，它们不值得那么费劲，我想援引乔兰③（不是一位经典作家，至少还不是一位经典作家，却是一个现在才被译成意大利文的当代思想家）："当毒药在准备中的时候，苏格拉底正在用长笛练习一首曲子。'这有什么用呢？'有人问他。'至少我死前可以学习这首曲子。'"

1981年

（黄灿然译）

（选自《为什么读经典》，译林出版社，2015年版）

注释

①"父亲的家"亦译作"祖家"，原文 paterno ostello，出自莱奥帕尔迪《致席尔维亚》一诗。

②这里大概是说，科学和历史著作愈新，其材料愈丰富，观点愈进步，大众若阅读科学和历史著作，一般注重最新研究成果，而莱奥帕尔迪却连较旧的材料也不放过。

③埃米尔·乔兰（Emil Cioran，1911—1995），罗马尼亚裔法国作家。

阅读提示

伊塔洛·卡尔维诺（1923—1985），意大利当代作家。主要作品有小说《分成两半的子爵》《树上的男爵》《不存在的骑士》等。伊塔洛·卡尔维诺于1985年获得诺贝尔文学奖提名，却因于当年猝然去世而与该奖失之交臂，但其人其作早已在意大利文学界乃至世界文学界产生巨大影响。本文选自他晚年出版的书评集《卡尔维诺经典：为什么读经典》，这本书一共分为36个章节，论及31位经典作家及其作品，可以作为我们阅读世界经典名著的一本入门书。

中华民族拥有五千多年辉煌的历史和灿烂的文明，这离不开我们民族对于阅读的重视和热爱。但在信息大爆炸的今天，阅读这种传统正在弱化，我们的注意力更容易被眼花缭乱的图像、视频吸引。近些年来，国家越来越重视推广阅读，党的二十大报告中也强调要"加强国家科普能力建设，深化全民阅读活动"。

清代王豫曾经说过"凡读无益之书，皆是玩物丧志"，不可否认的是，大部分人的阅读能力和阅读趣味在信息爆炸时代的浅阅读、泛阅读中一降再降。这个时候，阅读经典就显得尤为重要了。很多人一听到经典就产生畏惧的情绪，总觉得距离我们很远，大部头的书籍一定很难读，但当我们真正读进去的时候，会发现并非如此。孔子对文学经典《诗经》曾经这样评价："小子，何莫学夫诗？诗，可以兴，可以观，可以群，可以怨。迩之事父，远之事君；多识于鸟兽草木之名。"也就是说，读《诗经》可以产生很多功用，从大的层面而言有益于国事，而且也可以落到很小的层面，认识周围的鸟兽草木。今天读《诗经》，当你说出"有美一人，清扬婉兮"，绝对比一句"你真美"更能彰显文化素养。经典会内化为一个民族思维深层次的部分，就像我们这篇选文中说的，"经典作品是一些产生某种特殊影响的书，它们要么本身以难忘的方式给我们的想象力打下印记，要么乔装成个人或集体的无意识隐藏在深层记忆中"，读经典，我们会更加接近我们民族及全人类文明中最优秀的精神领域。因此，请多读书，请多读经典！

思辨感悟

1. 作者在文本中引用了诸多经典的例子，但作者作为意大利学者，在文章中举例时只提到了一部意大利文学经典《莱奥帕尔迪》，你是如何理解的？

2. 如何理解文本最后一段引用的苏格拉底临死前的回答"至少我死前可以学习这首曲子"？你认为阅读经典有什么作用？

拓展延伸

1. 伊塔洛·卡尔维诺：《为什么读经典》，译林出版社，2015 年版
2. 文化音乐节目《经典咏流传》，央视网
3.《百家讲坛》专栏《品读中华经典诗文》，央视网

随堂练习

专题实践任务

1. 中国人自古就对学习之道极为重视，无论百家如何争鸣，无论"学"的内涵与外延如何争议，"尚学"总是先贤思想家们探讨的永恒话题。本专题五篇作品均围绕"为学"展开，《学记》开创性地提出豫、时、孙、摩、长善救失、教学相长等多条教学原则；陶渊明感慨时光易逝，勉励年轻学子珍惜光阴、进学不已；朱熹提出中国古代最系统、最具影响力的六条读书法；王充主张广泛阅读的同时注重知识的灵活运用而非死守章句、拘泥教条；意大利作家卡尔维诺在《为什么读经典》中为我们开辟出更加广阔的阅读视野。请结合本专题作品与个人实际学情，谈谈你对"学习"的理解，并总结出五条适合自己的学习方法。

2. "为学之道，莫先于穷理。穷理之要，必在于读书。"臧克家说过："读过一本好书，像交了一个益友。"与好书为友，与经典对话，为精神打底，为人生奠基。请选择自己读过的一部经典名著，为它制作一张好书推荐卡，并在班级内部举办一次读书交流会，与同学们进行分享，最终汇总成一张班级推荐书目单。

3. "读书是学习，摘抄是整理，写作是创造"，请根据自己阅读过的一部经典作品写一篇读书笔记，包括优美句段摘抄、读后感悟、读书方法谈等内容，以班级为单位开展"我来编本书"活动，将所有同学的读书笔记编辑成册，自行拟定书名、设计封面，完成自编书的制作。

专题四　美在深情

　　"美"在汉语词汇里，总是那么动听，那么惹人喜欢。根据汉代许慎《说文解字》的释义："美，甘也，从羊，从大。美在六畜主给膳也。美与善同意。"从《说文解字》的解说中，我们能够看到，在历史的早期，"美"是与绝佳的味道紧密相连，与满足自身的口腹之欲有着直接的联系；而从更深一层的角度来看，美更是与感性存在、与满足人的感性需要和享受有着莫大的关联。

　　现代著名美学家朱光潜说："美是客观方面某些事物、性质和形态适合主观方面意识形态，可以交融在一起而成为一个完整形象的那种性质。"就是说人的主观情感、意识和对象结合起来，达到主客观在"意识形态"，即情感思想上的统一，才能产生美。这些客观对象可以是自然风光，如霞光、彩虹和高山，也可以是人文景观、艺术作品，如故宫和《清明上河图》，而当这些客观事物触动了主体意识的某一根心弦时，那么主体情感便会产生一种具有深情化、本心化和自然化的感性精神积蕴在胸间，并不断朝外发散，弥漫于社会，感动于世间。

　　所谓"深情"，是指悠厚深长的内心感情。这种感情的指向对象可以是多方面的，既可以指对爱情的缠绵悱恻之情，也可以指对亲情家庭的依恋眷顾；既可以指对国仇家恨的无限怅惘，更可以上升到对整个宇宙生命有限无常的一种人生反思。

　　中国美学中的这股"深情"意识，最早可以追溯至战国时期的屈原，楚骚中本多悲哀，到汉代挽歌风行，即使在兴高采烈之余，也会"续以挽歌"，以表达对人类生命短暂、无常的哀痛之情。这种对生命无常的关注，所表现出的对生存的无比眷恋，最终在魏晋时期蔚为大观，形成了以情为核心的魏晋文艺美学的基本特征。从死别到生离，从社会景象到个人遭遇，魏晋时期及其之后的中国文人将个人的深情意识发展到了一个空前的高度与广度：它超出了一般情感抒发的简单内容，而以对人生苍凉的感喟，来表达对某种终极价值的探寻。

　　这种从远古流传下来的美学深情意识，对中国文学、艺术、哲学、思想的发展，影响深远，及至现代，它也通过"无意识"影响着我们的行为、感染着我们的情趣，正所谓"意愈浅愈深，词愈近愈远"，艺术所展现并打动人心的，便正是人类在历史中所不断积累沉淀下来的情感的心理本体，它才是永恒的生命。只要存在一天，我们就可以去欣赏、感受、玩味这永恒的生命。因为这生命并不是别的，正是我们历史性的自己。

国　殇①

[战国·楚] 屈原

屈子像

操吴戈兮被犀甲②，车错毂兮短兵接③。旌蔽日兮敌若云④，矢交坠⑤兮士争先。
凌余阵兮躐余行⑥，左骖殪兮右刃伤⑦。霾两轮兮絷四马⑧，援玉枹兮击鸣鼓⑨。
天时怼兮威灵怒⑩，严杀尽兮弃原野⑪。出不入兮往不反⑫，平原忽兮路超远⑬。
带长剑兮挟秦弓，首身离兮心不惩⑭。诚既勇兮又以武，终刚强兮不可凌⑮。
身既死兮神以灵⑯，子魂魄兮为鬼雄⑰！

（选自《楚辞集注》，上海古籍出版社，2015 年版）

注释

　　① 本篇选自《楚辞·九歌》。九歌，篇名，屈原据楚地民间祭神乐歌改作或
加工而成，共十一篇。国殇：指为国捐躯的人。殇，指未成年而死，也指死难
的人。

　　② 操吴戈兮被（pī）犀甲：吴戈，吴国制造的戈，当时吴国的冶铁技术较先
进，吴戈因锋利而闻名。被，通"披"，穿着。犀甲，犀牛皮制作的铠甲，特别
坚硬。

　　③ 车错毂（gǔ）兮短兵接：敌我双方战车交错，彼此短兵相接。错，交错。
毂，车轮的中心部分，有圆孔，可以插轴，这里泛指战车的轮轴。短兵，指刀剑
一类的短兵器。

　　④ 旌蔽日兮敌若云：旌旗遮蔽日光，敌兵像云一样涌上来。极言敌军之多。

⑤ 矢交坠：两军相射的箭纷纷坠落在阵地上。

⑥ 凌：侵犯。躐（liè）：践踏。行：行列。

⑦ 左骖（cān）殪（yì）兮右刃伤：左边的骖马倒地而死，右边的骖马被兵刃所伤。骖，边马。古时一车驾四马，中间两马叫"服"，两边的马称"骖"。殪，倒地而死。

⑧ 霾（mái）两轮兮絷（zhí）四马：战车的两个车轮陷进泥土被埋住，四匹马也被绊住了。霾，通"埋"。絷，拴住马足。古代作战，在激战将败时，埋轮缚马，表示坚守不退。

⑨ 援玉枹（fú）兮击鸣鼓：手持镶嵌着玉的鼓槌，击打着声音响亮的战鼓。先秦作战，主将击鼓督战，以旗鼓指挥进退。枹，鼓槌。鸣鼓，很响亮的鼓。

⑩ 天时怼（duì）兮威灵怒：天地一片昏暗，连威严的神灵都发起怒来，意指天怨神怒。天时，上天际会，这里指上天。天时怼，指上天都怨恨。怼，怨恨。威灵，威严的神灵。

⑪ 严杀尽兮弃原野：在严酷的厮杀中战士们全都死去，他们的尸骨都丢弃在旷野上。严杀，严酷的厮杀。

⑫ 出不入兮往不反：出征以后就不打算生还。反，通"返"。

⑬ 忽：渺茫，不分明，迅速貌。超远：遥远无尽头。

⑭ 首身离：身首异处。心不惩：壮心不改，勇气不减。惩，畏惧。

⑮ 终：始终。凌：侵犯。

⑯ 神以灵：指死而有知，英灵不泯。神，指精神。

⑰ 鬼雄：战死沙场的烈士即使英勇牺牲，也要成为鬼中的豪杰。

阅读提示

《国殇》，是一首哀悼死难的爱国将士、追悼和礼赞为国捐躯的楚国将士亡灵的哀歌。乐歌分为两节，先是描写在一场短兵相接的战斗中，楚国将士奋死抗敌的壮烈场面，继而颂悼他们为国捐躯的高尚志节。由第一节"旌蔽日兮敌若云"一句可知，这是一场敌众我寡的殊死战斗。当敌人来势汹汹，冲乱楚军的战阵，欲长驱直入时，楚军将士仍个个奋勇争先。但见战阵中有一辆主战车冲出，这辆原有四匹马拉的大车，虽左外侧的骖马已中箭倒毙，右外侧的骖马也被砍伤，但他的主人——楚军统帅仍毫无惧色，他反而将战车的两个轮子埋进土里，拢住马缰，举槌擂响了进军的战鼓。一时间战气肃杀，引得苍天也跟着威怒起来。待杀气散尽，战场上尸横遍野。

作者非常擅长场面描写和气氛渲染。寥寥十句，便将一场殊死恶战写得惨烈悲壮，极富感染力。而剩余的诗句则以饱含情感的笔触，讴歌死难将士。这些将士自披上战甲的那一日起，便不再想着全身而返，此时此刻他们紧握兵器，安详而又心无怨悔地躺在那永眠之地。"青山处处埋忠骨，何须马革裹尸还。"在全诗的结尾，屈原难以抑制自己的满腔激情。他对这些将士满怀敬爱，正如他常用美人香草指代美好的人事一样，在诗篇中，他也同样用一切美好的事物，来修饰笔下的烈士。这批神勇的将士，操的是吴地出产的以锋利闻名的戈以及秦地出产的以强劲闻名的弓，披的是犀牛皮制的盔甲，拿的是有玉嵌饰的鼓槌，他们生是人杰，死为鬼雄，气贯长虹，英灵永存。

思辨感悟

1. 从《国殇》这首诗中，你能获得什么样的美学感悟？
2. 请从"子魂魄兮为鬼雄"中浅谈屈原的生命情怀。

拓展延伸

1. 朱熹：《楚辞集注》，上海古籍出版社，2015 年版
2. 张崇琛：《楚辞文化研究》，中国社会科学出版社，2020 年版

随堂练习

《国殇》

画 山 水 序

[南朝·宋] 宗炳

沈周《画山水》

　　圣人含道映物，贤者澄怀味象①。至于山水，质有而趣灵。是以轩辕、尧、孔、广成、大隗、许由、孤竹②之流，必有崆峒、具茨、藐姑、箕、首、大蒙③之游焉。又称仁智之乐④焉。夫圣人以神法道，而贤者通；山水以形媚⑤道，而仁者乐。不亦几乎？

　　余眷恋庐、衡，契阔荆巫，不知老之将至，愧不能凝气怡⑥身。伤砧石门之流，于是画象布色，构兹云岭。

　　夫理绝于中古之上者，可意求于千载之下。旨微于言象之外者，可心取于书策之内。况乎身所盘桓⑦，目所绸缪⑧，以形写形，以色貌色⑨也。

　　且夫昆仑山之大，瞳子之小，迫目以寸，则其形莫睹。迥以数里，则可围于寸眸。诚由去之稍阔，则其见弥小。令张绡素以远映，则昆、阆⑩之形，可围于方寸之内。竖划三寸，当千仞之高；横墨数尺，体百里之迥⑪。是以观画图者，徒患类之不巧，不以制小而累其似，此自然之势⑫。如是，则嵩、华⑬之秀，玄牝⑭之灵，皆可得之于一图矣。

　　夫以应目会心为理者，类之成巧，则目亦同应，心亦俱会，应会感神，神超理得。虽复虚求幽岩，何以加焉。又神本亡端⑮，栖形感类，理入影迹。诚能妙写，亦诚尽焉。

　　于是闲居理气，拂觞⑯鸣琴，披图幽对，坐究四荒，不违天励之藂⑰，独应无人之野。峰岫峣嶷⑱，云林森眇⑲。圣贤映于绝代，万趣融其神思。余复何为哉，畅神而已；神之所畅，孰有先焉。

（选自《历代名画记校笺》，中华书局，2021年版）

① 澄怀味象：使心思平静体味事物。澄，使……宁静，味，体味。

② 轩辕、尧、孔、广成、大隗、许由、孤竹：历史或传说中的圣贤。

③ 崆峒、具茨、藐姑、箕、首、大蒙：都是神话传说中的神山名，非确指。

④ 仁智之乐：见《论语·雍也》"子曰：'知者乐水，仁者乐山。'"

⑤ 媚：使……显得美。

⑥ 怡：使……快乐。

⑦ 盘桓：逗留。

⑧ 绸缪：情意深厚，这里是深深注目的意思。

⑨ 以形写形，以色貌色：根据景物特点如实描绘。写、貌，这里均作描绘解。

⑩ 昆、阆：指传说中神仙栖居的地方。

⑪ 迥：广大。

⑫ 势：体态。

⑬ 嵩、华：嵩山和华山。

⑭ 玄牝：指"道"。

⑮ 亡端：没有端绪。亡，通"无"。

⑯ 觞：酒杯。

⑰ 天励之蒙：天道的运行。

⑱ 峰岫（xiù）峣嶷（yáo yí）：峰岫，峰峦。峣嶷：形容山峰高峻。

⑲ 森眇：浓密浩渺。眇，同"渺"。

阅读提示

《画山水序》是南朝刘宋时期宗炳所撰的山水画论作，为其晚年所作，成于公元430年前后。《画山水序》篇幅不长，但在我国绘画理论史上占有重要地位。文中先结合古代圣贤爱山水的"仁智之乐"和山水是"道"的体现，总言山水之美；继而表明自己创作山水画的缘由，接着又阐明山水画之能成立的意义；论证了用透视法以"存形"的原理，及更进一层的"栖形感类，理入影迹"；最后以"畅神"言山水画的功能、价值，表明其所具有的精神解脱意义。

《画山水序》作为全文总纲的首段，带有浓厚的老庄思想色彩，即以庄学观点来论证山水之美。其作为我国山水画论的开端，对后来的画论产生了重要影响，具有普遍的美学意义。

文章第一次将形神论从人物画引入山水画理论，不仅对南朝宋代山水画论产生影响，而且使形神论在造型艺术领域具有普遍意义。宗炳是从佛学视角提出"山水质有而趣灵""山水以形媚道"的观点，且由于"圣人以神法道"，山水既为"道"之表现，亦必是"神"的表现，因而"以形写形"还要得其"神"。这是顾恺之用于人物画的"以形写神"论的发展。

《画山水序》在充满儒家色彩的人物画论外另立一宗，阐明了欣赏山水画的虚静情怀和畅神功能，发展了传统的美学理论。它一反儒家的政教观，从佛学角度以"澄怀味象""神超理得""闲居理气"言山水画欣赏及其心态，是一种超功利的审美愉悦、悠闲平和的虚静情怀。其感情不是激动起伏，而是在优游玩味之中得"畅神"之乐。

思辨感悟

1. 从《画山水序》这篇文章中，你能感受到宗炳想要表达什么样的生命情怀？

2. 请浅谈宗炳理想中的山水画是要传达出怎样的审美境界。

拓展延伸

1. 刘熙载：《艺概注稿》，中华书局，2009 年版
2. 刘勰：《文心雕龙》，中华书局，2012 年版
3. 钱锺书：《谈艺录》，生活·读书·新知三联书店，2019 年版

随堂练习

世说新语（六则）

[南朝·宋]刘义庆

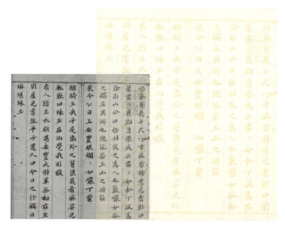

《世说新语》书影

（一）

卫洗马①初欲渡江，形神惨悴②，语左右云："见此芒芒③，不觉百端交集。苟未免有情，亦复谁能遣此！"《世说新语·言语第二》

（二）

桓公北征，经金城④，见前为琅邪时种柳，皆已十围⑤，慨然曰："木犹如此，人何以堪！"攀枝执条，泫然流泪。《世说新语·言语第二》

（三）

王戎丧儿万子，山简⑥往省之，王悲不自胜。简曰："孩抱中物，何至于此？"王曰："圣人忘情，最下不及情。情之所钟⑦，正在我辈。"简服其言，更为之恸。《世说新语·伤逝第十七》

（四）

王濬冲为尚书令，着公服，乘轺车，经黄公酒垆下过。顾谓后车客："吾昔与嵇叔夜、阮嗣宗⑧共酣饮于此垆。竹林之游，亦预其末⑨。自嵇生夭、阮公亡以来，便为时所羁绁⑩。今日视此虽近，邈若山河⑪。"《世说新语·伤逝第十七》

（五）

孙子荆以有才，少所推服，唯雅敬王武子⑫。武子丧时，名士无不至者。子荆后来，临尸恸哭，宾客莫不垂涕。哭毕，向灵床曰："卿常好我做驴鸣，今我为卿作。"体似真声，宾客皆笑。孙举头曰："使君辈存，令此人死！"《世说新语·伤逝第十七》

（六）

王子猷居山阴，夜大雪，眠觉，开室命酌酒，四望皎然⑬。因起彷徨，咏左思《招隐诗》，忽忆戴安道⑭。时戴在剡，即便也乘小船就之。经宿方至，造门不前而返。人问其故，王曰："吾本乘兴而行，兴尽而返，何必见戴！"《世说新语·任诞第二十三》

（选自《世说新语（中华经典名著全本全注全译丛书）》，中华书局，2011 年版）

注释

①卫洗马：即卫玠，字叔宝，因官至太子洗马，又称"卫洗马"。西晋时期著名的玄学家、官员。

②惨悴：面容憔悴，神情凄惨。

③芒芒：茫茫，远大广阔的样子。

④桓公：桓温，字元子，谯国龙亢县（今安徽怀远西北）人，东晋时期著名的政治家、军事家、书法家。晋明帝司马绍之女婿，曾三次出兵北伐，以图收复中原。金城：地名，今位于镇江句容县北。

⑤围：计算圆周的长度，以两手合抱为一围。

⑥王戎：字濬冲，西晋琅邪郡临沂（今山东临沂）人，三国末年至西晋时期的名士、官员，"竹林七贤"之一。曾参与晋灭吴之战，战后以功进封安丰县侯，故人称"王安丰"。山简：字季伦，西晋河内怀县（今河南武陟西）人。西晋时期名士，"竹林七贤"之一——山涛的儿子。

⑦情之所钟：指痴情所向，十分专注。

⑧顾：回头看。嵇叔夜：即嵇康，三国时期曹魏著名的思想家、文学家和音乐家，字叔夜，"竹林七贤"之一。阮嗣宗：即阮籍，字嗣宗，三国时期魏国

诗人，"竹林七贤"之一。

⑨ 预其末：参与末座。

⑩ 羁绁（xiè）：原指马络头和马缰绳，现亦有束缚、控制和拘禁之意。

⑪ 邈（miǎo）若山河：形容相隔非常遥远。

⑫ 孙子荆：即孙楚，太原中都（今山西平遥西南）人，西晋时期著名文学家，著有《登楼赋》《朳杜赋》等作品。王武子：即王济，西晋太原晋阳（今山西太原）人。出生于太原王氏家族，西晋时期著名外戚大臣，晋文帝司马昭之女婿。

⑬ 王子猷：即王徽之，东晋琅邪临沂（今山东临沂西北）人，东晋时期名士、书法家，"书圣"王羲之的第五子。山阴：中国古代地名，是浙江绍兴古县名，秦朝时期始设置。皎然：洁白的样子。

⑭ 左思：字太冲，齐国临淄（今山东淄博市临淄区北）人，西晋时期著名文学家，其所作《三都赋》颇被时人称颂，一时造成"洛阳纸贵"。戴安道：即戴逵，东晋时期著名隐士、画家、雕塑家。

阅读提示

《世说新语》是南朝宋文学家刘义庆撰写（一说刘义庆组织门客编写）的文言志人小说集，是魏晋轶事小说的集大成之作。其内容主要是记载东汉后期到魏晋间一些名士的言行与轶事。原为八卷，今本作三卷。分德行、言语、政事、文学等36门。

《世说新语》及其后刘孝标所注涉及各类人物共1 500多个，魏晋两朝主要的人物，无论帝王、将相，或者隐士、僧侣，都包括在内。它对人物的描写有的重在形貌，有的重在才学，有的重在心理，但都集中到一点，就是重在表现人物的特点，通过独特的言谈举止写出了人物的独特性格，使之气韵生动、活灵活现，跃然纸上。

《世说新语》的语言清微简远、言约旨远、冷峻隽永，有着丰厚的文化内涵和鲜明的艺术特色，主要表现以下三个方面。首先，典雅与通俗。《世说新语》语言雅俗兼备，所记魏晋人物言语之玄远高雅，多义深意隽，耐人寻味。魏晋名士品人论事，以雅为美，以"雅"组成的褒义短语随处可见。其次，机智与幽默。《世说新语》中的魏晋名士思想解放，感情丰富，精神自由，智慧卓越，又勇于并且急于表达自己的感情，阐发自己的思想，体现自己的才智，实现自己的价值。在清谈的熏陶之下，他们长于思辨、善于应付，富于机智性和幽默感。最后，白描与修辞。《世说新语》叙事、记言乃至刻画人物形象，主要运用白描手法，用质朴的语言，简洁地勾勒物象，传神写照，言约旨远。

思辨感悟

1. 此六则蕴含了作者怎样的生命思想？
2. 谈一谈《世说新语》有怎样的美学艺术价值。
3. 请结合《世说新语·伤逝篇》的文章，谈谈魏晋时期士人的深情意识。

拓展延伸

1. 刘义庆，余嘉锡：《世说新语笺疏》，中华书局，2007 年版
2. 阎步克：《士大夫政治演生史稿》，北京大学出版社，2015 年版
3. 田余庆：《东晋门阀政治》，北京大学出版社，2012 年版
4. 余敦康：《魏晋玄学史》，北京大学出版社，2016 年版

随堂练习

微课

孔融　　　　阮籍

《高逸图》

代悲白头翁 ①

[唐] 刘希夷

雨后落花

洛阳城东桃李花，飞来飞去落谁家？
洛阳女儿好颜色，坐见②落花长叹息。
今年花落颜色改，明年花开复谁在？
已见松柏摧为薪③，更闻桑田变成海④。
古人无复洛城东，今人还对落花风。
年年岁岁花相似，岁岁年年人不同。
寄言全盛红颜子，应怜半死白头翁。
此翁白头真可怜，伊昔红颜美少年。
公子王孙芳树下，清歌妙舞落花前。
光禄池台文锦绣⑤，将军⑥楼阁画神仙。
一朝卧病无相识，三春行乐在谁边？
宛转蛾眉⑦能几时？须臾鹤发⑧乱如丝。
但看古来歌舞地，惟有黄昏鸟雀悲。

（选自《全唐诗》，中华书局，2013 年版）

注释

①代：拟。白头翁：白发老人。这首诗的题目，各个选本都有不同。《唐音》《唐诗归》《唐诗品汇》《全唐诗》，均作"代悲白头翁"。《全唐诗》又作"代白头

吟"。《文苑英华》《乐府诗集》《韵语阳秋》作"白头吟"。尤袤《全唐诗话》作"白头翁咏"。

②坐见：一作"行逢"。

③松柏摧为薪：松柏被砍伐作柴薪。《古诗十九首》："古墓犁为田，松柏摧为薪。"

④桑田变成海：《神仙传》："麻姑谓王方平曰：'接待以来，已见东海三为桑田。'"

⑤光禄：光禄勋。用东汉马援之子马防的典故。据《后汉书·马援传》载，马防在汉章帝时拜光禄勋，生活很奢侈。文锦绣：指以锦绣装饰池台中物。

⑥将军：指东汉贵戚梁冀，他曾为大将军。据《后汉书·梁冀传》载，梁冀大兴土木，建造府宅。

⑦宛转蛾眉：本为年轻女子的面部妆容，此代指青春年华。

⑧须臾：一会儿。鹤发：白发。

阅读提示

这是一首拟古乐府诗。《白头吟》是汉乐府相和歌楚调曲旧题，古辞写一个女子向遗弃她的情人表示决绝。刘希夷这首诗则从女子写到老翁，咏叹青春易逝、富贵无常。构思独创，抒情婉转，语言优美，音韵和谐，艺术性较高，在初唐即受推崇，历来传为名篇。

诗的前半写洛阳女子感伤落花，抒发人生短促、红颜易老的感慨；后半写白头老翁遭遇沦落，抒发世事变迁、富贵无常的感慨，以"但看古来歌舞地，惟有黄昏鸟雀悲"总结全篇意旨。前后以"寄言全盛红颜子，应怜半死白头翁"二句过渡，点出红颜女子的未来不免是白头老翁的今日，白头老翁的往昔实则是红颜女子的今日。诗人将青春伤感的情思通过对比描写抒发得愈加浓烈，创造出兴象鲜明而韵味无穷的诗境。

此诗融会汉魏歌行、南朝近体及梁、陈宫体的艺术经验，而自成一种清丽婉转的风格。它既汲取乐府诗的叙事间发议论、古诗的以叙事方式抒情的手法，又能巧妙交织运用各种对比，发挥对偶、用典的长处，这些都是这首诗艺术上的突出成就。刘希夷生前似未成名，而在死后，孙季良编选《正声集》，"以刘希夷诗为集中之最，由是大为时人所称"（《大唐新语》）。

思辨感悟

1. 《代悲白头翁》蕴含了作者怎样的思想感情？

2. 请谈一谈《代悲白头翁》的艺术成就。

3. 有人说这首诗具有少年时代所特有的憧憬与悲伤，所以，这首诗的风格尽管悲伤，仍感轻快；虽然叹息，总是轻盈。你对此怎么看？并浅析这首诗背后所蕴含的美学精神和魏晋时代的哀歌有什么不同之处。

拓展延伸

1. 李泽厚：《美的历程》，生活·读书·新知三联书店，2009 年版
2. 李泽厚：《中国古代思想史论》，生活·读书·新知三联书店，2015 年版
3. 余秋雨：《中国文脉》，北京联合出版公司，2019 年版

随堂练习

落花

李白诗二首

［唐］李白

李白像

秋登宣城谢朓北楼 ①

江城 ② 如画里，山晚望晴空。
两水夹明镜 ③，双桥落彩虹。
人烟 ④ 寒橘柚，秋色老梧桐。
谁念北楼上，临风怀谢公。

梁 甫 吟

长啸 ⑤ 梁甫吟，何时见阳春？
君不见，朝歌屠叟 ⑥ 辞棘津，八十西来钓渭滨。
宁羞白发照清水，逢时吐气思经纶 ⑦。
广张三千六百钓，风期 ⑧ 暗与文王亲。
大贤虎变 ⑨ 愚不测，当年颇似寻常人。
君不见，高阳酒徒起草中，长揖山东隆准公 ⑩。
入门不拜逞雄辩，两女辍洗来趋风。
东下齐城七十二，指挥楚汉如旋蓬 ⑪。
狂客 ⑫ 落魄尚如此，何况壮士当群雄！
我欲攀龙 ⑬ 见明主，雷公砰訇 ⑭ 震天鼓。

帝旁投壶多玉女，三时大笑开电光，倏烁晦冥起风雨 ⑮。

阊阖 ⑯ 九门不可通，以额扣关阍者 ⑰ 怒。

白日不照我精诚，杞国无事忧天倾。

猰貐 ⑱ 磨牙竞人肉，驺虞 ⑲ 不折生草茎。

手接飞猱搏彫虎 ⑳，侧足焦原 ㉑ 未言苦。

智者可卷愚者豪，世人见我轻鸿毛。

力排南山三壮士，齐相杀之费二桃 ㉒。

吴楚弄兵无剧孟，亚夫咍尔为徒劳 ㉓。

梁甫吟，梁甫吟，声正悲。

张公两龙剑，神物合有时 ㉔。

风云感会 ㉕ 起屠钓，大人峣屼 ㉖ 当安之。

（选自《李太白全集》，中华书局，2015 年版）

注释

①宣城：唐宣州，天宝元年（742）改为宣城郡，今属安徽。谢朓北楼：即谢朓楼，又名谢公楼，唐代改名叠嶂楼，为南朝齐诗人谢朓任宣城太守时所建，故址在陵阳山顶，是宣城的登览胜地。

②江城：泛指水边的城，这里指宣城。

③两水：指宛溪、句溪。宛溪上有凤凰桥，句溪上有济川桥。明镜：指拱桥桥洞和它在水中的倒影合成的圆形，像明亮的镜子一样。

④人烟：屋内袅袅炊烟。

⑤长啸：吟唱。

⑥朝歌屠叟：指吕尚（即吕望、姜太公）。

⑦经纶：喻治理国家。

⑧三千六百钓：指吕尚在渭河边垂钓十年，共三千六百日。风期：风度和谋略。

⑨大贤：指吕尚。虎变：《易经·革卦》九五："大人虎变。"喻大人物行为变化莫测，骤然得志，非常人所能料。

⑩高阳酒徒：西汉人郦食其。隆准公：指刘邦。

⑪旋蓬：在空中飘旋的蓬草。

⑫狂客：指郦食其。

⑬攀龙：据《后汉书·光武帝纪》载，耿纯对刘秀说："天下士大夫所以跟随大王南征北战，本来是希望攀龙鳞，附凤翼，以成就功名。"后人因以攀龙附凤比喻依附帝王建立功业。

⑭砰訇：形容声音洪大。

⑮帝旁投壶多玉女：据《神异经·东荒经》载，东王公常与一玉女玩投壶的游戏，每次投1 200支，不中则天为之笑。天笑时，流火闪耀，即为闪电。

⑯阊阖：神话中的天门。

⑰阍者：看守天门的人。

⑱猰㺄（yà yǔ）：古代神话中一种吃人的野兽。这里比喻阴险凶恶的人物。

⑲驺（zōu）虞：古代神话中一种仁兽，白质黑纹，不伤人畜，不践踏生草。这里李白以驺虞自比，表示不与奸人同流合污。

⑳飞猱、彫虎：比喻凶险之人。

㉑焦原：传说春秋时莒国有一块约50步方圆的大石，名叫焦原，下有百丈深渊，只有无畏的人才敢站上去。

㉒"力排"二句：据《晏子春秋》内篇卷二《谏》载，齐景公手下有公孙接、田开疆、古冶子三勇士，皆力能搏虎，却不知礼义。相国晏婴便向齐景公建议除掉他们。他建议景公用两只桃子赏给有功之人。于是三勇士争功，然后又各自羞愧自杀。李白用此典意在讽刺当时权相李林甫陷害韦坚、裴敦复等大臣。

㉓"吴楚"二句：汉景帝时，吴楚等七国诸侯王起兵反叛。景帝派大将周亚夫领兵讨伐。周到河南见到剧孟（著名侠士），高兴地说：吴楚叛汉，却不用剧孟，注定要失败。哈尔：讥笑。

㉔"张公"二句：张公指西晋张华。据《晋书·张华传》载，西晋时丰城（今江西宜春丰城）县令雷焕掘地得双剑，即古代名剑干将和镆铘。雷把干将送给张华，自己留下镆铘。后来张华被杀，干将失落。雷焕死后，他的儿子雷华有一天佩戴着镆铘经过延平（今属福建南平），突然，剑从腰间跳进水中，与早已在水中的干将汇合，化作两条蛟龙。这两句用典，意谓总有一天自己会得到明君赏识。

㉕风云感会：即风云际会。古人认为云从龙，风从虎，常以风云际会形容君臣相得，成就大业。

㉖峴屼（niè wù）：不安貌。此指暂遇坎坷。

阅读提示

《秋登宣城谢朓北楼》的创作时间与《宣州谢朓楼饯别校书叔云》相近，大致都是在安史之乱爆发前不久所作。李白在长安为权贵所排挤，被赐金放还，弃官而去之后，政治上一直处于失意之中，过着飘荡四方的流浪生活。唐玄宗天宝十二年（753）与天宝十三年（754）的秋天，李白两度来到宣城，此诗当作于其中一年的中秋节后。

一个晴朗的秋天的傍晚，诗人独自登上了谢公楼。岚光山影，景色十分明净。诗人凭高俯瞰，"江城"犹如在图画中一样。开头两句，诗人把他登览时所见景色概括地写了出来，总摄全篇，其目的就是把读者深深吸引住，使之一同进入诗的意境中。严羽《沧浪诗话》说："太白发句，谓之开门见山。"指的就是这种表现手法。

李白在政治上一直不被权贵所容纳，时时被排挤，处于失意的状态。在弃官而去之后，始终过着飘荡四方的流浪生活。当他再次来到宣城时正值秋季，正如宋玉在《九辩》中说道："悲哉！秋之为气也，萧瑟兮草木摇落。"秋风萧瑟，花草寂寥，这种悲凉的季节使得李白落寞感伤的心情更加浓郁。一到宣城，他就怀念起自己的偶像谢朓，这不仅因为谢朓在宣城遗留下来像叠嶂楼这样的名胜古迹，更重要的是，当时的谢朓对宣城有着和自己相同的情感。当李白独自在谢朓楼上眺望的时候，面对着谢朓所吟赏过的山川，缅怀他平素仰慕的这位前代诗人的悲剧一生，虽然古今异代，然而他们的文化基因的精神却是遥遥相接的。这种渺茫的心情，反映了他政治上苦闷彷徨的孤独感；正因为他政治上受到压抑，找不到出路，所以只得寄情山水，尚友古人。他当时"无语凝噎，不知向谁诉说"的悲愁深情，也只有自己最能理解了。

清人沈德潜在《唐诗别裁集》评价此诗道："始言吕尚之耄年。郦食其之狂士，犹乘时遇合。为壮士者正当自奋。然欲以忠言寤主。而权奸当道。言路壅塞。非不愿剪除之。而人主不听。恐为匪人戕害也。究之论其常理。终当以贤辅国。惟安命以俟有为而已。后半拉杂使事。而不见其迹。以气胜也。若无太白本领。不易追逐。"从沈德潜的评点中，可以看到《梁甫吟》这首诗歌最大的艺术特色正在于布局奇特，变化莫测。它通篇用典，但表现手法却不时变换。吕望和郦食其两个故事是正面描写，起"以古为鉴"的作用，接着借助于种种神话故事，侧面表达自己的痛苦遭遇，第三段则把几个不相连属的典故交织在一起，造成了"不见其迹"的效果，因而整篇诗作显得奇幻多姿，错落有致：时而和风丽日，春意盎然；时而浊浪翻滚，险象纷呈；时而语浅意深，明白如话，时而杳冥惝恍，深不可测。再加上语言节奏的不断变化起伏，将李白复杂而又强烈的思想感情表现得淋漓尽致。

思辨感悟

1. 从《秋登宣城谢朓北楼》这首诗中，能够看出李白怎样的人格情怀？
2. 请探析《梁甫吟》这首诗歌的思想内容。
3. 结合这两首诗作，请谈一谈李白的美学精神。

拓展延伸

1. 叶嘉莹：《叶嘉莹说初盛唐诗》，中华书局，2018 年版
2. 李泽厚：《华夏美学》，中华书局，2015 年版

随堂练习　

微课　 伟大的时代：
盛唐　　　　　　　　　　 盛唐时代的分期

《李白行吟图》

专题实践任务

1. 本专题作品展现的是各种环境下的深情之美，这里面的美有对生命伤逝的哀悼、有对国家的忠诚与热爱，亦有对山水自然美好的倾心向往，但它们无一例外地都寄寓着作者对生命的思考和对美好事物的孜孜追求。本专题哪一篇作品最能够打动你？学习完这些作品后，你对美的真谛和美学所蕴含的物我交融思想和主体心灵有什么看法与认识呢？

2. 两千多年前的孔子在谈到"美"时说道："里仁为美""君子成人之美"，而在观"周乐"时，孔子更是说道："尽美矣，又尽善也。"可以说，以孔子为代表的儒家，其美学思想是与道德、伦理、良知紧密相连的。但是以庄子为代表的道家文人，则倾向于将"美"视为个性的自我展现与生命的逍遥。而屈原与魏晋时期的文人则更倾向于将"美"视为生命深情化的一种主体表达和心灵升华。正所谓"美美与共，天下大同"，美是多彩多样的，是和而不同的。那么，你更倾向于哪一种的美？请以班级主题辩论会的形式进行美的思辨与讨论。

专题五　敬畏生命

　　地球上的每种生物自出生起就开始了一场伟大的旅程，这就是生命。《战国策·秦策三》："万物各得其所，生命寿长，终其年而不夭伤。"《北史·源贺传》："人之所宝，莫宝于生命。""我是谁""我为什么活着""我该怎样活着"是个体关于生命价值的永恒追问。在浩瀚无穷的时空中，只有人才把怎样活着看得比活着本身更重要，只有人在倔强地追问并要求生命有意义。孟子说："生，亦我所欲也，义，亦我所欲也，二者不可得兼，舍生而取义者也。"

　　本专题的作品，创作于不同的历史时期。关于生命的故事、经历和态度，都是对生命尊严与可贵的体认。作者或从伦理学角度思考唤起对神圣生命的谦恭与敬畏；或从哲理层面解读于脆弱中奏出美好生命音符的英雄主义；或以"傲然平天下"的生命姿态，表达"烈士暮年，壮心不已"的执着……

　　生命或洒脱、或沉静，或奔涌、或深流……学习本专题，在各种姿态的生命表达中，我们可以从"生命价值"的角度引发思考。当遭逢逆境时，心有所向的生命，更容易摆脱彷徨与绝望。若你决定灿烂，山无遮，海无拦。坚定生命之所求，升华价值之境界，坚定信仰，敬畏生命。

敬 畏 生 命

［法］史怀泽

生命·起飞

　　善是保存和促进生命，恶是阻碍和毁灭生命。如果我们摆脱自己的偏见，抛弃我们对其他生命的疏远性，与我们周围的生命休戚与共，那么我们就是道德的。只有这样，我们才是真正的人；只有这样，我们才会有一种特殊的、不会失去的、不断发展的和方向明确的德性。

　　敬畏生命、生命的休戚与共是世界中的大事。自然不懂得敬畏生命。它以最有意义的方式产生着无数生命，又以毫无意义的方式毁灭着它们。包括人类在内的一切生命等级，都对生命有着可怕的无知。他们只有生命意志，但不能体验发生在其他生命中的一切；他们痛苦，但不能共同痛苦。自然抚育的生命意志陷于难以理解的自我分裂之中。生命以其他生命为代价才得以生存下来。自然让生命去干最可怕的残忍事情。自然通过本能引导昆虫，让它们用毒刺在其他昆虫身上扎洞，然后产卵于其中；那些由卵发育而成的昆虫靠毛虫过活，这些毛虫则应被折磨至死。为了杀死可怜的小生命，自然引导蚂蚁成群结队地去攻击它们。看一看蜘蛛吧！自然教给它的手艺多么残酷。

　　从外部看，自然是美好和壮丽的，但认识它则是可怕的。它的残忍毫无意义！最宝贵的生命成为最低级生命的牺牲品。例如，一个儿童感染了结核病菌。接着这种最低级生物就在儿童的最高贵机体内繁殖起来，结果导致这个儿童的痛苦和夭亡。在非洲，每当我检验昏睡病人的血液时，我总是感到吃惊。为什么这些人的脸痛苦得变了形并不断呻吟：我的头，我的头！为什么他们必须彻夜哭泣并痛苦地死去？这是因为，在显微镜下人们可以看见 $10‰\sim40‰$ 毫米的白色细菌；即使它们数量很少，以至于为了找到一个，有时得花上几个小时。

由于生命意志神秘的自我分裂，生命就这样相互争斗，给其他生命带来痛苦或死亡。这一切尽管无罪，却是有过的。自然教导的是这种残忍的利己主义。当然，自然也教导生物，在它需要时给自己的后代以爱和帮助。只是在这短暂的时间内，残忍的利己主义才得以中断。但是，更令人惊讶的是，动物能与自己的后代共同感受，能以直至死亡的自我牺牲精神爱它的后代，但拒绝与非其属类的生命休戚与共。

受制于盲目的利己主义的世界，就像一条漆黑的峡谷，光明仅仅停留在山峰之上。所有生命都必然生存于黑暗之中，只有一种生命能摆脱黑暗，看到光明。这种生命是最高的生命，人。只有人能够认识到敬畏生命，能够认识到休戚与共，能够摆脱其余生物苦陷其中的无知。

这一认识是存在发展中的大事。真理和善由此出现于世。光明驱散了黑暗，人们获得了最深刻的生命概念。共同体验的生命，由此在其存在中感受到整个世界的波浪冲击，达到自我意识，结束作为个别的存在，使我们之外的生存涌入我们的生存。

我们生存在世界之中，世界也生存于我们之中。这个认识包含着许多奥秘。为什么自然律和道德律如此冲突？为什么我们的理性不赞同自然中的生命现象，而必然形成与其所见尖锐对立的认识？为什么在它发挥善的概念的地方，它就必须与世界作斗争？为什么我们须经历这种冲突，而没有有朝一日调和它的力量？为什么不是和谐而是分裂？等等。上帝是产生一切的力量。为什么显示在自然中的上帝否定一切我们认为是道德的东西，即自然同时是有意义地促进生命和无意义地毁灭生命的力量？如果我们已能深刻地理解生命，敬畏生命，与其他生命休戚与共，那么，我们怎样使作为自然力的上帝，与我们所必然想象的作为道德意志的上帝、爱的上帝统一起来？

我们不能在一种完整的世界观和统一的上帝概念中坚定我们的德性，我们必须始终使德性免受世界观矛盾的损害，这种矛盾像毁灭性的巨浪一样冲击着它。我们必须建造一条大堤，它能保存下来吗？

危及我们休戚与共的能力和意志的是日益强加于人的这种考虑：这无济于事！你为防止或减缓痛苦、保存生命所做的和能做的一切，和那些发生在世界上和你周围，你又对之无能为力的一切比较起来，是无足轻重的。确实，在许多方面，我们是多么的软弱无力，我们本身也给其他生物带来了多少伤害，而不能停止。想到这一点，真是令人害怕。

你踏上林中小路，阳光透过树梢照进了路面，鸟儿在歌唱，许多昆虫欢乐地嗡嗡叫。但是，你对此无能为力的是：你的路意味着死亡。被你踩着的蚂蚁在那里挣扎，甲虫在艰难地爬行，而蠕虫则蜷缩起来。由于你无意的罪过，美好的生命之歌中也出现了痛苦和死亡的旋律。当你想行善时，你感受到的则是可怕的无能为力，不能如你所愿地帮助生命。接着你就听到诱惑者的声音：你为什么自寻烦恼？这无济于事。不要再这么做，像其他人一样，麻木不仁，无思想、无情感吧。

还有一种诱惑：同情就是痛苦。谁亲身体验了世界的痛苦，他就不可能在人所意愿的意义上是幸福的。在满足和愉快的时刻，他不能无拘无束地享受快乐，因为那里有他共同体验的痛苦。他清楚地记着他所看见的一切。他想到他所遇见的穷人，看见的病人，认识到这些人的命运残酷性，阴影出现在他的快乐的光明之中，并越来越大。在快乐的团体中，他会突然心不在焉。那个诱惑者又会对他说：人不能这样生活。人必须能够无视发生在他周围的事情，不要这么敏感。如果你想理性地生活，就应当有铁石心肠。穿上厚甲，变得像其他人一样没有思想。最后，我们竟然会为我们还懂得伟大的休戚与共而惭愧。当人们开始成为这种理性化的人时，我们彼此隐瞒，并装着好像人们抛弃的都是些蠢东西。

这是对我们的三大诱惑，它不知不觉地毁坏着产生善的前提。提防它们。首先，你对自己说，互助和休戚与共是你的内在必然性。你能做的一切，从应该被做的角度来看，始终只是沧海一粟。但对你来说，这是能赋予你生命以意义的唯一途径。无论你在哪里，你都应尽你所能从事救助活动，即解救由自我分裂的生命意志给世界带来的痛苦；显然，只有自觉的人才会从事这种救助活动。如果你在任何地方减缓了人或其他生物的痛苦和畏惧，那么你能做的即使较少，也是很多。保存生命，这是唯一的幸福。

另一个诱惑，共同体验发生在你周围的不幸，对你来说是痛苦，你应这样认识：同甘与共苦的能力是同时出现的。随着对其他生命痛苦的麻木不仁，你也失去了同享其他生命幸福的能力。尽管我们在世间见到的幸福是如此之少；但是，以我们本身所能行的善，共同体验我们周围的幸福，是生命给予我们的唯一幸福。最后，你根本没有权利这么说：我要这么生存。因为你认为，你比其他生命幸福。你必须如你必然所是地做一个真正自觉的人，与世界共同生存的人，在自身中体验世界的人。你是否因此按流行的看法比较幸福，这是无所谓的。我们内心神秘的声音并不需要幸福的生存——听从它的命令，才是唯一能使人满足的事情。

我这样和你们说，是为了不让你们麻木不仁，保持清醒的头脑！这与你们的灵魂有关。如果这些表达了我内心思想的话语，能使在座的诸位撕碎世上迷惑你们的假象，能使你们不再无思想地生存，不再害怕由于敬畏生命和必然认识到共同体验的重要而失去自己，那么，我就感到满足，而我的行为也将被人赞赏。

（选自《敬畏生命》，上海社会科学院出版社，1992 年版）

阅读提示

阿尔贝特·史怀泽（Albert Schweitzer，1875—1965，又译施韦泽），是

当代具有广泛影响的思想家，他创立的以"敬畏生命"为核心的生命伦理学是当今世界和平运动、环保运动的重要思想资源。他从伦理学角度对"敬畏生命"这一理念做了充分的发挥，明确提出："只有当人认为所有生命，包括人的生命和一切生物的生命都是神圣的时候，他才是伦理的。自然对生命的过错在于制造了残忍的利己主义，但生命并没有珍惜爱和帮助。"他肯定人作为最高生命价值的认识，认识到敬畏生命的重要性并提出了自然律和道德律的统一。他的出发点不是简单的恻隐之心，而是由生命的神圣性所唤起的敬畏之心，进而提出了人类对"德性"的保护就在于必须避免四种诱惑，最终成为清醒、敏锐、有思想、有感情的人，这种人才能获得内在的幸福。作为一名神学家，作者的某些语言带有较明显的宗教色彩，如"上帝是产生一切的力量"等，对此我们应理性看待。

作者开篇点出道德行为的善恶观，即其核心含义："善是保存和促进生命，恶是阻碍和毁灭生命。"全文围绕敬畏生命是有德性的人的道德标准这一中心论点展开。

史怀泽一方面深刻地批判现代文明。他认为，文明的进步，原本是为了使人类能过上更幸福的生活。但所谓幸福，不仅仅只是物质要求的满足，还应该有另一个要素——道德。但近现代社会，物质文明的飞跃进步，迷惑了人类心智，人们只追求物质的欲望，却忽视了道德的价值，结果给人类造成诸多不幸。他忧心忡忡地指出，如果只重视物质文明，而未同时以相应程度发展人类精神文明，那么人类文明必将因失去控制而走向灾难。

另一方面，史怀泽积极致力于创建新时代道德文明。"敬畏生命"的提出，便是史怀泽对新时代道德文明的反问。敬畏生命，也就是体认生命的尊严与可贵，并珍视生命，在每一个生命面前持有谦恭与敬畏之意。史怀泽认为，"生的意志"是神圣的，应予肯定、尊重；"生的意志"，一切生物都有。史怀泽指出，如果只爱护人的生命，不爱护其他一切生命，那便是人类伦理道德的不彻底。史怀泽呼吁"把爱的原则扩展到一切动物"，以实现伦理学的革命。人类为了自身生存，无可避免地要牺牲一些动物的生命，但这只是"出于不可避免的必然性才伤害和毁灭生命"，"从来不会由于疏忽而伤害和毁灭生命"，人类应尽可能摆脱以其他生命为代价保存自己的必然性。无论如何，人类伤害和毁灭动植物的生命，是生命的罪恶。因此，人类也应该为动植物付出心力，来拯救它们以免于痛苦。在史怀泽看来，如果人类确实能做到这点，那么世上的罪恶必能一点一滴地减少、消灭，进而开拓出正义、幸福与和平的未来。

史怀泽对现代文明的批判，发人深省，告诉我们在推进物质文明的同时，也要充分重视精神生活的价值。史怀泽敬畏生命的思想，揭示了人与自然关系的更深刻规律，既提高了人的心灵，也促进了环保事业的发展。总之，在倡导人与人、人与自然的和谐上，史怀泽以自己的思考，为人类提供了一笔宝贵的精神资源。

思辨感悟

1. 谈谈"敬畏生命"的伦理学观点。
2. 成为一个"有德性的真正的人"需具备哪些因素？
3. 如何理解作品中提到的"幸福观"？

拓展延伸

1. 阿尔贝特·史怀泽：《敬畏生命》，上海社会科学院出版社，1992 年版
2. 肖复兴：《生命不仅属于自己》，人民文学出版社，2013 年版
3. 刘小枫：《拯救与逍遥》，上海三联书店，2001 年版

随堂练习

命 若 琴 弦

史铁生

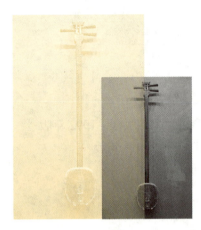

三弦

　　莽莽苍苍的群山之中走着两个瞎子，一老一少，一前一后，两顶发了黑的草帽起伏蹿动，匆匆忙忙，像是随着一条不安静的河水在漂流。无所谓从哪儿来，也无所谓到哪儿去，每人带一把三弦琴，说书为生。

　　方圆几百上千里这片大山中，层峦叠嶂，沟壑纵横，人烟稀疏，走一天才能见一片开阔地，有几个村落。荒草丛中随时会飞起一对山鸡，跳出一只野兔、狐狸或者其他小野兽。山谷中常有鹞鹰盘旋。

　　寂静的群山没有一点阴影，太阳正热得凶。

　　"把三弦子抓在手里。"老瞎子喊，在山间震起回声。

　　"抓在手里呢。"小瞎子回答。

　　"操心身上的汗把三弦子弄湿了。弄湿了晚上弹你的肋条？"

　　"抓在手里呢。"

　　老少二人都赤着上身，各自拎了一条木棍探路，缠在腰间的粗布小褂已经被汗水浸湿了一大片。蹿起来的黄土干得呛人。这正是说书的旺季。天长，村子里的人吃罢晚饭都不呆在家里；有的人晚饭也不在家里吃，捧上碗到路边去，或者到场院里。老瞎子想赶着多说书，整个热季领着小瞎子一个村子一个村子紧走，一晚上一晚上紧说。老瞎子一天比一天紧张、激动，心里算定：弹断一千根琴弦的日子就在这个夏天了，说不定就在前面的野羊坳。

　　暴躁了一整天的太阳这会儿正平静下来，光线开始变得深沉。远远近近的蝉鸣也舒缓了许多。

"小子！你不能走快点吗？"老瞎子在前面喊，不回头也不放慢脚步。

小瞎子紧跑几步，吊在屁股上的一只大挎包叮哪哐啷地响，离老瞎子仍有几丈远。

"野鸽子都往窝里飞啦。"

"什么？"小瞎子又紧走几步。

"我说野鸽子都回窝了，你还不快走！"

"噢。"

"你又鼓捣我那电匣子呢。"

"噫——！鬼动来。"

"那耳机子快让你鼓捣坏了。"

"鬼动来！"

老瞎子暗笑：你小子才活了几天？"蚂蚁打架我也听得着。"老瞎子说。

小瞎子不争辩了，悄悄把耳机子塞到挎包里去，跟在师父身后闷闷地走路。无尽无休的无聊的路。

走了一阵子，小瞎子听见有只獾在地里啃庄稼，就使劲学狗叫，那只獾连滚带爬地逃走了，他觉得有点开心，轻声哼了几句小调儿，哥哥呀妹妹的。师父不让他养狗，怕受村子里的狗欺负，也怕欺负了别人家的狗，误了生意。又走了一会，小瞎子又听见不远处有条蛇在游动，弯腰摸了块石头砍过去，"哗啦啦"一阵子高粱叶子响。老瞎子有点可怜他了，停下来等他。

"除了獾就是蛇。"小瞎子赶忙说，担心师父骂他。

"有了庄稼地了，不远了。"老瞎子把一个水壶递给徒弟。

"干咱们这营生的，一辈子就是走。"老瞎子又说。"累不？"

小瞎子不回答，知道师父最讨厌他说累。

"我师父才冤呢。就是你师爷，才冤呢，东奔西走一辈子，到了没弹够一千根琴弦。"

小瞎子听出师父这会儿心绪好，就问："什么是绿色的长乙（椅）？"

"什么？噢，八成是一把椅子吧。"

"曲折的油狼（游廊）呢？"

"油狼？什么油狼？"

"曲折的油狼。"

"不知道。"

"匣子里说的。"

"你就爱瞎听那些玩意儿。听那些玩意儿有什么用？天底下的好东西多啦，跟咱们有什么关系？"

"我就没听您说过，什么跟咱们有关系。"小瞎子把"有"字说得重。

"琴！三弦子！你爹让你跟了我来，是为了让你弹好三弦子，学会说书。"

小瞎子故意把水喝得咕噜噜响。

再上路时小瞎子走在前头。

大山的阴影在沟谷里铺开来。地势也渐渐地平缓，开阔。

接近村子的时候，老瞎子喊住小瞎子，在背阴的山脚下找到一个小泉眼。细细的泉水从石缝里往外冒，淌下来，积成脸盆大的水洼，周围的野草长得茂盛，水流出去几十米便被干渴的土地吸干。

"过来洗洗吧，洗洗你那一身臭汗味。"

小瞎子拨开野草在水洼边蹲下，心里还猜想着"曲折的油狼"。

"把浑身都洗洗。你那样儿准像个小叫花子。"

"那你不就是个老叫花子了？"小瞎子把手按在水里，嘻嘻地笑。

老瞎子也笑，双手掬起水来往脸上泼。"可咱们不是叫花子，咱们有手艺。"

"这地方咱们好像来过。"小瞎子侧耳听着四周的动静。

"可你的心思总不在学艺上。你这小子心太野。老人的话你从不着耳朵听。"

"咱们准是来过这儿。"

"别打岔！你那三弦子弹得还差着远呢。咱这命就在几根琴弦上，我师父当年就这么跟我说。"

泉水清凉凉的。小瞎子又哥哥妹妹地哼起来。

老瞎子挺来气："我说什么你听见了吗？"

"咱这命就在这几根琴弦上，您师父我师爷说的。我都听过八百遍了。您师父还给您留下一张药方，您得弹断一千根琴弦才能去抓那服药，吃了药您就能看见东西了。我听您说过一千遍了。"

"你不信？"

小瞎子不正面回答，说："干嘛非得弹断一千根琴弦才能去抓那服药呢？"

"那是药引子。机灵鬼儿，吃药得有药引子！"

"一千根断了的琴弦还不好弄？"小瞎子忍不住哧哧地笑。

"笑什么笑！你以为你懂得多少事？得真正是一根一根弹断了的才成。"

小瞎子不敢吱声了，听出师父又要动气。每回就是这样，师父容不得对这件事有怀疑。

老瞎子也没再作声，显得有些激动，双手搭在膝盖上，两颗骨头一样的眼珠对着苍天，像是一根一根地回忆着那些弹断的琴弦。盼了多少年了呀，老瞎子想，盼了五十年了！五十年中翻了多少架山，走了多少里路哇，挨了多少回晒，挨了多少回冻，心里受了多少委屈呀。一晚上一晚上地弹，心里总记着，得真正是一根一根尽心地弹断的才成。现在快盼到了，绝出不了这个夏天了。老瞎子知道自己又没什么能要命的病，活过这个夏天一点不成问题。"我比我师父可运气多了，"他说，"我师父到了儿没能睁开眼睛看一回。"

"咳！我知道这地方是哪儿了！"小瞎子忽然喊起来。

老瞎子这才动了动，抓起自己的琴来摇了摇，叠好的纸片碰在蛇皮上发出细微的响声，那张药方就在琴槽里。

"师父，这儿不是野羊岭吗？"小瞎子问。

老瞎子没搭理他，听出这小子又不安稳了。

"前头就是野羊坳，是不是，师父？"

"小子，过来给我擦擦背。"老瞎子说，把弓一样的脊背弯给他。

"是不是野羊坳，师父？"

"是！干什么？你别又闹猫似的。"

小瞎子的心扑通扑通跳，老老实实给师父擦背。老瞎子觉出他擦得很有劲。

"野羊坳怎么了？你别又叫驴似的会闻味儿。"

小瞎子心虚，不吭声，不让自己显出兴奋。

"又想什么呢？别当我不知道你那点心思。"

"又怎么了，我？"

"怎么了你？上回你在这儿疯得不够？那妮子是什么好货！"老瞎子心想，也许不该再带他到野羊坳来。可是野羊坳是个大村子，年年在这儿生意都好，能说上半个多月。老瞎子恨不能立刻弹断最后几根琴弦。

小瞎子嘴上嘟嘟囔囔的，心却飘飘的，想着野羊坳里那个尖声细气的小妮子。

"听我一句话，不害你，"老瞎子说，"那号事靠不住。"

"什么事？"

"少跟我贫嘴。你明白我说的什么事。"

"我就没听您说过，什么事靠得住。"小瞎子又偷偷地笑。

老瞎子没理他，骨头一样的眼珠又对着苍天。那儿，太阳正变成一汪血。

两面脊背和山是一样的黄褐色。一座已经老了，嶙峋瘦骨像是山根下裸露的基石。另一座正年轻。老瞎子七十岁，小瞎子才十七。

小瞎子十四岁上父亲把他送到老瞎子这儿来，为的是让他学说书，这辈子好有个本事，将来可以独自在世上活下去。

老瞎子说书已经说了五十多年。这一片偏僻荒凉的大山里的人们都知道他：头发一天天变白，背一天天变驼，年年月月背一把三弦琴满世界走，逢上有愿出钱的地方就拨动琴弦唱一晚上，给寂寞的山村带来欢乐。开头常是这么几句："自从盘古分天地，三皇五帝到如今，有道君王安天下，无道君王害黎民。轻轻弹响三弦琴，慢慢稍停把歌论，歌有三千七百本，不知哪本动人心。"于是听书的众人喊起来，老的要听董永卖身葬父，小的要听武二郎夜走蜈蚣岭，女人们想听秦香莲。这是老瞎子最知足的一刻，身上的疲劳和心里的孤寂全忘却，不慌不忙地喝几口水，待众人的吵嚷声鼎沸，便把琴弦一阵紧拨，唱道："今日不把别人唱，单表公子小罗成。"或者："茶也喝来烟也吸，唱一回哭倒长城的孟姜女。"满场立刻鸦雀无声，老瞎子也全心沉到自己所说的书中去。

他会的老书数不尽。他还有一个电匣子，据说是花了大价钱从一个山外人手里买来，为的是学些新词儿，编些新曲儿。其实山里人倒不太在乎他说什么唱什么。人人都称赞他那三弦子弹得讲究，轻轻漫漫的，飘飘洒洒的，疯疯狂放的，那里头有天上的日月，有地上的生灵。老瞎子的嗓子能学出世上所有的声音。男人、女人、刮风下雨、兽啼禽鸣。不知道他脑子里能呈现出什么景象，他一落生就瞎了眼睛，从没见过这个世界。

小瞎子可以算见过世界，但只有三年，那时还不懂事。他对说书和弹琴并无多少兴趣，父亲把他送来的时候费尽了唇舌，好说歹说连哄带骗，最后不如说是那个电匣子把他留住。他抱着电匣子听得入神，甚至没发觉父亲什么时候离去。

这只神奇的匣子永远令他着迷，遥远的地方和稀奇古怪的事物使他幻想不绝，凭着三年朦胧的记忆，补充着万物的色彩和形象。譬如海，匣子里说蓝天就像大海，他记得蓝天，于是想象出海；匣子里说海是无边无际的水，他记得锅里的水，于是想象出满天排开的水锅。再譬如漂亮的姑娘，匣子里说就像盛开的花朵，他实在不相信会是那样，母亲的灵柩被抬到远山上去的时候，路上正开遍着野花，他永远记得却永远不愿意去想。但他愿意想姑娘，越来越愿意想：尤其是野羊坳的那个尖声细气的小妮子，总让他心里荡起波澜。直到有一回匣子里唱道，"姑娘的眼睛就像太阳"，这下他才找到了一个贴切的形象，想起母亲在红透的夕阳中向他走来的样子，其实人人都是根据自己的所知猜测着无穷的未知，以自己的感情勾画出世界。每个人的世界就都不同。

也总有一些东西小瞎子无从想象，譬如"曲折的油狼"。

这天晚上，小瞎子跟着师父在野羊坳说书，又听见那小妮子站在离他不远处尖声细气地说笑。书正说到紧要处——"罗成回马再交战，大胆苏烈又兴兵。苏烈大刀如流水，罗成长枪似腾云，好似海中龙吊宝，犹如深山虎争林。又战七日并七夜，罗成清茶无点唇……"老瞎子把琴弹得如雨骤风疾，字字句句唱得铿锵。小瞎子却心猿意马，手底下早乱了套数……

野羊岭上有一座小庙，离野羊坳村二里地，师徒二人就在这里住下。石头砌的院墙已经残断不全，几间小殿堂也歪斜欲倾百孔千疮，唯正中一间尚可遮蔽风雨，大约是因为这一间中毕竟还供奉着神灵。

三尊泥像早脱尽了尘世的彩饰，还一身黄土本色返璞归真了，认不出是佛是道。院里院外、房顶墙头都长满荒藤野草，翁翁郁郁倒有生气。老瞎子每回到野羊坳说书都住在这儿。不出房钱又不惹是非。小瞎子是第二次住在这儿。

散了书已经不早，老瞎子在正殿里安顿行李，小瞎子在侧殿的檐下生火烧水。去年砌下的灶稍加修整就可以用。小瞎子撅着屁股吹火，柴草不干，呛得他满院里转着圈咳嗽。

老瞎子在正殿里数叨他："我看你能干好什么。"

"柴湿嘛。"

"我没说这事。我说的是你的琴，今儿晚上的琴你弹成了什么。"

小瞎子不敢接这话茬，吸足了几口气又跪到灶火前去，鼓着腮帮子一通猛吹。你要是不想干这行，就趁早给你爹捎信把你领回去。老这么闹猫闹狗的可不行，要闹回家闹去。"

小瞎子咳嗽着从灶火边跳开，几步蹿到院子另一头，呼哧呼哧大喘气，嘴里一边骂。

"说什么呢？"

"我骂这火。"

"有你那么吹火的？"

"那怎么吹？"

"怎么吹？哼，"老瞎子顿了顿，又说："你就当这灶火是那妮子的脸！"

小瞎子又不敢搭腔了，跪到灶火前去再吹，心想：真的，不知道兰秀儿的脸什么样。那个尖声细气的小妮子叫兰秀儿。

"那要是妮子的脸，我看你不用教也会吹。"老瞎子说。

小瞎子笑起来，越笑越咳嗽。

"笑什么笑！"

"您吹过妮子的脸？"

老瞎子一时语塞。小瞎子笑得坐在地上。老瞎子边骂边笑，然后变了脸色，再不言语。

灶膛里腾的一声，火旺起来。小瞎子再去添柴，一心想着兰秀儿。才散了书的那会儿，兰秀儿挤到他跟前来小声说："哎，上回你答应我什么来？"师父就在旁边，他没敢吭声。人群挤来挤去，一会儿又把兰秀儿挤到他身边。"嗳，上回吃人家的煮鸡蛋倒白吃了？"兰秀儿说，声音比上回大。这时候师父正忙着跟几个老汉拉话，他赶紧说："嘘——，我记着呢。"兰秀儿又把声音压低："你答应给我听电匣子你还没给我听。""嘘——我记着呢。"幸亏那会儿人声嘈杂。

正殿里好半天没有动静。之后，琴声响了，老瞎子又上好了一根新弦。他本来应该高兴的，来野羊坳头一晚就又弹断一根琴弦。可是那琴声却低沉、凌乱。

小瞎子渐渐听出琴声不对，在院里喊："水开了，师父。"

没有回答。琴声一阵紧似一阵了。

小瞎子端了一盆热水进来，放在师父跟前，故意嘻嘻笑着说："您今儿晚还想弹断一根是怎么着？"

老瞎子没听见，这会儿他自己的往事都在心中，琴声烦躁不安，像是年年旷野里的风雨，像是日夜山谷中的溪流，像是奔奔忙忙不知所归的脚步声。小瞎子有点害怕了：师父很久不这样了，师父一这样就要犯病，头疼、心口疼、浑身疼，会几个月爬不起炕来。

"师父，您先洗脚吧。"

琴声不停。

"师父，您该洗脚了。"小瞎子的声音发抖。

琴声不停。

"师父！"

琴声戛然而止，老瞎子叹了口气。小瞎子松了口气。

老瞎子洗脚，小瞎子乖乖地坐在他身边。

"睡去吧，"老瞎子说，"今儿格够累的了。"

"您呢？"

"你先睡，我得好好泡泡脚。人上了岁数毛病多。"老瞎子故意说得轻松。

"我等您一块儿睡。"

山深夜静。有一点风，墙头的草叶子响。夜猫子在远处哀哀地叫。听得见野羊坳里偶尔有几声狗吠，又引得孩子哭。月亮升起来，白光透过残损的窗棂进了殿堂，照见两个瞎子和三尊神像。

"等我干吗，时候不早了。"

"你甭担心我，我怎么也不怎么。"老瞎子又说。

"听见没有，小子？"

小瞎子到底年轻，已经睡着。老瞎子推推他让他躺好，他嘴里嘟囔了几句倒头睡去。老瞎子给他盖被子时，从那身日渐发育的筋肉上觉出，这孩子到了要想那些事的年龄，非得有一段苦日子过不可了。唉，这事谁也替不了谁。

老瞎子再把琴抱在怀里，摩挲着根根绷紧的琴弦，心里使劲念叨：又断了一根了，又断了一根了。再摇摇琴槽，有轻微的纸和蛇皮的摩擦声。唯独这事能为他排忧解烦。一辈子的愿望。

小瞎子做了一个好梦。醒来吓了一跳，鸡已经叫了。他一骨碌爬起来听听，师父正睡得香，心说还好。他摸到那个大挎包，悄悄地掏出电匣子，蹑手蹑脚出了门。

往野羊坳方向走了一会儿，他才觉出不对头，鸡叫声渐渐停歇，野羊坳里还是静静的没有人声。他愣了一会儿，鸡才叫头遍吗？灵机一动扭开电匣子。电匣子里也是静悄悄。现在是半夜。他半夜里听过匣子，什么都没有。这匣子对他来说还是个表，只要扭开一听，便知道是几点钟，什么时候有什么节目都是一定的。

小瞎子回到庙里，老瞎子正翻身。

"干吗哪？"

"撒尿去了。"小瞎子说。

一上午，师父逼着他练琴。直到晌午饭后，小瞎子才瞅机会溜出庙来，溜进野羊坳。鸡也在树荫下打盹，猪也在墙根下说着梦话，太阳又热得凶，村子里很安静。

小瞎子踩着磨盘，扒着兰秀儿家的墙头轻声喊："兰秀儿——兰秀儿——"

屋里传出雷似的鼾声。

他犹豫了片刻，把声音稍稍抬高："兰秀儿！兰秀儿——"

狗叫起来。屋里的鼾声停了，一个闷声闷气的声音问："谁呀？"

小瞎子不敢回答，把脑袋从墙头上缩下来。

屋里吧唧了一阵嘴，又响起鼾声。

他叹口气，从磨盘上下来，快快地往回走。忽听见身后嘎吱一声院门响，随即一阵细碎的脚步声向他跑来。

"猜是谁？"尖声细气。小瞎子的眼睛被一双柔软的小手捂上了。——这才多余呢。兰秀儿不到十五岁，认真说还是个孩子。

"兰秀儿！"

"电匣子拿来没？"

小瞎子掀开衣襟，匣子挂在腰上。"嘘——，别在这儿，找个没人的地方听去。"

"咋啦？"

"回头招好些人。"

"咋啦？"

"那么多人听，费电。"

两个人东拐西弯，来到山背后那眼小泉边。小瞎子忽然想起件事，问兰秀儿："你见过曲折的油狼吗？"

"啥？"

"曲折的油狼。"

"曲折的油狼？"

"知道吗？"

"你知道？"

"当然。还有绿色的长椅。就一把椅子。"

"椅子谁不知道。"

"那曲折的油狼呢？"

兰秀儿摇摇头，有点崇拜小瞎子了。小瞎子这才郑重其事地扭开电匣子，一支欢快的乐曲在山沟里飘荡。

这地方又凉快又没有人来打扰。

"这是《步步高》。"小瞎子说，跟着哼。

一会儿又换了支曲子，叫《旱天雷》，小瞎子还能跟着哼。兰秀儿觉得很惭愧。

"这曲子也叫《和尚思妻》。"

兰秀儿笑起来："瞎骗人！"

"你信不信？"

"不信。"

"爱信不信。这匣子里说的古怪事多啦。"小瞎子玩着凉凉的泉水，想了一会儿。"你知道什么叫接吻吗？"

"你说什么叫？"

这回轮到小瞎子笑，光笑不答。兰秀儿明白准不是好话，红着脸不再问。

音乐播完了，一个女人说，"现在是讲卫生节目。"

"啥？"兰秀儿没听清。

"讲卫生。"

"是什么？"

"嗯——，你头发上有虱子吗？"

"去——，别动！"

小瞎子赶忙缩回手来，赶忙解释："要有就是不讲卫生。"

"我才没有。"兰秀儿抓抓头，觉得有些刺痒，"噫——瞧你自个儿吧！"兰秀儿一把搬过小瞎子的头。"看我捉几个大的。"

这时候听见老瞎子在半山上喊："小子，还不给我回来！该做饭了，吃罢饭还得去说书！"他已经站在那儿听了好一会儿了。

野羊坳里已经昏暗，羊叫、驴叫、狗叫、孩子们叫，处处起了炊烟。野羊岭上还有一线残阳，小庙正在那淡薄的光中，没有声响。

小瞎子又撅着屁股烧火。老瞎子坐在一旁淘米，凭着听觉他能把米中的沙子拣出来。

"今天的柴挺干。"小瞎子说。

"嗯。"

"还是焖饭？"

"嗯。"

小瞎子这会儿精神百倍，很想找些话说，但是知道师父的气还没消，心说还是少找骂。

两个人默默地干着自己的事，又默默地一块儿把饭做熟。岭上也没了阳光。

小瞎子盛了一碗小米饭，先给师父："您吃吧。"声音怯怯的，无比驯顺。

老瞎子终于开了腔："小子，你听我一句行不？"

"嗯。"小瞎子往嘴里扒拉饭，回答得含糊。

"你要是不愿意听，我就不说。"

"谁说不愿意听了？我说'嗯'！"

"我是过来人，总比你知道得多。"

小瞎子闷头扒拉饭。

"我经过那号事。"

"什么事？"

"又跟我贫嘴！"老瞎子把筷子往灶台上一摔。

"兰秀儿光是想听听电匣子。我们光是一块儿听电匣子来。"

"还有呢？"

"没有了。"

"没有了？"

"我还问她见没见过曲折的油狼。"

"我没问你这个！"

"后来，后来，"小瞎子不那么气壮了，"不知怎么一下就说起了虮子……"

"还有呢？"

"没了。真没了！"

两个人又默默地吃饭。老瞎子带了这徒弟好几年，知道这孩子不会撒谎，这孩子最让人放心的地方就是诚实、厚道。

"听我一句话，保准对你没坏处。以后离那妮子远点儿。"

"兰秀儿人不坏。"

"我知道她不坏，可你离她远点儿好。早年你师爷这么跟我说，我也不信……"

"师爷？说兰秀儿？"

"什么兰秀儿，那会儿还没她呢。那会儿还没有你们呢……"

老瞎子阴郁的脸又转向暮色浓重的天际，骨头一样白色的眼珠不住地转动，不知道在那儿他能"看"见什么。

许久，小瞎子说："今儿晚上您多半又能弹断一根琴弦。"想让师父高兴些。

这天晚上师徒俩又在野羊坳说书。"上回唱到罗成死，三魂七魄赴幽冥，听歌君子莫嘈嚷，列位听我道下文。罗成阴魂出地府，一阵旋风就起身，旋风一阵来得快，长安不远面前存……"老瞎子的琴声也乱，小瞎子的琴声也乱。小瞎子回忆着那无比柔软的小手捂在自己脸上的感觉，还有自己的头被兰秀儿搬过去的滋味。老瞎子想起的事情更多……

夜里老瞎子翻来覆去睡不安稳，多少往事在他耳边喧嚣，在他心头动荡，身体里仿佛有什么东西要爆炸。坏了，要犯病，他想。头昏，胸口憋闷，浑身紧巴巴的难受。他坐起来，对自己叨咕："可别犯病，一犯病今年甭想弹够那些琴弦了。"他又摸到琴。要能叮叮当当随心所欲地疯弹一阵，心头的忧伤或许就能平息，耳边的往事或许就会消散。可是小瞎子正睡得香甜。

他只好再全力去想那张药方和琴弦，还剩下几根，还只剩最后几根了。那时就可以去抓药了，然后就能看见这个世界——他无数次爬过的山，无数次走过的路，无数次感到过她的温暖和炽热的太阳，无数次梦想着的蓝天、月亮和星星……还有呢？突然间心里一阵空，空得深重。就只为了这些？还有什么？他朦胧中所盼望的东西似乎比这要多得多……

夜风在山里游荡。

猫头鹰又在凄哀地叫。

不过现在他老了，无论如何没几年活头了，失去的已经永远失去了，他像是刚刚意识到这一点。七十年中所受的全部辛苦就为了最后能看一眼世界，这值得吗？他问自己。

小瞎子在梦里笑，在梦里说："那是一把椅子，兰秀儿……"

老瞎子静静地坐着。静静地坐着的还有那三尊分不清是佛是道的泥像。

鸡叫头遍的时候老瞎子决定，天一亮就带这孩子离开野羊坳。否则这孩子受不了，他自己也受不了。兰秀儿不坏，可这事会怎么结局，老瞎子比谁都"看"得清楚。鸡叫二遍，老瞎子开始收拾行李。

可是一早起来小瞎子病了，肚子疼，随即又发烧。老瞎子只好把行期推迟。

一连好几天，老瞎子无论是烧火、淘米、捡柴，还是给小瞎子挖药、煎药，心里总在说："值得，当然值得。"要是不这么反反复复对自己说，身上的力气似乎就全要垮掉。"我非要最后看一眼不可。""要不怎么着？就这么死了去？""再说就只剩下最后几根了。"后面三句都是理由。老瞎子又冷静下来，天天晚上还到野羊坳去说书。

这一下小瞎子倒来了福气。每天晚上师父到岭下去了，兰秀儿就猫似的轻轻跳进庙里来听匣子。兰秀儿还带来熟的鸡蛋，条件是得让她亲手去扭那匣子的开关。"往哪边扭？""往右。""扭不动。""往右，笨货，不知道哪边是右哇？""咔嗒"一下，无论是什么便响起来，无论是什么俩人都爱听。

又过了几天，老瞎子又弹断了三根琴弦。

这一晚，老瞎子在野羊坳里自弹自唱："不表罗成投胎事，又唱秦王李世民。秦王一听双泪流，可怜爱卿丧残身，你死一身不打紧，缺少扶朝上将军……"

野羊坳上的小庙里这时更热闹。电匣子的音量开得挺大，又是孩子哭，又是大人喊，轰隆隆地又响炮，嘀嘀嗒嗒地又吹号。月光照进正殿，小瞎子躺着啃鸡蛋，兰秀儿坐在他旁边。两个人都听得兴奋，时而大笑，时而稀里糊涂莫名其妙。

"这匣子你师父哪买来？"

"从一个山外头的人手里。"

"你们到山外头去过？"兰秀儿问。

"没。我早晚要去一回就是，坐坐火车。"

"火车？"

"火车你也不知道？笨货。"

"噢，知道知道，冒烟哩是不是？"

过了一会儿兰秀儿又说："保不准我就得到山外头去。"语调有些恓惶。

"是吗？"小瞎子一挺坐起来："那你到底瞧瞧曲折的油狼是什么。"

"你说是不是山外头的人都有电匣子？"

"谁知道。我说你听清楚没有？曲、折、的、油、狼，这东西就在山外头。"

"那我得跟他们要一个电匣子。"兰秀儿自言自语地想心事。

"要一个？"小瞎子笑两声，然后屏住气，然后大笑："你干嘛不要俩？你可真本事大。你知道这匣子几千块钱一个？把你卖了吧，怕也换不来。"

兰秀儿心里正委屈，一把揪住小瞎子的耳朵使劲拧，骂道："好你个死瞎子。"

两个人在堂殿里扭打起来。三尊泥像袖手旁观帮不上忙。两个年轻的正在发育的身体碰撞在一起，纠缠在一起，一个把一个压在身下，一会儿又颠倒过来，骂声变成笑声。匣子在一边唱。

打了好一阵子，两个人都累得住了手，心怦怦跳，面对面躺着喘气，不言声儿，谁却也不愿意再拉开距离。

兰秀儿呼出的气吹在小瞎子的脸上，小瞎子感到了诱惑，并且想起那天吹火时师父说的话，就往兰秀儿脸上吹气。兰秀儿并不躲。

"嘿，"小瞎子小声说，"你知道接吻是什么了吗？"

"是什么？"兰秀儿的声音也小。

小瞎子对着兰秀儿的耳朵告诉她。兰秀儿不说话。老瞎子回来之前，他们试着亲了嘴儿，滋味真不坏……

就是这天晚上，老瞎子弹断了最后两根琴弦。两根弦一齐断了。他没料到，他几乎是连跑带爬地上了野羊岭，回到小庙里。

小瞎子吓了一跳："怎么了，师父？"

老瞎子喘吁吁地坐在那儿，说不出话。

小瞎子有些犯嘀咕：莫非是他和兰秀儿干的事让师父知道了？

老瞎子这才相信：一切都是值得的。一辈子的辛苦都是值得的。能看一回，好好看一回，怎么都是值得的。

"小子，明天我就去抓药。"

"明天？"

"明天。"

"又断了一根了？"

"两根。两根都断了。"

老瞎子把那两根弦卸下来，放在手里揉搓了一会儿，然后把它们并到另外的九百九十八根去，绑成一捆。

"明天就走？"

"天一亮就动身。"

小瞎子心里一阵发凉。老瞎子开始剥琴槽上的蛇皮。

"可我的病还没好利索。"小瞎子小声叨咕。

"噢，我想过了，你就先留在这儿，我用不了十天就回来。"

小瞎子喜出望外。

"你一个人行不？"

"行！"小瞎子紧忙说。

老瞎子早忘了兰秀儿的事。"吃的、喝的、烧的全有。你要是病好利索了，也该学着自个儿出去说回书。行吗？"

"行。"小瞎子觉得有点对不住师父。

蛇皮剥开了，老瞎子从琴槽中取出一张叠得方方正正的纸条。他想起这药方放进琴槽时，自己才二十岁，便觉得浑身上下都好像冷。

小瞎子也把那药方放在手里摸了一会儿，也有了几分肃穆。

"你师爷一辈子才冤呢。"

"他弹断了多少根？"

"他本来能弹够一千根，可他记成了八百。要不然他能弹断一千根。"

天不亮老瞎子就上路了。他说最多十天就回来，谁也没想到他竟去了那么久。

老瞎子回到野羊坳时已经是冬天。漫天大雪，灰暗的天空连接着白色的群山。没有声息，处处也没有生气，空旷而沉寂。所以老瞎子那顶发了黑的草帽就尤其攒动得显著。他蹒蹒跚跚地爬上野羊岭，庙院中衰草瑟瑟，蹿出一只狐狸，仓皇逃远。

村里人告诉他，小瞎子已经走了些日子。

"我告诉他等我回来。"

"不知道他干吗就走了。"

"他没说去哪儿？留下什么话没？"

"他说让您甭找他。"

"什么时候走的？"

人们想了好久，都说是在兰秀儿嫁到山外去的那天。

老瞎子心里便一切全明白。

众人劝老瞎子留下来，这么冰天雪地的上哪去？不如在野羊坳说一冬书。老瞎子指指他的琴，人们见琴柄上空荡荡已经没了琴弦。老瞎子面容也憔悴，呼吸也孱弱，嗓音也沙哑了，完全变了个人。他说得去找他的徒弟。

若不是还想着他的徒弟，老瞎子就回不到野羊坳。那张他保存了五十年的药方原来是一张无字的白纸。他不信，请了多少识字而又诚实的人帮他看，人人都说那果真是一张无字的白纸。老瞎子在药铺前的台阶上坐了一会儿，他以为是一会儿，其实已经几天几夜，骨头一样的眼珠在询问苍天，脸色也变成骨头一样的苍白。有人以为他是疯了，安慰他，劝他。老瞎子苦笑：七十岁了再疯还有什么意思？他只是再不想动弹，吸引着他活下去、走下去、唱下去的东西骤然间消失干净。就像一根不能拉紧的琴弦，再难弹出赏心悦耳的曲子。老瞎子的心弦断了。准确地说，是有一端空无所系了。一根琴弦需要两个点才能拉紧。心弦也要两个点，一头是追求，一头是目的——你才能在中间这紧绷的过程上弹响心血。现在发现那目的原来是空的。老瞎子在一个小客店里住了很久，觉得身体里的一切都在熄灭。他整天躺在炕上，不弹也不唱，一天天迅速地衰老。

直到花光了身上所有的钱，直到忽然想起了他的徒弟，他知道自己的死期将至，可那孩子在等他回去。

茫茫雪野，皑皑群山，在天地之间攒动着一个黑点。走近时，老瞎子的身影弯得如一座桥。他去找他的徒弟。他知道那孩子目前的心情、处境。

他想自己先得振作起来，但是不行，前面明明没有了目标。

他一路走，便怀恋起过去的日子，才知道以往那些奔奔忙忙兴致勃勃的翻山、赶路、弹琴，乃至心焦、忧虑都是多么欢乐！那时有个东西把心弦扯紧，虽然那东西原是虚设。老瞎子想起他师父临终时的情景。他师父把那张自己没用上的药方封进他的琴槽。"您别死，再活几年，您就能睁眼看一回了。"说这话时他还是个孩子。他师父久久不言语，最后说："记住，人的命就像这琴弦，拉紧了才能弹好，弹好了就够了。"……不错，那意思就是说：目的本来没有。老瞎子知道怎么对自己的徒弟说了。可是他又想：能把一切都告诉小瞎子吗？老瞎子又试着振作起来，可还是不行，总摆脱不掉那无字的白纸……

在深山里，老瞎子找到了小瞎子。

小瞎子正跌倒在雪地里，一动不动，想那么等死。老瞎子懂得那绝不是装出来的悲哀。老瞎子把他拖进一个山洞，他已无力反抗。

老瞎子捡了些柴，点起一堆火。

小瞎子渐渐有了哭声。老瞎子放了心，任他尽情尽意地哭。只要还能哭就还有救，只要还能哭就有哭够的时候。

小瞎子哭了几天几夜，老瞎子就那么一声不吭地守着。火光和哭声惊动了野兔子、山鸡、野羊、狐狸和鹞鹰。

终于小瞎子说话了："干吗咱们是瞎子！"

"就因为咱们是瞎子。"老瞎子回答。

终于小瞎子又说："我想睁开眼看看，师父，我想睁开眼看看！哪怕就看一回。"

"你真那么想吗？"

"真想，真想——"

老瞎子把篝火拨得更旺些。

雪停了。铅灰色的天空中，太阳像一面闪光的小镜子。鹞鹰在平稳地滑翔。

"那就弹你的琴弦，"老瞎子说，"一根一根尽力地弹吧。"

"师父，您的药抓来了？"小瞎子如梦方醒。

"记住，得真正是弹断的才成。"

"您已经看见了吗？师父，您现在看得见了？"

小瞎子挣扎着起来，伸手去摸师父的眼窝。老瞎子把他的手抓住。

"记住，得弹断一千二百根。"

"一千二？"

"把你的琴给我，我把这药方给你封在琴槽里。"老瞎子现在才弄懂了师父当年对他说的话——咱的命就在这琴弦上。

目的虽是虚设的，可非得有不行，不然琴弦怎么拉紧；拉不紧就弹不响。

"怎么是一千二，师父？"

"是一千二。我没弹够，我记成了一千。"老瞎子想：这孩子再怎么弹吧，还能弹断一千二百根？永远扯紧欢跳的琴弦，不必去看那无字的白纸……

这地方偏僻荒凉，群山不断。荒草丛中随时会飞起一对山鸡，跳出一只野兔、狐狸，或者其他小野兽。山谷中鹞鹰在盘旋。

现在让我们回到开始：

莽莽苍苍的群山之中走着两个瞎子，一老一少，一前一后，两顶发了黑的草帽起伏攒动，匆匆忙忙，像是随着一条不安静的河水在漂流。无所谓从哪儿来、到哪儿去，也无所谓谁是谁……

（选自《命若琴弦》，人民文学出版社，2008 年版）

阅读提示

史铁生（1951—2010），原籍河北省涿县（今涿州市），生于北京，著名小说家、文学家、电影编剧。1967 年从清华附中毕业，1969 年到延安延川插队落户。因双腿瘫痪于 1972 年回到北京。后来又患肾病并发展到尿毒症，靠透析维持了 13 年的生命。自称"职业是生病，业余在写作"。他的代表作品有短篇小说《我的遥远的清平湾》《命若琴弦》，中篇小说《插队的故事》，散文《我与地坛》《秋天的怀念》《合欢树》等。

《命若琴弦》是一篇寄寓深刻哲理，也饱含人生况味的小说。作品的中心人物是两个生活在社会边缘的瞎子师徒，以说书为生。作品叙述的是他们艰难生存过程中的一段故事：年轻的徒弟经历了爱情的幻灭，年老的师父更是被击破了一辈子最大的希望——在生命终结之前看一眼世界。他们都经历着痛苦，但最终，他们都顽强地踏上了人生之路。老者将希望传递给徒弟，给年轻人的未来一个重要的精神支柱。故事有很强的虚构色彩。两代人的故事，代表着生命的延续与轮回，也寄寓着一定的宿命意味。师徒两代的盲目和孤独，是人在宇宙中困境的体现，他们的顽强求生，投射着人类自强不息的精神。当然，不管我们怎样理解作品的具体含义，有一点是可以肯定的，那就是它体现了生存的艰难与困境，更歌颂了不甘为命运所拨弄、勇于与逆境相抗争的顽强精神。"命若琴弦"，虽然脆弱，却要奏出最美的音符。

思辨感悟

1. 你觉得小说的故事内容有多大的可信度？这种可信度是否会影响这篇作品的价值？

2. 谈谈你心中那些勇于直面困难的人。

3. 人的一生不可能一帆风顺，假如苦难来临，你会对它说什么？

拓展延伸

1. 陈顺馨：《论史铁生创作的精神历程》，《文学评论》，1994 年第 2 期

2. 史铁生：《宿命与反抗》，《理论与创作》，1997 年第 2 期

3. 周国平：《直面苦难》《人生没有假如》（选自《周国平散文》，人民文学出版社，2008 年版）

4. 史铁生：《史铁生作品集》，中国社会科学出版社，1995 年版

5. 电影《边走边唱》，1991 年

随堂练习

微课

 史铁生：直面
困难

生

巴　金

努力生长

死是谜。有人把生也看作一个谜。

许多人希望知道生，更甚于愿意知道死。而我则不然。我常常想了解死，却没有一次对于生起过疑惑。

世间有不少的人喜欢拿"生是什么""为什么生"的问题折磨自己，结果总是得不到解答而悒郁地死去。

真正知道生的人大概是有的：虽然有，也不会多。人不了解生，但是人依旧活着。而且有不少的人贪恋生，甚至做着永生的大梦：有的乞灵于仙药与术士，有的求助于宗教与迷信；或则希望白日羽化，或则祷祝上登天堂。在活着的时候为非作歹，或者茹苦含辛以积来世之福——这样的人也是常有的。

每个人都努力在建造"长生塔"，塔的样式自然不同，有大有小，有的有形，有的无形。有人想为子孙树立万世不灭的基业；有人愿去理想的天堂做一位自由的神仙。然而不到多久这一切都变成过去的陈迹而做了后人凭吊唏嘘的资料了。没有一座沙上建筑的楼阁能够稳立的。这是一个很好的教训。

一百四十几年前法国大革命中的启蒙学者让·龚多塞不顾死刑的威胁，躲在巴黎卢森堡附近的一间顶楼上忙碌地写他的最后的著作，这是历史和科学的著作。据他说历史和科学就是反对死的斗争。他的书也是为征服死而著述的。所以在写下最后两句话以后，他便离开了隐匿的地方。他那两句遗言是："科学要征服死，那么以后就不会再有人死了。"

他不梦想天堂，也不寻求个人的永生。他要用科学征服死，为人类带来长生的幸福。这样，他虽然吞下毒药，永离此世，他却比谁都更了解生。

科学会征服死。这并不是梦想。龚多塞企图建造一座为大众享用的长生塔，他用的并不是平民的血肉，像我的童话里所描写的那样。他却用了科学。他没有成功。可是他给那座塔奠了基石。

这座塔到现在还只有那么几块零落的基石，不要想看见它的轮廓！没有人能够有把握地说定在什么时候会看见它的完成。但有一件事实则是十分确定的：有人在孜孜不倦地努力于这座高塔的建造。这些人是科学家。

生物是必死的。从没有人怀疑过这天经地义般的话。但是如今却有少数生物学者出来企图证明单细胞动物可以长生不死了。德国的怀司曼甚至宣言："死亡并不是永远和生物相关联的。"因为单细胞动物在养料充足的适宜的环境里便能够继续营养和生存。它的身体长大到某一定限度无可再长的时候，便分裂为二，成了两个子体。它们又自己营养、生长，后来又能自己分裂以繁殖其族系，只要不受空间和营养的限制，它们可能永远继续繁殖，长生不死。在这样的情形下当然没有死亡。

拿草履虫为例，两个生物学者美国的吴特拉夫和俄国的梅塔尼科夫对于草履虫的精密的研究给我们证明：从前以为分裂二百次、便现出衰老状态而逼近死亡的草履虫，如今却可以分裂到一万三千次以上，就是说它能够活到二十几年。这已经比它的平常的寿命多过七十倍了。有些人因此断定说这些草履虫经过这么多代不死，便不会死了。但这也只是一个假定。不过生命的延长却是无可否认的。

关于高等动物，也有学者作了研究。现在鸡的、别的一些动物的，甚至人的组织（tissue）已经可以用人工培养了。这证明：多细胞动物体的细胞可以离开个体，而在适当的环境里生活下去，也许可以做到长生不死的地步。这研究的结果离真正的长生术还远得很，但是可以说朝这个方向前进了一步。在最近的将来，延长寿命这一层，大概是可以办到的。科学家居然在显微镜下的小小天地中看出了解决人间大问题——生之谜的一把钥匙。过去无数的人在冥想里把光阴白白地浪费了。

我并不是生物学者，不过偶尔从一位研究生物学的朋友那里学得一点点那方面的常识。但这只是零碎地学来的，而且我时学时忘。所以我不能详征博引。然而单是这一点点零碎的知识已经使我相信龚多塞的遗言不是一句空话了。他的企图并不是梦想。将来有一天科学真正会把死征服。那时对于我们，生就不再是谜了。

然而我们这一代（恐怕还有以后的几代）和我们的祖先一样，是没有这种幸运的。我们带着新的力量来到世间，我们又会发挥尽力量而归于尘土。这个世界映在一个婴孩的眼里是五光十色；一切全是陌生。我们慢慢地活下去。我们举起一杯一杯的生之酒尽情地饮下。酸的，甜的，苦的，辣的我们全尝到了。新奇的变为平常，陌生的成为熟习。但宇宙是这么广大，世界是这么复杂，一个人看不见、想不到的是太多了。我们仿佛走一条无尽长的路程，游一所无穷大的园林，对于我们就永无止境。"死"只是一个障碍，或者是疲乏时的休息。有勇气、有精力的人是不需要休息的，尤其是在胜景当前的时候。所以人应该憎恨"死"，不愿意跟"死"接近。贪恋"生"并不是一个罪过。每个生物都有生的欲望。蚱蜢饥饿时甚至吃掉自己的腿以维持生存，这种愚蠢的举动是无可非笑的，因为这里有的是严肃。

俄罗斯民粹派革命家妃格念尔"感激以金色的光芒洗浴田野的太阳，感激夜间照耀在花园天空的明星"，但是她终于让沙皇专政府将她在席吕塞堡中活埋了二十年。为了革命思想而被烧死在美国电椅上的鞋匠萨珂还告诉他的六岁女儿："夏天我们都在家里，我坐在橡树的浓荫下，你坐在我的膝上；我教你读书写字，或者看你在绿的田野上跳荡、欢笑、唱歌，摘取树上的花朵，从这一株树跑到那一株，从清朗、活泼的溪流跑到你母亲的怀里。我梦想我们一家人能够过这样的幸福生活，我也希望一切贫苦人家的小孩能够快乐地同他们的父母过这种生活。"

"生"的确是美丽的，乐"生"是人的本分。前面那些杀身成仁的志士勇敢地戴上荆棘的王冠，将生命视作敝屣，他们并非对于生已感到厌倦，相反的，他们倒是乐生的人。所以奈司拉莫夫坦白地说："我不愿意死。"但是当他被问到为什么去舍身就义时，他却昂然回答："多半是因为我爱'生'过于热烈，所以我不忍让别人将它摧残。"他们是为了保持"生"的美丽，维持多数人的生存，而毅然献出自己的生命的。这样深的爱！甚至那躯壳化为泥土，这爱也还笼罩世间，跟着太阳和明星永久闪耀。这是"生"的美丽之最高的体现。

"长生塔"虽未建成，长生术虽未发现，但这些视死如归但求速朽的人却也能长存在后代子孙的心里。这就是不朽。这就是永生。而那般含垢忍耻积来世福或者梦想死后天堂的"芸芸众生"却早已被人忘记，连埋骨之所也无人知道了。

我常将生比之于水流。这股水流从生命的源头流下来，永远在动荡，在创造它的道路，通过乱山碎石中间，以达到那唯一的生命之海。没有东西可以阻止它。在它的途中还射出种种的水花，这就是我们生活里的爱和恨，欢乐和痛苦，这些都跟着那水流不停地向大海流去。我们每个人从小到老、到死，都朝着一个方向走，这是生之目标，不管我们会不会走到，或者我们会在中途走入了迷径，看错了方向。

生之目标就是丰富的、满溢的生命。正如青年早逝的法国哲学家居友所说："生命的一个条件就是消费。……个人的生命应该为他人放散，在必要的时候还应该为他人牺牲。……这牺牲就是真实生命的第一个条件。"我相信居友的话。我们每个人都有着更多的同情，更多的爱慕，更多的欢乐，更多的眼泪，比我们维持自己的生存所需要的多得多。所以我们必须把它们分散给别人，否则我们就会感到内部的干枯。居友接着说："我们的天性要我们这样做，就像植物不得不开花似的，纵然开花以后便会继之以死亡，它仍旧不得不开花。"

从在一滴水的小世界中怡然自得的草履虫到地球上飞腾活跃的"芸芸众生"，没有一个生物是不乐生的，而且这中间有一个法则支配着，这就是生的法则。社会的进化，民族的盛衰，人类的繁荣都是依据这个法则而行的。这个法则是"互助"，是

"团结"。人类靠了这个才能够不为大自然的力量所摧毁，反而把它征服，才建立了今日的文明；一个民族靠了这个才能够抵抗他民族的侵略而维持自己的生存。

维持生存的权利是每个生物、每个人、每个民族都有的。这正是顺着生之法则。侵略则是违反了生的法则的。所以我们说抗战是今日的中华民族的神圣的权利和义务，没有人可以否认。

这次的战争乃是一个民族维持生存的战争。民族的生存里包含着个人的生存，犹如人类的生存里包含着民族的生存一样。人类不会灭亡，民族也可以活得很久，个人的生命则是十分短促。所以每个人应该遵守生的法则，把个人的命运联系在民族的命运上，将个人的生存放在群体的生存里。群体绵延不绝，能够继续到永久，则个人亦何尝不可以说是永生。

在科学还未能把"死"完全征服、真正的长生塔还未建立起来以前，这倒是唯一可靠的长生术了。

我觉得生并不是一个谜，至少不是一个难解的谜。我爱生，所以我愿像一个狂信者那样投身到生命的海里去。

1937 年 8 月在上海

（选自《巴金全集》，人民文学出版社，1990 年版）

阅读提示

巴金（1904—2005），原名李尧棠，字芾甘，另有笔名佩竿、极乐、春风、黑浪等。祖籍浙江嘉兴，生于四川成都。中国作家、翻译家、社会活动家、无党派爱国民主人士。

1904 年 11 月 25 日，巴金出生于四川成都的一个封建官僚家族里，五四运动期间，开始大量阅读《新青年》等书刊，逐步接受反帝反封建、科学民主等进步思想，在这种新思想的影响下开始他个人的反封建斗争。1923 年巴金赴上海、南京等地求学，开始了他长达半个世纪的文学创作生涯。代表作有"激流三部曲"（《家》《春》《秋》）、《爱情三部曲》（《雾》《雨》《电》）、《寒夜》、散文集《随想录》等。

巴金文学的思想主题有：真善思想、批判封建、生命（死亡）意识等。其中"真"是巴金文学思想的生命，是核心，"善"是巴金文学思想的基点，是价值，封建批判思想主要体现在对封建家庭的批判，生命意识体现为对美好人生的爱与对自由生活的追求。冰心评价巴金"是一个爱人类，爱国家，爱人民，一生追求光明的人，不是为写作而写作的作家"。鲁迅先生评价巴金"是一个有热情的有进步思想的作家，在屈指可数的好作家之列的作家"。

巴金的《生》是一篇言近旨远而又挥洒自如的散文。文章从人类求"长生"

的本性写到生物念"长生"的本能，说明了"乐'生'是人的本分"的道理。在此基础上，引发出人应当怎样"求生"这一问题的严肃思考。从而抒发了自我热爱生命而又甘愿舍生取义的感情，启迪人们在国难当头要团结、要互助，首先求得群体、民族的生存，方能获得个人的永生。平实中寓深义，质朴里见真情，具有一股令人深思与奋起的驱动力！

思辨感悟

1. 在作品中，作者认为求"长生"是人的本性与本能，"乐生"是人的本分，引发出人应当怎样"求生"这一问题的严肃思考。请谈谈巴金在文学作品中所表现的生死观。

2. 结合巴金的文学作品，探究他"生死观"的嬗变过程？谈谈巴金在对"生死"的审美与关照中，倾注的个人理想是什么？

3. 立足"真善"探究巴金文学中的生命意识。

拓展延伸

1. 巴金：《激流三部曲：家春秋（全三册）》，人民文学出版社，2022 年版

2. 巴金：《巴金散文》，人民文学出版社，2022 年版

3. 巴金：《寒夜》，长江文艺出版社，2017 年版

随堂练习

热 爱 生 命

[法]蒙田

热爱生命

    我赋予某些词语特殊的含义：拿"度日"来说吧，天色不佳，令人不快的时候，我将"度日"看作是"消磨光阴"；而风和日丽的时候，我却不愿意去"消磨"，这时我是在慢慢赏玩、领略美好的时光。坏日子，要飞快地去"度"，好日子，要停下来细细品尝。"度日""消磨光阴"这些常用语令人想起那些"哲人"习气。他们以为生命的利用不外乎将它打发、消磨，并且尽量回避它，无视它的存在，仿佛这是一件苦事、一件贱物似的。至于我，我认为生命不是这样的，我觉得它值得称颂，富有乐趣，即便我自己到了垂暮之年也还是如此。我们的生命受到自然的厚赐，它是优越无比的。如果我们觉得不堪生之重压而白白虚度此生，那也只能怪我们自己。"糊涂人的一生枯燥无味，躁动不安，却将全部希望寄托于来世。"

    不过，我对随时告别人生，毫不惋惜。这倒不是因为生之艰辛与苦恼所致，而是由于生之本质在于死。因此只有乐于生的人才能真正不感到死之苦恼。享受生活要讲究方法。我自认为比别人多享受到一倍的生活，因为生活乐趣的大小是随着我们对生活的关心程度而定的。尤其在此刻，我眼看生命的时光不多，我就愈想增加生命的分量。我想靠迅速抓紧时间，去留住稍纵即逝的日子；我想凭时间的有效利用，去弥补匆匆流逝的光阴。剩下的生命愈是短暂，我愈要使之过得丰盈充实。

（选自《蒙田随笔》，上海书店出版社，2009 年版）

米歇尔·德·蒙田（Michel de Montaigne，1533—1592），文艺复兴时期法国思想家、作家、怀疑论者。其座右铭是："我知道什么呢？"年轻时在图卢兹大学攻读法律，后曾在波尔多法院任职10余年，当过国王的侍从，亲历战争，游历欧洲各地，还两次当选波尔多市市长。阅历广博，思路开阔，行文无拘无束，其散文对弗兰西斯·培根、莎士比亚等影响颇大。所著《随笔集》三卷名列世界文学经典，被人们视为写随笔的巨匠。

生命的时间对于每一个人都是公平的，而每一个人如何将这有限的时间加以精确利用，使自己的生命过得充实，却是一门高深的学问。

思辨感悟

1. 你怎样理解本文中"我们的生命受到自然的厚赐，它是优越无比的"这句话的？

2. 生命的本质是什么？请写一篇文章记录你的体悟。

拓展延伸

1. 蒙田：《蒙田随笔》，上海书店出版社，2009年版

2. 杰克·伦敦：《热爱生命》（选自《杰克·伦敦小说选》，人民文学出版社，2015年版）

3. 培根：《论人生》，上海人民出版社，2002年版

随堂练习

曹操诗二首

[东汉] 曹操

临石赋诗

薤　露　行①

惟汉廿二世②，所任③诚不良。
沐猴而冠带④，知⑤小而谋强⑥。
犹豫不敢断⑦，因狩⑧执⑨君王。
白虹为贯日⑩，己⑪亦先受殃。
贼臣⑫持国柄⑬，杀主⑭灭宇京⑮。
荡覆帝基业，宗庙⑯以燔丧⑰。
播越⑱西迁移，号泣而且⑲行。
瞻彼洛城郭，微子⑳为哀伤。

（选自《曹操集》，中华书局，2013 年版）

注释

①薤（xiè）露行：乐府曲调名，属《相和歌·相和曲》，此曲与《蒿里行》原都是送葬的挽歌，作者用旧调写时事。薤，为多年生草本植物，细长叶，紫色花，鳞茎长在地下，可以食用，也称作藠（jiào）头。

②廿（niàn）二世：二十二世，指东汉灵帝，他是汉朝第二十二代皇帝。

③所任：所任用的人。这里指灵帝时大将军何进，他是灵帝何皇后之兄。

④沐猴：猕猴，这里是比喻何进。冠（guàn）带：作动词用，戴着帽子系着带子。《史记·项羽本纪》里有人曾骂项羽是"沐猴而冠"。沐猴而冠带，这里是用来讽刺何进，指其枉披人皮而没有实际本事。

⑤知：同"智"，智慧，智谋。

⑥谋强：意谓谋划干大事。何进曾策划诛杀把持朝政的宦官张让等，结果因犹豫迟疑而失败。

⑦断：决断。

⑧狩：打猎，后借指天子出巡，这里讳称皇帝外逃避祸。

⑨执：捕捉，这里是劫持、挟持的意思。

⑩白虹：白色的虹霓。贯日：穿过太阳。古人迷信，认为白虹贯日是天子命绝、大臣为祸的征兆。据《后汉书·献帝纪》描述，初平二年（191）二月，白虹贯日，这年正月，董卓毒死被废为弘农王的少帝刘辩。

⑪己：指何进。

⑫贼臣：指董卓。

⑬国柄：指朝政大权。

⑭杀主：指董卓杀少帝刘辩。

⑮宇京：京城，这里指东汉京城洛阳。

⑯宗庙：这里指东汉帝王的祖庙，象征着政权。

⑰燔（fán）丧：烧毁。

⑱播越：颠沛流离。这句指董卓挟持献帝西迁长安。

⑲且（cú）：通"徂"，往，到。

⑳微子：殷纣王的兄长。诗人在此自比微子，以表达自己对洛阳的残破亦有无限感慨和哀伤。

蒿 里 行①

关东有义士②，兴兵讨群凶③。
初期会盟津④，乃心⑤在咸阳⑥。
军合力不齐⑦，踌躇而雁行⑧。
势利使人争，嗣还自相戕⑨。
淮南弟称号，刻玺⑩于北方。
铠甲⑪生虮虱⑫，万姓⑬以死亡。
白骨露于野，千里无鸡鸣。
生民⑭百遗⑮一，念之断人肠。

（选自《曹操集》，中华书局，2013 年版）

注释

①蒿里行：汉乐府旧题，属《相和歌·相和曲》。蒿里，指死人所处之地。

②关东：函谷关（一说今河南灵宝西南）以东。义士：指起兵讨伐董卓的诸州郡将领。

③讨群凶：指讨伐董卓及其党羽。

④初期：本来期望。盟津：即孟津，黄河古渡口名，在今河南孟津东、孟州市西南。相传周武王伐纣时曾在此大会八百诸侯，此处借指本来期望关东诸将也能像武王伐纣会合的八百诸侯那样同心协力。

⑤乃心：其心，指上文"义士"之心。

⑥咸阳：秦时的都城，此借指长安，当时献帝被挟持到长安。

⑦力不齐：指讨伐董卓的诸州郡将领各有打算，力量不集中。

⑧踌躇：犹豫不前。雁行（háng）：飞雁的行列，形容诸军列阵后观望不前的样子。此句倒装，正常语序当为"雁行而踌躇"。

⑨嗣：后来。还：同"旋"，不久。自相戕（qiāng）：自相残杀。当时盟军中的袁绍、公孙瓒等发生了内部的攻杀。

⑩玺：印，秦以后专指皇帝用的印章。

⑪铠甲：古代的护身战服，金属制成的叫铠，皮革制成的叫甲。

⑫虮：虱卵。此句以下描写战乱给百姓带来的深重灾难，给社会造成的巨大破坏。

⑬万姓：百姓。

⑭生民：百姓。

⑮遗：剩下。

阅读提示

《薤露行》和《蒿里行》是汉末政治家、军事家、文学家曹操借乐府旧题写时事的五言古诗。清人方东树在《昭昧詹言》中说："此用乐府题，叙汉末时事。所以然者，以所咏丧亡之哀，足当挽歌也。《薤露》哀君，《蒿里》哀臣，亦有次第。"说明这两首诗既有联系，又各有侧重不同。崔豹在《古今注》中说："《薤露》送王公贵人，《蒿里》送士大夫庶人，使挽枢者歌之，世呼为挽歌。"《薤露行》主要是写汉朝王室的倾覆，《蒿里行》主要是写诸军阀之间的争权夺利，酿成丧乱的历史事实。可说《蒿里行》又是《薤露行》的姊妹篇。

《薤露行》全诗大致可分为两大部分，前四句为第一部分，侧重写外戚何进与宠宦张让等相互谋杀及其后果；后四句为第二部分，侧重写董卓弑逆，宗庙化为废墟。诗歌风格质朴无华，沉重悲壮，深刻表达了作者身为一个政治家和文学家的忧患意识和哀痛之情。

《蒿里行》被称为"汉末实录"的"诗史"，记述了汉末军阀混战祸国殃民的现实。诗歌不仅对因战乱而陷于苦难的人民表达了无限的同情，而且对造成人民疾苦的元凶给予无情的揭露和鞭挞，对当时社会现实进行了批判，表现出诗人对国事的关注和担忧。诗歌风格质朴，沉郁悲壮，体现了政治家、军事家曹操的豪迈气魄和忧患意识。诗中集典故、事例、描述于一身，既形象具体，又内蕴深厚，体现了曹操的独特文风。

思辨感悟

　　1. 从《薤露行》这首诗里你读到了什么样的人民情怀？

　　2. 有人说《薤露行》"汉末实录，真诗史也"，请你结合诗歌中的典故、事例，谈谈《蒿里行》勾勒了什么样的历史现实？

　　3. 立足《薤露行》《蒿里行》，结合"烈士壮心"探究曹操的人格与情怀。

拓展延伸

　　1. 沈德潜：《古诗源》，中华书局，2006 年版

　　2. 邬国平：《汉魏六朝诗选》，上海古籍出版社，2005 年版

　　3. 中华书局编辑部：《曹操集》，中华书局，2018 年版

随堂练习

微课

　《古诗十九首》

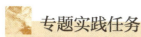

专题实践任务

1. 本专题作品呈现的是各种姿态的生命，寄寓着作者对生命的思考和对人生的感慨，抒发的都是生命情怀与态度。作品中的哪些地方最让你动容？哪些内容是你从前未曾思虑，而读过之后感悟颇深的？哪些内容已经点燃了你思考生命、奔涌向上的热情？认真阅读、鉴赏这些作品，结合曾拨动过你心弦的其他作品，从你最有感触的一点出发，就"生命的价值"这一话题展开讨论。

2. 鱼使用鱼鳍飞翔摆脱猎食者的追捕；小鸟在水面上跳着让人眼花缭乱的复杂舞步表示忠诚……地球上生命的缤纷多样和动植物神奇的生存战术让人叹为观止。生物体战胜来自敌方和环境的挑战，不断拓展行为极限。罗曼·罗兰说："世界上只有一种英雄主义，那就是了解生命而且热爱生命的人。"

（1）请你以"生命的力量"为采访话题，在校园内确定采访对象进行采访，并配上旁白和音乐，制作成5分钟的微视频。

（2）请你用镜头记录下校园内生命的缤纷多样，并配上旁白和音乐，制作成5分钟的微视频。

专题六　职场经纬

　　因为人的体力和智慧是有限的，所以我们得慎重选择职业，这样才能给人生一个进取的重心，否则将漫无目标、无的放矢。一个人如果能选择自己最感兴趣、最能发挥自己特长的工作，就能更好地成就一番事业。当然，不是所有令人感兴趣的职业我们都能胜任，我们还要具备从事这份职业的能力。职业能力是顺利达成目标的必要条件，它包括知识、技能和天赋这样的"硬件"，也包括思考、创新、沟通这样的"软件"。当你能够扬长避短形成职业核心竞争力，你就掌握了在职场制胜的法宝。在清楚了自己的兴趣和能力之后，我们需要勇敢地在职场中做出自己的选择，并时时校准自己的方向。去做自己没做过、自己不愿意甚至不敢做的事情，这样才能成长、改变、突破。

　　人必定要踏入社会，融入群体，否则就不能进一步地发展。职场还包括人与人之间的沟通与协作。通过工作与他人产生联系，个人沟通能力才能不断地得到锻炼与提高。"人好刚，我以柔胜之；人用术，我以诚感之；人使气，我以理屈之"，当你在职场的人际关系处理上游刃有余，你也会收获认可、爱和归属感。

　　工作可以实现我们人生的各种需要。就像高尔基说："如果你们，年轻的人们，真正希望过'很宽阔、很美好的生活'，就创造它吧，和那些正在英勇地建立空前未有的、宏伟的事业的人手携手地去工作吧！"

左传·僖公三十三年（节选）

［春秋］左丘明

《左传》书影

三十三年，春，秦师过周北门①，左右免胄而下，超乘②者三百乘。王孙满③尚幼，观之，言于王曰："秦师轻④而无礼，必败。轻则寡谋，无礼则脱⑤。入险而脱，又不能谋，能无败乎？"

及滑⑥，郑商人弦高将市于周⑦，遇之。以乘韦先⑧，牛十二，犒师⑨，曰："寡君闻吾子将步师出于敝邑⑩，敢犒从者，不腆敝邑⑪，为从者之淹，居则具一日之积，行则备一夕之卫⑫。"且使遽告于郑⑬。

郑穆公使视客馆⑭，则束载、厉兵、秣马⑮矣。使皇武子辞焉⑯，曰："吾子淹久于敝邑，唯是脯、资、饩、牵⑰竭矣。为吾子之将行也，郑之有原圃⑱，犹秦之有具囿⑲也。吾子取其麋鹿，以闲敝邑⑳，若何？"杞子奔齐，逢孙、扬孙奔宋。

孟明曰："郑有备矣，不可冀也㉑。攻之不克，围之不继㉒，吾其还也。"灭滑而还。

（选自《左传》，中华书局，2022年版）

注释

① 周北门：周都洛邑北门。

② "左右"两句：左右，战车的御者在中间，左右指御者左右两旁的武士。免胄（zhòu），脱下头盔。而下，下车步行。超乘，一跃上车。只脱了头盔而下是有礼，但是刚一下车又一跃上车是对周天子无礼。

③ 王孙满：周襄王之孙。

④ 轻：轻狂放肆。

⑤ 无礼：指其仅免胄而不卷起铠甲，收起兵器、超乘等行为。脱：脱略，粗心大意。

⑥ 滑：姬姓国名，在今河南省滑县。

⑦ 将市于周：将到周地进行贸易。

⑧ 以乘韦先：以四张熟牛皮作为先行礼物。古人送礼必有先行礼物。乘（shèng），那时每车一乘驾马四匹，因此乘可作"四"字用。韦，熟牛皮。

⑨ 犒（kào）师：慰劳军队。

⑩ "寡君"句：步师，行军。出于敝邑，经过敝国。此句意为：我们郑国的君主听说你们的军队将要经过敝国。

⑪ 不腆（tiǎn）敝邑：不腆，不富厚，当时做客套习语。不腆敝邑，即敝国不富厚，谦调。

⑫ "为从者之淹"三句：淹，留。居，留居郑地。一日之积，供一日用的柴米油盐等物。一夕之卫，一晚的保卫工作。

⑬ 使遽告于郑：遽，驿车，古代每过一次驿站，就换一次马。此句意为弦高派人用接力的快马驾车到郑国报信。

⑭ 郑穆公使视客馆：郑穆公，郑国的君主。客馆，招待外宾的住所。秦国的大夫杞子、逢孙、扬孙都在此。

⑮ 束载、厉兵、秣马：捆束行装、磨砺兵器、喂足马匹。

⑯ 使皇武子辞焉：皇武子，郑大夫。辞，辞谢。此句是说，派皇武子辞谢驻扎在郑国的秦国将领，要他们离开。

⑰ 脯、资、饩、牵：脯，干肉。资，干粮。饩（xì），已经宰杀的牲畜。牵，尚未宰杀的牲畜。

⑱ 原圃：郑国的猎场，在今河南省中牟县西北。

⑲ 具囿：秦国的猎场，在今陕西省凤翔县境内。

⑳ "吾子"两句：麋，似鹿而大。这两句的意思是你们可以回秦国猎场猎取麋鹿，给敝邑休息的机会。

㉑ 不可冀也：不能希望什么了。

㉒ "攻之不克"两句：进攻不能取胜，包围又没有增援的军队。

阅读提示

公元前 628 年，晋文公刚刚去世，秦穆公令百里、西乞、白乙等人率领一支部队去偷袭郑国。当秦军路过洛阳时，郑国还一无所知。到了滑地，郑国商人弦高遇到了秦军，他当时正准备去周都城洛阳做买卖，当他看出秦军的目标是郑国时，立刻做出了机智果断的决定。他不惜动用自己的私人财产，拿出四张熟牛皮和十二头牛，声称是奉郑国国君之命来犒师，并且派人火速赶回郑国将紧急情况报告给国君。郑穆公得知消息后，对驻扎在郑国的秦国将领下了逐客令。秦军认为攻下郑国已是不可能，最后草草"灭滑而还"。郑国之所以能够保全，全靠商人弦高的机智反应和爱国精神。后来，郑穆公要重赏弦高，酬谢他的存国之功，但是弦高拒绝了，并迁往东夷，终身不返。唐代道教名士吴筠将弦高列入"高士"的行列，其《高士咏·郑商人弦高》："卓哉弦高子，商隐独摽奇。效谋全郑国，矫命犒秦师。赏神义不受，存公灭其私。虚心贵无名，远迹居九夷。"

郑国一贯尊重商人，注重发展工商业。郑国曾与商人订立盟约："尔无我叛，我无强贾"，就是说，只要商人不背叛国家，国家就不会对商人强买强卖。《史记·货殖列传》认为，"天下熙熙，皆为利来；天下攘攘，皆为利往"。有的人种田、有的人畜牧、有的人做工匠、有的人做商人，这不是哪位了不起的圣人刻意规划的结果，而是因为每个人都有自己的利益追求，但又有不同的实现方式，因此会造成社会的不同分工。农、虞、工、商是人民衣食住行的基本依赖，让这四种行业充分发挥作用，人民就过得好。这是从史家视角，表达了一个跟当时的传统、世俗观念不太一样的判断——职业平等。

思辨感悟

1. 弦高的故事体现了哪些商业价值和智慧？

2.《礼记》记载孔子说："故人不独亲其亲，不独子其子，使老有所终，壮有所用，幼有所长，鳏寡孤独废疾者皆有所养。"孔子所说的是古代社会早期的经济组织。后来因为生产方式的进步，又因为阶级制度的演变，便逐渐形成了"用贫求富，农不如工，工不如商"的情形。但是，在追求财富的过程中是否一定会损害别人的利益？你怎么看待这个问题？

拓展延伸

1. 司马迁：《货殖列传》(选自《新白话史记》，中华书局，2009 年版)
2. 杨伯峻：《春秋左传注》，中华书局，2018 年版

随堂练习

能 工 巧 匠

《庄子》等

匠艺

大 马 捶 钩
《庄子》

大马之捶钩①者，年八十矣，而不失豪芒②。大马曰："子巧与？有道与？"曰："臣有守③也。臣之年二十而好捶钩，于物无视也，非钩无察也。"是用之者假不用者也④，以长⑤得其用，而况乎无用者乎！物孰不资⑥焉！

（选自《庄子今注今译》，中华书局，2016年版）

 注释

①大马：即大司马，官号，职责是掌邦政。捶：锻造。钩：兵器中的一种。

②豪芒：同"毫芒"，比喻极其精细。

③守：恪守。一说"守"即"道"。

④假：凭借。

⑤以：因而。长：发挥所长。

⑥资：借助。

梓人①传（节选）

［唐］柳宗元

裴封叔之第②，在光德里③。有梓人款④其门，愿佣隙宇而处⑤焉。所职寻引、规矩、绳墨⑥，家不居砻斫之器⑦。问其能，曰："我善度材⑧。视栋宇之制⑨，高深圆方短长之宜，吾指使而群工役焉。舍我，众莫能就⑩一宇。故食于官府⑪，吾受禄三倍⑫；作于私家，吾收其直⑬大半焉。"他日，入其室，其床阙足而不能理，曰："将求他工。"余甚笑之，谓其无能而贪禄嗜货者。

其后，京兆尹将饰⑭官署，余往过⑮焉。委群材，会群工⑯，或执斧斤，或执刀锯，皆环立向之⑰。梓人左持引，右执杖，而中处⑱焉。量栋宇之任，视木之能举⑲，挥其杖曰："斧！"彼执斧者奔而右。顾而指曰："锯！"彼执锯者趋而左。俄而斤者斫，刀者削，皆视其色，俟其言，莫敢自断⑳者。其不胜任者，怒而退之，亦莫敢愠㉑焉。画宫于堵㉒，盈尺而曲尽其制，计其毫厘而构大厦，无进退㉓焉。既成，书于上栋曰："某年某月某日某建。"则其姓字也，凡执用之工不在列。余圜视㉔大骇，然后知其术之工㉕大矣。

（选自《柳宗元集校注》，中华书局，2013 年版）

注释

① 梓人：木工，这里指建筑设计者。

② 裴封叔：名瑾，柳宗元姊夫，绛州闻喜（今山西闻喜）人。第：宅第。

③ 光德里：长安里巷名。

④ 款：扣。

⑤ 佣：受雇为人干活。这里指为主人干活以代房租。隙宇：空闲的房屋。处：居住。

⑥ 寻引：古代长度单位，八尺为寻，十丈为引。这里代指测量长度的工具。规：画圆的工具。矩：矩尺，取方的工具。绳墨：取直的工具。

⑦ 居：存放的意思。砻（lóng）：磨物，指砺石之类。斫（zhuó）：砍，削。此指木匠用的斧斤刀锯之类的工具。

⑧ 度材：度量木材。

⑨ 栋宇：泛指房屋。制：规模。

⑩ 就：建成。

⑪ 食于官府：意谓受官府雇佣。

⑫ 禄：指工钱。三倍：指工钱是木工的三倍。

⑬ 直：同"值"，工钱。

⑭京兆尹：官名，京都府的行政长官。饰：装修。

⑮过：拜访。

⑯委群材：堆积了许多木材。会群工：聚集了很多木工。

⑰环立：站成一圈。向之：面向着他。

⑱中处：站在中间。

⑲栋宇之任：指房屋各部分的功能和需要。木之能举：指木材能承担的作用。

⑳俟：等候。自断：意谓自作主张。

㉑愠：恼怒。

㉒画宫于堵：把房屋的设计图画在墙壁上。宫：这里指房屋的设计图。堵：墙壁。

㉓进退：出入。

㉔圜视：向四周看。圜，环绕。

㉕工：精巧。

柳敬亭①说书
[明]张岱

南京柳麻子，黧黑②，满面疤瘤，悠悠忽忽，土木形骸③，善说书。一日说书一回，定价一两。十日前先送书帕下定，常不得空。南京一时有两行情人：王月生④、柳麻子是也。余听其说景阳冈武松打虎白文⑤，与本传大异。其描写刻画，微入毫发，然又找截干净，并不唠叨。渤夬⑥声如巨钟，说至筋节处，叱咤叫喊，汹汹崩屋。武松到店沽酒，店内无人，謈⑦地一吼，店中空缸空甓皆瓮瓮有声。闲中著色，细微至此。主人必屏息静坐，倾耳听之，彼方掉舌。稍见下人咕哗⑧耳语，听者欠伸有倦色，辄不言，故不得强。每至丙夜，拭桌剪灯，素瓷静递，款款言之。其疾徐轻重，吞吐抑扬，入情入理，入筋入骨，摘世上说书之耳，而使之谛听，不怕其不齰舌⑨死也。

柳麻子貌奇丑，然其口角波俏，眼目流利，衣服恬静，直与王月生同其婉娈⑩，故其行情正等。

（选自《陶庵梦忆》，浙江古籍出版社，2018年版）

注释

①柳敬亭：明末著名说书艺人。本姓曹，泰州（今属江苏）人，一说通州（今江苏南通）人，人称柳麻子。

② 黧（lí）黑：面色黄黑。

③ 土木形骸：将自己的形体视作土木，意即不肯修饰。

④ 王月生：当时著名的歌妓。

⑤ 白文：当时说书分大书和小书两种，大书有说无唱，小书说兼唱。柳敬亭说的是大书，故称白文。

⑥ 夬（guài）：形容声音浑厚。

⑦ 暜（pó）：大叫。

⑧ 呫哔（chè bì）：低声细语。

⑨ 齰（zé）舌：咬着舌头不说话，指羞愧。

⑩ 婉娈（luán）：美好。

阅读提示

凡是能工巧匠，必有一技之长。这不仅需要丰富的知识和大量的实操，还需要积累的经验和独立的思考。无论在任何一个时代，具备一技之长的能工巧匠都能持续地发光发热。正所谓"一技之长，能动天下"。

庄子（约前369—前286），名周，战国中期宋国蒙邑（今河南商丘东北）人。其传记见于司马迁的《史记·老庄申韩列传》。现存《庄子》33篇，分为内篇（7篇）、外篇（15篇）、杂篇（11篇）。一般认为《内篇》的作者是庄子本人，其余由庄子后学所著。

《大马捶钩》选自《庄子·外篇·知北游》。大马即大司马，这里是以官名为称号。文中的捶钩者是这位大司马家的工匠。这位工匠把自己的专业水平做到了极致，让别人望尘莫及。所谓"简单的事情重复做，你就是专家。重复的事情用心做，你就是赢家"。《庄子》中除了捶钩者，庖丁也属于这类"一生只做一件事"的工匠。进入职场，找准了自己的职业方向之后，需要我们专心致志地在自己选定的职业领域深耕。

柳宗元（773—819），字子厚，河东解县（今山西运城西南）人，世称"柳河东"。柳宗元为唐代著名思想家、文学家，与韩愈共倡古文运动，有《柳河东集》传世。

《梓人传》是柳宗元的一篇散文。梓人是古代的建筑工匠。不过文中的梓人并不能亲自修理房屋器具，而是在建筑行业中指挥众工、统领全局的高级工程师。眼界的大小对于一个人的职场发展也很重要。当一个人在某一职业领域逐渐拥有一技之长，这个时候需要修炼的就是"全局的意识"和"发展的眼光"。一个人在职场中如果只关注自己手头的工作，会存在很多局限性。而从高处和长远的角度看问题，他的思维也会摆脱局限而实现更大的突破，正所谓"眼界高于能力，能力大于所得"。

张岱（1597—1689），又名维城，字宗子，又字石公，号陶庵、天孙，别号蝶庵居士，晚号六休居士，山阴（今浙江绍兴）人，寓居杭州。明亡后不仕，入山著书以终。张岱为明末清初文学家、史学家，擅长散文。

《柳敬亭说书》选自《陶庵梦忆》。柳敬亭是江苏泰州人，自幼流落江湖，在江南一带以说书为生，名气甚大。张岱仅用两百多字就让读者对柳敬亭留下了深刻的印象。柳敬亭貌虽丑却神情风流、文采斑斓。他说的书甚至让听众有"超值"之感。这一方面得益于作者独具匠心的行文安排和一些艺术手法的运用，另一方面也得益于柳敬亭高超的说书技巧和他"守正创新"的意识。人们在一个行业待久了，很容易产生"我是专家"的错觉，此时需要的正是创新。文中说"余听其说景阳冈武松打虎白文，与本传大异"正体现了柳敬亭难能可贵的创新。"不忘初心，方得始终"，再努力一下，就会从优秀走向卓越。

思辨感悟

1. 请你为历史上的某位能工巧匠写一篇墓志铭，反映他的一生。墓志铭会刻在墓碑上，供人凭吊。墓志铭最低限度要包括以下几点：他一生的最大目标；在不同年纪时的成就；对社会、家庭或其他人的贡献；他是一个怎样的人。

2. 创新并非"能人"之专长，创意更非"天才"之专属。柳敬亭是怎样展现创新的？又是什么因素影响了他的创新呢？你能不能也像柳敬亭那样尝试二次创作呢？

拓展延伸

1. 纪录片《如果国宝会说话》，央视网

2.《如果国宝会说话》节目组：《如果国宝会说话》，五洲传播出版社，2019年版

3. 新闻专题片《大国工匠》，央视网

4.《大国工匠》节目组：《大国工匠》，新世界出版社，2019年版

随堂练习

微课

初心如磐，笃行致远——轮扁斫轮

探 春 理 事

[清] 曹雪芹

《清孙温绘全本红楼梦图》

话说平儿陪着凤姐儿吃了饭，服侍盥漱毕，方往探春处来，只见院中寂静，只有丫鬟婆子，一个个都站在窗外听候。平儿进入厅中，他姐妹姑嫂三人正商议些家务，说的便是年内赖大家请吃酒，他家花园中事故。见他来了，探春便命他脚踏上坐了，因说道："我想的事，不为别的，因想着我们一月所用的头油脂粉又是二两的事。我想咱们一月已有了二两月银，丫头们又另有月钱，可不是又同刚才学里的八两一样重重叠叠？这事虽小，钱有限，看起来也不妥当，你奶奶怎么就没想到这个呢？"

平儿笑道："这有个缘故：姑娘们所用的这些东西，自然是该有分例，每月每处买办了，令女人们交送我们收管，不过预备姑娘们使用就罢了，没有个我们天天各人拿着钱，找人买这些去的。所以外头买办总领了去，按月使女人按房交给我们。至于姑娘们每月的这二两，原不是为买这些的，为的是一时当家的奶奶太太，或不在家，或不得闲，姑娘们偶然要个钱使，省得找人去，这不过是恐怕姑娘们受委屈。如今我冷眼看着，各房里我们的姐妹都是现拿钱买这些东西的竟有了一半子。我就疑惑不是买办脱了空，就是买的不是正经货。"探春李纨都笑道："你也留心看出来了。脱空是没有的，只是迟些日子，催急了，不知哪里弄些来，不过是个名儿，其实使不得，依然还得现买。就用二两银子，另叫别人的奶妈子的弟兄儿子买来，方才使得。要使官中的人去，依然是那一样的，不知他们是什么法子？"平儿便笑道："买办买的是那东西，别人买了好的来，买办的也不依他，又说他使坏心，要夺他的买办。所以他们宁可得罪了里头，不肯得罪了外头办事的。要是姑娘们使了奶妈子们，他们也就不敢说闲话了。"探春道："因此我心中不自在，饶费了两起钱，东西又白丢一半。不如竟把买办的这一项每月蠲①了为是。此是一件事。第二件，年里往赖大家去，你也去的，你看他那小园子，比咱们这个如何？"平儿笑道："还没有咱们这一半大，树木花草也少多着呢。"探春道："我因和他家的女孩儿说闲话儿，他说这园子除他们带的花儿，吃的笋菜鱼虾，一年还有人包了去，年终足有二百两银子剩。从那日，我才知道一个破荷叶，一根枯草根子，都是值钱的。"

宝钗笑道："真真膏粱纨绔之谈！你们虽是千金小姐，原不知道这些事，但只你们也都念过书，识过字的，竟没看见过朱夫子②有一篇《不自弃》的文么？"探春笑道："虽也看过，不过是勉人自励，虚比浮词，那里都是真有的？"宝钗道："朱子都行了虚比浮词了？那句句都是有的。你才办了两天事，就利欲熏心，把朱子都看虚浮了。你再出去，见了那些利弊大事，越发连孔子也都看虚了呢！"探春笑道："你这样一个通人，竟没看见子书③？当日《姬子》有云：'登利禄之场，处运筹之界者，窃④尧舜之词，背孔孟之道，……'"宝钗笑道："底下一句呢？"探春笑道："如今断章取义；念出底下一句，我自己骂我自己不成？"宝钗道："天下没有不可用的东西，既可用，便值钱。难为你是个聪明人，这大节目正事竟没经历。"李纨笑道："叫了人家来，又不说正事，你们且对讲学问。"宝钗道："学问中便是正事。若不拿学问提着，便都流入世俗去了。"

三人取笑了一回，便仍谈正事。探春又接说道："咱们这个园子，只算比他们的多一半，加一倍算起来，一年就有四百银子的利息。若此时也出脱生发银子，自任人作践了，也似乎暴珍天物。不如在园子里所有的老妈妈，拣出几个老成本分，能知园圃的，派他们收拾料理。也不必要他们交租纳税，只问他们一年可以孝敬些什么。一则园子有专定之人修理花木，自然一年好似一年了，也不用临时忙乱；二则也不致作践，白辜负了东西；三则老妈妈们也可借此小补，不枉成年家在园中辛苦；四则也可省了这些花儿匠、山子匠并打扫人等的工费。将此有余，以补不足，未为不可。"宝钗正在地下看壁上的字画，听如此说，便点头笑道："善哉！三年之内，无饥馑矣！"李纨道："好主意！果然这么行，太太必喜欢。省钱事小，园子有人打扫，专司其职，又许他去卖钱，使之以权，动之以利，再无不尽职的了。"平儿道："这件事须得姑娘说出来。我们奶奶虽有此心，也未必好出口。此刻姑娘们在园里住着，不能多弄些玩意儿陪衬，反叫人去监管修理，图省钱，这话断不好出口。"

宝钗忙走过来，摸着他的脸笑道："你张开嘴，我瞧瞧你的牙齿舌头是什么做的？从早起来，到这会子，你说这些话，一套一个样子，也不奉承三姑娘，也不说你们奶奶才短想不到，三姑娘说一套话出来，你就有一套话回奉，总是三姑娘想到的，你们奶奶也想到了，只是必有个不可办的缘故。这会子又是因姑娘住的园子，不好因省钱令人去监管。你们想想这话，要果真交给人弄钱去的，那人自然是一枝花也不许掐，一个果子也不许动了，姑娘们分中，自然是不敢，天天和小姑娘们就吵不清。他这远愁近虑，不亢不卑，他们奶奶就不是和咱们好，听他这一番话，也必要自愧的变好了。"探春笑道："我早起一肚子气，听他来了，忽然想起他主子来，素日当家，使出来的好撒野的人！我见了他更生气了。谁知他来了，避猫鼠儿似的，站了半日，怪可怜的。接着又说了那些话，不说他主子待我好，倒说'不枉姑娘待我们奶奶素日的情意了'，这一句话，不但没了气，我倒愧了，又伤起心来。我细想，我一个女孩儿家，自己还闹得没人疼没人顾的，我那里还有好处去待人？"口内说到这里，不免又流下泪来。

李纨等见他说得恳切，又想他素日赵姨娘每生诽谤，在王夫人跟前，亦为赵姨娘所累，也都不免流下泪来，都忙劝他："趁今日清净，大家商议两件兴利剔弊的事情，也不枉太太委托一场。又提这没要紧的事做什么？"平儿忙道："我已明白了。姑娘说，谁好，竟一派人，就完了。"探春道："虽如此说，也须得回你奶奶一声儿。我们这里搜剔小利，已经不当；皆因你奶奶是个明白人，我才这样行，若是糊涂多歪多妒的，我也不肯，倒像抓他的乖的似的。岂可不商议了行呢？"平儿笑道："这么着，我去告诉一声儿。"说着去了，半日方回来，笑道："我说是白走一趟。这样好事，奶奶岂有不依的！"

探春听了，便和李纨命人将园中所有婆子的名单要来，大家参度，大概定了几个人。又将他们一齐传来，李纨大概告诉给他们。众人听了，无不愿意。也有说："那片竹子单交给我，一年工夫，明年又是一片。除了家里吃的笋，一年还可交些钱粮。"这一个说："那一片稻地交给我，一年这些玩的大小雀鸟的粮食，不必动官中钱粮，我还可以交钱粮。"探春才要说话，人回："大夫来了，进园瞧史姑娘去。"众婆子只得去领大夫。平儿忙说："单你们，有一百也不成个体统。难道没有两个管事的头脑儿带进大夫来？"回事的那人说："有吴大娘和单大娘，他两个在西南角上聚锦门等着呢。"平儿听说，方罢了。

众婆子去后，探春问宝钗："如何？"宝钗笑答道："幸于始者息于终，善其辞者嗜其利。"探春听了，点头称赞，便向册上指出几个来与他三人看。平儿忙去取笔砚来。他三人说道："这一个老祝妈，是个妥当的，况他老头子和他儿子，代代都是管打扫竹子，如今竟把这所有的竹子交与他。这一个老田妈，本是种庄稼的，稻香村一带，凡有菜蔬稻稗之类，虽是玩意儿，不必认真大治大耕，也须得他去再细细按时加些植养，岂不更好？"探春又笑道："可惜蘅芜院和怡红院这两处大地方，竟没有出息之物。"李纨忙笑道："蘅芜院里更利害。如今香料铺并大市大庙卖的各处香料香草儿，都不是这些东西？算起来，比别的利息更大。怡红院别说别的，单只说春夏两季的玫瑰花，共下多少花朵儿？还有一带篱笆上的蔷薇、月季、宝相、金银花、藤花，这几色草花，干了卖到茶叶铺药铺去，也值好些钱。"探春笑着点头儿，又道："只是弄香草没有在行的人。"平儿忙笑道："跟宝姑娘的莺儿他妈，就是会弄这个的。上回他还采了些晒干了，编成花篮葫芦给我玩呢。姑娘倒忘了么？"宝钗笑道："我才赞你，你倒来捉弄我了。"三人都诧异问道："这是为何？"宝钗道："断断使不得。你们这里多少得用的人，一个个闲着没事办，这会子我又弄个人来，叫那起人连我也看小了。我倒替你们想出一个人来，怡红院有个老叶妈，他就是焙茗的娘，那是个诚实老人家，他又和我们莺儿妈极好，不如把这事交与叶妈，他有不知的，不必咱们说给他，就找莺儿的娘去商量了。哪怕叶妈全不管，竟交与那一个，这是他们私情儿，有人说闲话，也就怨不到咱们身上。如此一行，你们办得又公道，于事又妥当。"李纨平儿都道："很是。"探春笑道："虽如此，只怕他们见利忘义呢。"平儿笑道："不相干。前日莺儿还认了叶妈做干娘，请吃饭吃酒，两家和厚的很呢。"探春听了，方罢了。又共斟酌出几个人来，俱是他四人素昔冷眼取中的，用笔圈出。

一时婆子们来回大夫已去，将药方送上去，三人看了，一面遣人送出外边去取药，监派调服，一面探春与李纨明示诸人，某人管某处，"按四季，除家中定例用多少外，余者任凭你们采取去取利，年终算账。"探春笑道："我又想起一件事，若年终算账，归钱时，自然归到账房，仍是上头又添一层管主，还在他们手心里，又剥一层皮。这如今我们兴出这事，派了你们，已是跨过他们的头去了，心里有气，只说不出来。你们年终去归账，他还不捉弄你们等什么？再者，这一年间，管什么的，主子有一全分，他们就得半分，这是每常的旧规，人所共知的。如今这园子是我的新创，竟别入他们的手，每年归账，竟归到里头来才好。"宝钗笑道："依我说，里头也不用归账，这个多了，那个少了，倒多了事。不如问他们谁领这一分的，他就揽一宗事去。不过是园里的人动用。我替你们算出来了，有限的几宗事，不过是头油、胭粉、香、纸，每一位姑娘，几个丫头，都是有定例的；再者各处笤帚、簸箕、掸子，并大小禽鸟、鹿、兔吃的粮食。不过这几样，都是他们包了去，不用账房去领钱。你算算，就省下多少来？"平儿笑道："这几宗虽小，一年通共算了，也省的下四百两银子。"

宝钗笑道："却又来！一年四百，二年八百两，打租的房子也能多买几间，薄沙地也可添几亩了。虽然还有敷余，但他们既辛苦了一年，也要叫他们剩些，粘补自家。虽是兴利节用为纲，然也不可太过，要再省上二三百银子，失了大体统，也不像。所以这么一行，外头账房里一年少出四五百银子，也不觉得很艰啬了；他们里头却也得些小补；这些没营生的妈妈们，也宽裕了；园子里花木，也可以每年滋长繁盛；就是你们，也得了可使之物，这庶几不失大体。若一味要省时，哪里不搜寻出几个钱来？凡有些余利的，一概入了官中，那时里外怨声载道，岂不失了你们这样人家的大体？如今这园里几十个老妈妈们，若只给了这个，那剩的也必抱怨不公。我才说的他们只供给这个几样，也未免太宽裕了。一年竟除这个之外，他每人不论有余无余，只叫他拿出若干吊钱来，大家凑齐，单散与这些园中的妈妈们。他们虽不料理这些，却日夜也都在园中照料，当差之人，关门闭户，起早睡晚，大雨大雪，姑娘们出入，抬轿子，撑船，拉冰床，一应粗重活计，都是他们的差使，一年在园里辛苦到头，这园内既有出息，也是分内该沾带些的。还有一句至小的话，越发说破了：你们只顾了自己宽裕，不分与他些，他们虽不敢明怨，心里却都不服，只用假公济私的，多摘你们几个果子，多掐几枝花儿，你们有冤还没处诉呢。他们也沾带些利息，你们有照顾不到的，他们就替你照顾了。"

众婆子听了这个议论，又去了账房受辖治，又不与凤姐儿去算账，一年不过多拿出若干吊钱来，个个欢喜异常，都齐声说："愿意！强如出去被他们揉搓着，还得拿出钱来呢。"那不得管地的，听了每年终无故得钱，更都喜欢起来，口内说："他们辛苦收拾，是该剩些钱粘补的，我们怎么好'稳吃三注'呢？"宝钗笑道："妈妈们也别推辞了，这原是分内应当的。你们只要日夜辛苦些，别躲懒纵放人吃酒赌钱就是了，不然，我也不该管这事。你们也知道，我姨娘亲口嘱托我三五回，说大奶奶如今又不得闲，别的姑娘又小，托我照看照看。我若不依，分明是叫姨娘操心。我们太太又多病，家务也忙，我原是个闲人，就是街坊邻居，也要帮个忙儿，何况是姨娘托我？讲不起众人嫌我。倘或我只顾沽名钓誉的，那时酒醉赌输，再生出事来，我怎么见姨娘？你们那时后悔也迟了，就连你们素昔的老脸也都丢了。这些姑娘们，这么一所大花园子，都是你们照管着，皆因看的你们是三四代的老妈妈，最是循规遵矩，原该大家齐心顾些体统。你们反纵放别人，任意吃酒赌博。姨娘听见了，教训一场犹可，倘若被那几个管家娘子听见了，他们也不用回姨娘，竟教导你们一场，你们这年老的反受了小的教训，虽是他们是管家，管得着你们，何如自己存些体面，他们如何得来作践呢。所以我如今替你们想出这个额外的进益来，也为的是大家齐心，把这园里周全得谨谨慎慎的，使那些有权执事的看见这般严肃谨慎，且不用他们操心，他们心里岂不敬服？也不枉替你们筹划些进益了。你们去细细想想这话。"众人都欢喜说："姑娘说得很是。从此姑娘奶奶只管放心。姑娘奶奶这样疼顾我们，我们再要不体上情，天地也不容了！"

（选自《红楼梦》中华书局，2014 年版）

注释

① 蠲（juān）：除去、免除。

② 朱夫子：宋朝理学家朱熹。

③ 子书：程甲、程乙本均作"姬子书"，兹据庚辰本删"姬"字。

④ 窃：程甲、程乙本均作"穷"，兹从庚辰本改。

阅读提示

从《红楼梦》第五十五回开始，凤姐因生病暂停理事，长期处于沉潜状态的探春便一跃成为关键角色。此后小说的叙事内容便不再以宝、黛之恋为主轴，而将焦点转向了贵族家族内部的种种复杂纠葛。探春初掌理家大权，刚上任便一鸣惊人，让一干管家大娘不敢心存藐视。以致平儿回来报告事况之后，王熙凤发自肺腑地连赞了四个"好"字。探春一系列的改革中，先是免除了宝玉、贾环、贾兰所支领的家学公费一年八两银子，接着又削减了主子小姐们用来购买油脂粉的一月二两银子。宝玉背后有贾母、王夫人，贾环关联的是探春自己的生母赵姨娘，贾兰更是目前当家的李纨之子，而那些主子小姐们都是探春平日相处的好姐妹。凤姐碍于情面不敢做的，她来承担；李纨没有想到的，她来献策。开源节流事小，整顿秩序事大。探春又想出了"家庭生产承包制"的办法，由祝妈管竹林，田妈管庄稼，叶妈管花花草草。虽然探春局部的改革措施挽救不了贾府趋向覆灭的命运，但是其在改革中所展现出的洞察力、决断力、行动力及奋进的精神，让探春足以堪当末世家族的中流砥柱。难怪脂砚斋会感叹："使此人不远去，将来事败，诸子孙不至流散也。悲哉伤哉。"（第二十二回批语）

探春的综合条件在大观园中算不了最佳。除有嫡庶之别外，她的生母赵姨娘为人处世庸俗浅薄、贪婪自私，弟弟贾环又屡屡做出小人之举。但探春用自己出色的人品与超凡的才华向所有人证明，只要设法发挥自己的优势，就能摆脱客观条件的制约。

思辨感悟

1. 分别从贾探春、薛宝钗、平儿等不同人物的角度重构"探春理事"的故事。在进行重构的过程中，注意不要扭曲任意一方的观点，尝试忠实于事件的原貌。

2. 青山山农曾经评价"探春聪明不及黛玉，温文不及宝钗，豪爽不及湘云，独能化三美之长，而自成其美。……宝玉温柔有女子态，探春英断有男子风！"你觉得探春身上有哪些在当今职场也可以借鉴的优点？

拓展延伸

1. 唐娜·邓宁、王瑶、邢之浩：《你的职业性格是什么：MBTI16型人格与职业规划》，电子工业出版社，2019年版

2. 约翰·拜恩：《杰克·韦尔奇自传》，中信出版社，2017年版

3. 任仲文：《传奇校长张桂梅和1804个女孩的故事》，人民日报出版社，2021年版

随堂练习

范雎说秦王（节选）

《战国策》

兵马俑

　　范雎至，秦王庭迎范雎，敬执宾主之礼，范雎辞让。是日见范雎，见者无不变色易容者。秦王屏 ① 左右，宫中虚无人。秦王跪而进曰："先生何以幸 ② 教寡人？"范雎曰："唯唯 ③。"有间 ④，秦王复请。范雎曰："唯唯。"若是者三。秦王跽 ⑤ 曰："先生不幸教寡人乎？"

　　范雎谢曰："非敢然也。臣闻昔者吕尚之遇文王也，身为渔父，而钓于渭阳之滨耳 ⑥。若是者，交疏 ⑦ 也。已 ⑧ 一说而为太师，载与俱归者，其言深也。故文王果收功于吕尚，卒擅 ⑨ 天下，而身立为帝王。即使文王疏吕望而弗与深言，是周无天子之德，而文武无与 ⑩ 成其王也。今臣，羁旅 ⑪ 之臣也，交疏于王，而所愿陈者，皆匡 ⑫ 君臣之事，处人骨肉之间。愿以陈臣之陋忠，而未知王心也，所以王三问而不对者，是也。臣非有所畏而不敢言也。知今日言之于前，而明日伏诛于后，然臣弗敢畏也。大王信行臣之言，死不足以为臣患，亡不足以为臣忧，漆身而为厉 ⑬，被发而为狂，不足以为臣耻。五帝之圣而死，三王之仁而死，五霸之贤而死，乌获 ⑭ 之力而死，奔、育 ⑮ 之勇而死。死者，人之所必不免，处必然之势，可以少有补于秦，此臣之所大愿也，臣何患乎？伍子胥橐载而出昭关 ⑯，夜行而昼伏，至于菱夫 ⑰，无以糊其口，膝行蒲伏 ⑱，乞食于吴市，卒兴吴国，阖闾为霸。使臣得进谋如伍子胥，加之以幽囚不复见，是臣说之行也，臣何忧乎？箕子、接舆 ⑲，漆身而为厉，被发而为狂，无益于殷楚。使臣得同行于箕子、接舆，可以补所贤之主，是臣之大荣也，臣又何耻乎？

　　臣之所恐者，独恐臣死之后，天下见臣尽忠而身蹶 ⑳ 也，因以杜口裹足，莫肯向秦耳。足下上畏太后 ㉑ 之严，下惑奸臣 ㉒ 之态，居深宫之中，不离保傅 ㉓ 之手，终身暗惑，无与昭奸㉔，大者宗庙灭覆，小者身以孤危，此臣之所恐耳。若夫穷辱之事，死亡之患，臣弗敢畏也。臣死而秦治，贤㉕于生也。"

　　秦王跪曰："先生是何言也！夫秦国僻远，寡人愚不肖㉖，先生乃幸至此，此天以寡人恩㉗先生，而存先王之庙也。寡人得受命于先生，此天所以幸先生而不弃其孤也。先生奈何而言若此？事无大小，上及太后，下至大臣，愿先生悉以教寡人，无疑寡人也。"范雎再拜，秦王亦再拜。

（选自《战国策》，中华书局，2012 年版）

注释

①屏：退。

②幸：表示尊敬对方的用语。下文"幸先生"之"幸"，是宠幸的意思。

③唯唯：应答词，顺应而不表示可否。

④有间：一会儿。

⑤跽（jì）：长跪，即双膝着地，上身挺直。

⑥"臣闻"三句：吕尚亦称吕望，字子牙。相传他曾垂钓于渭水之滨，得遇文王，载与俱归，受到重用。后佐武王灭纣。渭阳，渭水北岸。

⑦交疏：相交不深。

⑧已：顷刻之间。

⑨收功：取得成功。擅：占有。

⑩无与：不参与，不相干。

⑪羁旅：寄居做客，旅居在外。

⑫匡：纠正。

⑬漆身而为厉：以漆涂身，遍体生疮。厉，通"癞"。

⑭乌获：秦力士名。

⑮奔、育：即孟贲和夏育，皆卫国勇士。

⑯伍子胥：名员，字子胥，春秋末期楚国人，军事家、谋略家。楚国大夫伍奢之子。伍奢被楚平王杀后，伍子胥逃至吴国，后成为吴国大夫。伍子胥自楚奔吴，藏身袋子，载而出关。橐（tuó）：袋子；口袋。昭关：在今安徽含山北二十里小岘山上。

⑰菱夫：即今之溧水，源出安徽芜湖，东流入江苏境内。

⑱蒲伏：同"匍匐"，爬行。

⑲箕子：商纣王的叔父，名胥余，封于箕，故称箕子。纣王暴虐，箕子屡谏不听，乃披发伴狂为奴。接舆：春秋楚国隐士，因世乱，伴狂避世。因其迎孔子车而歌，故称接舆。晋皇甫谧《高士传》始称其姓陆名通。

⑳ 蹶：跌倒。这里是被杀死的意思。

㉑ 太后：指宣太后，秦昭王母，楚女。

㉒ 奸臣：指穰侯魏冉、华阳君芈戎等权臣，属于秦昭襄王的母亲宣太后的外戚集团，长年把控秦国朝政，秦王缺乏实权。

㉓ 保傅：古代辅导天子和诸侯子弟的官员统称保傅。当时昭襄王身边的近臣多听从宣太后的外戚集团。

㉔ 昭奸：揭发奸邪。

㉕ 贤：胜过。

㉖ 不肖：不才。

㉗ 悁（hùn）：扰乱，打扰。

阅读提示

　　士，是战国舞台的主角，尤其是那些重量级的士人，服务某国该国就兴旺发达，离开某国该国就内外交困，正所谓"入楚楚重，出齐齐轻，为赵赵完，畔魏魏伤"（《论衡·效力》）。"说"，是士的看家本事之一。我们有时能够说服别人，有时也会被他人说服并修正自己。但是，稍有常识的人都知道，我们很难通过空洞枯燥的说教去改变他人的看法。要让人转变看法，我们有多种多样的途径，考察、恳求、纠缠……说理不成，也可以动之以情。还有，引证权威或大多数人的看法，"不言而教"的榜样示范往往比用道理论证更具"说服力"。

　　日常沟通多是为了让别人了解自己的想法，而职场中的沟通则是以对方为中心的，因此我们就要学习和锻炼"说"的本领。首先，职场中说服的目的是解决问题，而不是分辨谁对谁错。在职场中糟糕的情况是，你赢得了争论却根本没有解决什么问题。另外，在说服的时候一定要心平气和，保持礼节与分寸。最后，说服别人一定要了解对方的"痛点"在哪里，这样才能对症下药。本杰明·富兰克林有一段话很有道理，"站在上司的立场想问题，站在自己的立场做事情。一个能从别人的观念来看事情，能了解别人心理活动的人，永远都是争辩的赢家。如果你老是抬杠、反驳，也许偶尔能获胜，但那只是空洞的胜利，因为你永远得不到对方的好感"。

思辨感悟

　　1. 范雎在说服秦王的过程中使用了哪些策略？你认为怎样表达看法与意见能够令人信服？

　　2. 秦王原来的想法是什么？他为什么会接受范雎的建议？

拓展延伸

1. 陈嘉映：《说理》，上海文艺出版社，2020 年版
2. 戴尔·卡耐基：《人性优点与弱点》，北京大学出版社，2015 年版

随堂练习

万里长城

让闪电掠过大地：中国铁路人在行动！（节选）

蒋 巍

中国高铁

　　引进消化时速 200 公里动车组技术——自主研发时速 350 公里动车组——创新研制时速 380 公里动车组。6 年时间，中国高铁完成了惊人的"三级跳"。

　　高铁是当代新技术、新材料、新工艺集大成的产物，除了没有翅膀（却多了两条信息化、现代化的轨道），其复杂程度几乎与航空航天技术不相上下。让中国高铁冲到世界第一的速度，没有强大的自主创新能力是不可能办到的。

　　——那个夜晚，在千里冰封、万里雪飘的塞北大地，长客副总工程师赵明花"冻成了冰棍儿"。2007 年冬，京哈线上的一列动车组在行驶中因突然断电而停车。赵明花立即带领一批专家赶往现场了解情况。旅客安全"摆渡"登程之后，浓浓夜色中，只剩下孤零零、空荡荡的动车组。这位身体单薄、性情文静的朝鲜族女性与同事们一起登上车顶，查找故障原因，测试各种数据，最后认定：速度飞快的动车组从北京到哈尔滨，经历了急剧变化的温差，造成车顶出现冷凝水，导致电路短路。赵明花和同事们意识到，"这肯定不是偶然的事情，如果不从内部结构上加以防范，在高寒地区有可能经常发生！"由赵明花主持的一个设计团队迅速组成，几个月之后，一项动车组电器内部构造的创新设计完成了，从根本上杜绝了冷凝水断电故障。一个看似偶然的事故，激发出一项中国创新！

　　2009 年圣诞节前夕，穿越英吉利海峡海底隧道的"欧洲之星"高速列车遭遇大雪天气，进入隧道后因冷凝水浸漫导致断电，5 列车被堵在隧道里动弹不得，"欧洲之星"被迫停运 3 天——赵明花看到这则新闻，感慨地对同事们说："幸好我们早有发现、早做预防了！"

——高铁"水土不服"的难题就是多。北方有冰冻，南方又多雨。飞驰在武广线的动车组，面临着长时间的雨季漏水和潮湿浸润的问题，在唐车副总工程师杜会谦的主持下，又一项防雨防潮的创新设计诞生了。

南辕北辙，各有高招！

——丰桥公司副总工程师赵秀丽"叫板"两条大汉的故事，是高铁建设工地上的一段佳话。2005年7月，京津城际铁路开工建设，中铁六局丰桥公司承担了14 910块无砟轨道板的预制任务。轨道板是无砟轨道结构体系中最基本的支撑物，是高铁轨道核心技术之一。按德国工艺要求，轨道板必须用超细水泥制作，而国内尚无厂家能够生产，如果全部进口，不仅价格昂贵，工期也很难保证。

一个受制于人的大难题横在高铁人面前。赵秀丽跑遍华北各大水泥厂，动员游说厂方进行试制。一次次试验的失败，令多家水泥厂先后告退，只有一家还在犹豫不决。厂长是个膀大腰圆的汉子，赵秀丽对他说："你一个大男人，还不如我坚强吗？"几个月后，符合国际标准的高规格水泥终于试制成功，实现了原材料国产化的重大突破，仅此一项，为丰桥公司节约资金1 500多万元。

但是，赵秀丽的思考与探索没有停止。超细水泥不仅成本过高，而且耐久性差。能不能用改进的国产普通水泥替代呢？她和同事们废寝忘食，反复研究试验，寻找最佳配比和路径。京沪高铁开工以后，赵秀丽找到山东一家水泥厂，厂长一听她对水泥成分的新要求，吓了一跳，连连摇头说："我们的产品已经达标，不愁市场。你的要求我们做不到，算了。"赵秀丽向他介绍了中国高铁的宏伟计划，说："高铁市场这么大，要是把新型国产水泥搞出来，将带来源源不断的效益，你连这点雄心壮志都没有吗？"

这位山东大汉热血沸腾了。经过数百次反复试验，又一项创新成果——国产新型"绿色高性能水泥"问世，世界一流的无砟轨道板诞生了，为企业节省投资7 000万元，更为今后中国高铁大发展提供了充足可靠的材料保障！

——中国幅员辽阔，地形、地质之复杂是国外同行不曾遇到的。郑州至西安路段，是全世界唯一铺设在黄土地带的高铁，何华武说："黄土缺少支撑力，遇雨就沉降变形，像水浸过的面包一样。"高铁路基架在这样的土质上，如果固化不好，轨道就变成"面条"了。十几位院士和一批专家汇集到黄土高坡上"集体会诊"。就凭着这样的集体智慧和创新勇气，郑西线的湿陷性黄土地基，武广线的岩溶地基，广深港和甬台温的淤泥地基，合宁的膨胀地基，哈大线的高寒软土地基等等，都被中国铁路人一一攻克，并实现了"零"沉降！

再来看看空中的创新。

2009年12月9日，在武广线试运行过程中，中国动车组以"双弓重联"的方式，创造了时速394.2公里的速度，这是又一项世界级的新纪录！

所谓"双弓重联"，就是将两列动车组、共16节车厢联挂运行，上部同时升起两个受电弓，从空中的接触网导线获取动力。这种大编组联挂，无疑会大大提高运输效率。但这绝不是"1＋1＝2"的简单等式，因为列车前弓高速冲击接触网后，会引起接触网的振动，使后弓与导线的"密贴跟随性"（专业术语称之为"弓网耦合"）大为降低，剧烈的振动有可能造成后弓离线、撞线，产生大量火花，严重的时候可能会出现烧线、刮弓，酿成重大事故。此前，仅有西门子在西班牙高速铁路上做过"双弓重联"试验，尚未在正式运营中应用。

中铁电气化局年轻的副总工程师董安平率领他的团队，承担了攻克"双弓重联"这一世界性难题。回忆这段艰辛的历程，董安平感慨良多，他说，中铁电气化局是个老企业，搞了几十年电气化铁路建设，过去把导线一挂，平直度差个一两厘米无所谓，只要不出现波浪弯和扭面，跑起来不打火就算完事大吉。武广高铁建设按欧洲标准，导线在 1 米长的范围内平直度不得超过 0.1 毫米。中国这些架线老手必须从零开始，在上千公里的线路上，那些粗糙的大手仿佛在一针一线地"绣花"。经检测，武广线牵引导线的平直度平均达到 0.05 毫米，比头发丝还细。这不仅是工程质量、技术水平的质的飞跃，更是中国工人在素质、理念、作风上的跨越性进步！

高铁系统对导线性能的要求是极高的：一是要有足够的硬度，受电弓几十万次与它高强度、高频率的摩擦，硬度不够，耐磨性低是不行的；二是必须有很高的导电率。但在金属材料学中，强度和导电率恰恰是一对矛盾：强度越高，导电性越差；导电性越高，强度越差。比如铜比铁软，导电性却比铁高。

那么，能不能找到一种新的合金材料，两种性能都能得到足够的保证呢？董安平知道，80 年代，日本研制出一种性能良好的 PSC 导线，于是他向日本有关方面表示，希望引进这个技术。日方专家经过严肃认真的内部讨论，最后以"我们的技术还不成熟"为由，拒绝了中方要求。毕竟，中国曾是远远落后于他们的角色，如今突然变成强大的竞争对手，他们必须小心提防了。

中国高铁发展的前景，又一次遭遇受制于人的瓶颈。董安平的心情久久不能平静，他和同事们开始探寻自主创新之路。一个偶然的机会，他们与浙江大学金属材料研究所所长、博士生导师孟亮教授遇上了。窗外一弯月，桌上几杯茶，海阔天空聊起高铁上的导线，孟教授说，中国航天器上用过一种新材料，他进行过专题研究，还发表过论文。

董安平大喜过望，双手把桌子拍得山响，茶杯都跳起来了。电化设计院总工程师王立天迅速飞往浙江，在孟教授的实验室看到一小块样品，那一刻，他激动得眼泪都涌出来了！"我们成立个合资公司怎么样？"王总当即提议。铁路系统的河北一家制造商闻讯自愿加盟，十几天后合资公司正式启动。

试验过程中，年近六旬的孟教授有胃病，天天靠冷水吞药片顶在第一线；董安平瘦了十几斤，笑称"攻关就是最好的减肥运动"；项目经理何劲松 35 岁时才要孩子，为了高铁事业，妻子怀孕 5 个月时他"离家出走"。孩子渐渐大了，会认爸爸了，妻子只能抱着孩子到公司大厅的光荣榜前，指着何劲松的照片说："那是爸爸……"

"中国导线"终于在千里武广线上横空飞架，牵引着"和谐号"高歌猛进。

通信信号是铁路的"神经系统"。从当年"李玉和式"的手摇信号灯，到今天集成创新的数字技术控制，与共和国同龄的中国铁路通信信号集团做出重大贡献。研发中心总工程师江明今年刚刚32岁，他的话可以代表所有高铁科研人员的心声："我们的工作很有干头，因为我们解决的都是前人和别人没有解决的问题。"他还有一句更牛的话："什么难题我们都能找出办法来，主要是时间不够用。唉，人类为什么要睡觉呢？"

在迅猛前进的高铁事业中，还行进着一个默默无闻的庞大群体——中国新一代知识化、专业化的产业工人。他们全是"80后"甚至"90后"，个个朝气蓬勃，英姿勃发。就是这些被父辈视为"掌上明珠"的独生子女一代，构成中国新一代"铁军"。

——"五朵金花"坐在我面前，谈起这些年的艰辛与劳苦，全哭了。她们是青岛四方的"女焊花"：史秀华、曲先华、孙国华、于延伟、崔恩霞。

"和谐号"工程上马之初，还没有机械化焊接设备，由她们负责焊接铝合金车体。从接受任务的第一天开始，她们就成了一群"不要命也不要家的女人"，被不叠、衣不洗、锅不刷了，化妆品扔抽屉里了，几乎天天踏着晨露上班，顶着星光回家，一进家门骨头就散架了。吃奶的孩子，狠狠心断了奶，扔给老人。上学的孩子，经常一连几个星期见不到妈妈的影子。那天曲先华半夜回家，丈夫去上夜班了，她一进门就听3岁女儿在梦中喊"妈妈"。黑暗中，曲先华坐在床头热泪长流，哽咽不止。

她们无数次答应过孩子："等妈妈忙过这阵子，就带你去公园、看电影。"可她们从未实践过自己的诺言。读小学的孩子批评说："你是最不守诚信的妈妈！"上大学的孩子说："放假我再也不回家了，你们都在厂里忙，剩我一个人守着空房子有啥意思！"

背过身，妈妈怎么也抹不尽滚滚而下的泪水。

终于有一天不加班了，史秀华乐疯了，脱下工作服就往家跑，跑到家门口才发现自己忘乎所以，拎包和钥匙都锁在工具箱里忘带了，只好敲门。孩子上学，老公在单位，家里只有瘫痪在床多年的老母亲。老母亲挣下床，在地板上爬了近半个小时，才颤巍巍支撑起来把门打开。门开的那一刻，史秀华抱起母亲，一边往屋里走一边哭……

——一列动车组有几万个接线头，接线工必须成年累月以跪蹲方式进行工作，那大概是世界上最枯燥的劳动，一天忙下来眼花缭乱，夜里做梦，满脑子仍然飞舞着五颜六色的线头。唐车接线工高向丽，文静柔弱，走路和说话都是轻轻的。因为长时间跪蹲工作，第一次怀孕不幸流产。但就是她，以惊人的定力创造了两万根接线无差错的纪录。唐车所有接线工都保持着极高的无差错纪录，德国专家说，你们已经超过西门子的水平。

——身材高挑、容貌秀丽的孙斌斌，是唐车选送到德国培训的首批青年焊工之一，家里三代都是唐车人。新中国成立初期，唐车制造出第一辆火车头，上面的毛泽东像就是她爷爷亲手刻制的。好家风培育了一个意志坚定、好学上进的好女儿，孙斌斌在德国顺利通过"国际焊接教师"的资格考试——成为全球第一位获得此项资格的女性。她受邀走上讲台，为西门子培训德国学员——她又成为"中国第一人"。因为她授课耐心细致，德国学员们把好几位本国教师赶走了，说"你们能上哪儿就上哪儿吧，我们只让中国老师教！"

在唐车动车组奋战的第一代优秀青年焊工，都是孙斌斌一手"克隆"出来的。

——女工吕开香，地震中两个姐姐不幸遇难，她成了父亲唯一的"掌上明珠"。唐车决定送她去德国培训时，父亲老泪纵横，不愿意女儿跑到那么远的异国他乡去，但她还是扔下两岁的女儿，和同厂的丈夫一起踏上征途。从她离家那天起，女儿每天夜里都抱着妈妈的枕头睡觉，而且不允许任何人碰那个枕头，因为枕头上有"妈妈的味道"。

说到这里，吕开香泣不成声。

世界上的女人是水做的，中国高铁女工们是汗水和泪水做的。但她们无比骄傲和自豪，她们说："我们做出了世界上最好最快的动车！"

截至目前，中国南车和北车集团已经出口轻轨动车组成套设备达23亿美元。

无论多么绚丽的梦想，无论多么伟大的设计，当最后一道工序完成时，站在旁边默默擦汗的一定是一群工人。他们是中国高铁真正的钢轨和基石。他们如同春蚕，用自己的爱和生命，默默吐出一条流光溢彩的钢铁的"丝绸之路"。

（选自报告文学《闪着泪光的事业——和谐号："中国创造"的加速度》，

《人民日报》，2010年6月11日）

阅读提示

报告文学是从新闻天地走到文学殿堂的，它兼有新闻性与文学性。报告文学的千枝竞秀，映现出国家发展、社会变迁、时代脉搏。其展现的思想力量及艺术魅力，正在于人们相信作品所颂扬或鞭挞的人物、事件、场景等完全真实，是发生在现实生活中的而不是虚构的。本篇课文节选自报告文学《闪着泪光的事业——和谐号："中国创造"的加速度》，真情记录了让千百万人关心注目，又代表中国新时代历史进程的高铁事业。

40年前，有一位老人坐上日本新干线说，"就感到快，有催人跑的意思"。从此，一个国家在这位总设计师的领航下全力推进改革开放，大踏步追赶。从牛背上的中国到高铁上的中国，最伟大的变化就是"速度"。现在，"中国速度"已然成为中国发展的代名词，"中国高铁"已经成为中国递给世界的一张亮丽名片。

这其中有许多青年工人将自己的青春与血汗融入祖国的高铁事业。青年兴则国家兴，这是不变的真理。一代一代的青年人，记着国家使命，敢担当不畏难，机遇就在中国，时与势就在中国。正如国际铁路联盟高速铁路部总监所说："中国正成为全球领跑者，世界铁路的未来在中国。"

思辨感悟

  1. 这篇报告文学反映了什么社会生活事件？你觉得其中是否存在艺术加工？

  2. 国产大型客机 C919 总设计师、南车青岛四方总工程师梁建英、港珠澳大桥主体工程设计负责人孟凡超……他们是强国时代大国工程背后的中国大家。请你读一读他们的故事，并说一说他们是怎样成为大国工匠的。

拓展延伸

1. 赵忆宁：《大国工程》，中国人民大学出版社，2018 年版
2. 中央纪委国家监委网络中心：《中国大家》，中国方正出版社，2019 年版

随堂练习

专题实践任务

1. 本专题作品展示的是职业人生。工作并不只是为生计而奔忙，其中一定蕴含着更高的追求，比如个人价值的肯定、潜能的发挥、创造力的实现等。如果有这样一种职场环境：人们要定期地进行严格的自我和他人的分析，并且他们很高兴了解自己与他人的不一致。在这种环境中人们将怎样互动和交流？它与我们习以为常的世界有何不同？

2. 请你探讨对于"劳动"的理解，并从你自己的角度说一说"劳动"的内涵在当今时代是否发生了变化。想象一下如果你和司马迁或马克思进行了一场有关"劳动与财富"的对话会怎样？

3. 你梦想中的未来中国是什么样子的？你个人生活中又有什么梦想？我们无须掩藏个人对美好生活的向往，因为它就是中国梦的一部分。不妨现在就写下你的答案。

专题七　乡土本色

　　20世纪80年代有一首歌《在希望的田野上》传唱于神州大地，歌词这样写道：我们世世代代在这田野上生活，为她富裕，为她兴旺……我们世世代代在这田野上奋斗，为她幸福，为她增光。当这首歌传遍大街小巷的时候，很多人离开乡土到都市寻梦，但不管他们走多远，乡土仍然是他们魂牵梦萦的地方。中国正在经历"百年未有之大变局"，由"乡土中国"迈进"城市中国"的进程可谓波澜壮阔。我们不能忘记历史，但也不会刻意制造一种泥泞让它出现在未来的道路上。我们应该铭记田园与村庄是中华文明的"原乡"。我们应该铭记是泥泞磨砺和锻炼了中华民族的心性。当我们学有所成，更要铭记是可爱、博大、不可丧失的乡土哺育了我们。当我们热爱脚下的土地的时候，说明我们正在拥抱一种精神。你的故乡在哪里？你的故乡给予了你什么？离家求学的你，还会深情地望一眼故乡的月亮吗？

诗 词 运 河

〔唐〕李益等

运河场景

挽 舟 者 歌
〔隋〕佚名

我兄征辽东①，饿死青山下。
今我挽龙舟②，又困隋堤道③。
方今天下饥，路粮无些小④。
前去三千程，此身安可保。
寒骨枕荒沙，幽魂泣烟草。
悲损门内妻，望断吾家老。
安得义男儿，焚此无主尸。
引其孤魂回，负其白骨归。

汴 河 曲
〔唐〕李益

汴水东流无限春，隋家宫阙已成尘。
行人莫上长堤望，风起杨花愁杀人。

秋日（其一）

[宋]秦观

霜落邗沟积水清，寒星无数傍船明。

菰蒲深处疑无地，忽有人家笑语声。

贺 新 郎 ⑤

[元]王奕

醉醒琼花露⑥，买扁舟，邵伯津头，向秦邮去。流水孤村鸦万点，忆少游，回首斜阳树。又访著，山阳酒侣。细则留城碑藓看，上歌舞，一啸江东主。望凫峄，过邹鲁。孔林百拜瞻茔墓。历四阜，少昊之墟，大庭之库。竟涉汶河登泰岱，候清光，夜半开玄圃。迤逦间，东平归路。蚩冢黄花吟笑罢，下新州，醉白楼头赋。复淮楚，寻故步。

朝天子·咏喇叭（散曲）

[明]王磐

喇叭，唢呐，曲儿小，腔儿大。官船来往乱如麻，全仗你抬身价。军听了军愁，民听了民怕，哪里去辨甚么真共假？眼见的吹翻了这家，吹伤了那家，只吹的水尽鹅飞罢。

瓜 州 夜 泊

[清]龚自珍

只筹一缆十夫多，细算千艘渡此河。

我亦曾糜太仓粟，夜闻邪许⑦泪滂沱。

注释

①辽东：我国东北辽河以东地区，秦汉时置辽东郡，治所为襄平，在今辽阳县北。后魏至隋时一度为高句丽所占，为辽东城。杨广征高句丽，几度在此域交战。

②龙舟：杨广从洛阳到扬州游幸时所乘的船。据史书记载，此舟高四层，四十五尺，长二百丈，上层有正殿、内殿、朝堂。游幸扬州时，龙舟及其他船只

数千艘，用挽船工八万余人。

③隋堤道：洛阳至扬州运河边所筑御道。南下运河称通济渠，水边筑御道，道旁植柳，世称隋堤，或称汴堤，西通河、济，南连江、淮。

④些小：少许。

⑤贺新郎："贺新郎"为词牌名，王奕共填两首，此为第二首。作者题序为："仆过鲁，自葛水买舟，至维扬，又自扬州买舟，至孔林，登泰山，复还淮楚。往复六千里，共赋此词，括尽山川所历之妙，真所谓兹行冠平生者也。"

⑥琼花露：元代扬州名酒。

⑦邪许（yé hǔ）：纤夫低沉的号子声。

阅读提示

这是一组写大运河的诗词。

《挽舟者歌》是一首反映隋代末年百姓苦难的民间歌谣。杨广征辽东，大业八年（612）发兵多至113万人，民夫加倍，队形长960里（1里等于500米）。此役因战而死的兵士达30余万人，沿途民夫死亡者不计其数。这一首挽舟人的哀歌反映了大运河开凿后隋代人的惨重牺牲。

《汴河曲》为唐代李益所作。李益（746—829），字君虞，陇西姑臧（今甘肃武威）人。大历进士，曾官礼部尚书。诗句借汴河堤柳飞花的美丽春色与隋宫的荒凉颓败做对照，于今夕盛衰中寓历史感慨。

《〈秋日〉（其一）》为宋代秦观所作。秦观（1049—1100），字少游、太虚，号淮海居士，江苏高邮人。"苏门四学士"之一，曾任国史院编修官等职，牵连党争，屡遭贬谪。整首诗构思巧妙，含蓄深邃，以唯美的笔触描写了邗沟附近的水乡夜色。

《贺新郎》为元代王奕所作。王奕生卒年不详，字伯敬，号玉斗山人，又号至元遗民。玉山（今属江西）人，入元后官玉山教谕。元代京杭大运河开凿后，作者旅行南北六千里，此词反映了他由扬州至泰山的大部分经历之地的面貌，为运河沿岸。这是元代大运河改道后，较早反映沿途风貌的诗词。

《朝天子·咏喇叭》（散曲）为明代王磐所作。王磐（约1470—1530），字鸿渐，江苏高邮人。少时无意科举，于州城西筑楼，与名士觞咏其间，自号西楼。擅作散曲，被誉为"南曲之冠"。明代后期，捐税日重。征税船只经过高邮，停舟吹喇叭征收丁税。散曲反映的正是沿河官民不堪其扰的状况。

《瓜州夜泊》为清代龚自珍所作。龚自珍（1792—1841），号定盦，浙江仁和（今属杭州）人。曾任内阁中书、礼部主事等职。诗歌多忧患意识，属近代思想界先驱。清王朝每年通过运河向南方各省征调粮食400万石进京贮之太仓——皇家粮库，称为"漕粮"。诗人南归途中，夜闻北上漕船纤夫们沉重的拉船号子，不禁感惭交集。

　　大运河是世界上使用时间最久、空间跨度最大的运河。那些扬帆远航的船上，承载的远远不止粮米和丝绸，更是一个民族自古以来的愿望——打通南北。从这个角度而言，大运河是当之无愧的"功在当代，利在千秋"的伟大水利工程。

思辨感悟

　　1. 阅读这组诗，说一说大运河改变了什么，又带来了什么？

　　2. 中国大运河与万里长城，都被列入中国四大古代工程。在中国广袤的疆土上，万里长城铸造出"一撇"，京杭大运河镌刻出"一捺"。搜集大运河的相关资料，尝试为大运河书写一张文化名片。

拓展延伸

　　1. 夏坚勇：《大运河传》，江苏文艺出版社，2014 年版

　　2. 单霁翔：《大运河漂来紫禁城》，中国大百科全书出版社，2020 年版

随堂练习　

微课　

盛极扬州

戏剧与方言（节选）

侯宝林

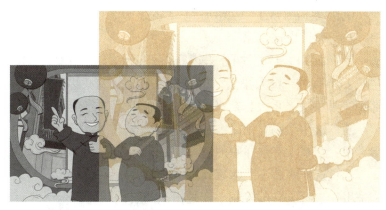

说相声

甲：说相声就得用北京话。

乙：那是，相声是北京的土产嘛。

甲：哎，可是不归土产公司卖。

乙：卖？这是地方剧的一种。

甲：北京地方的戏曲，相声、单弦儿、京戏。

乙：京戏，就带着地方名儿哪。

甲：京戏的唱、念，除了有几个字上口，大部分是北京音，他不管剧中人是什么地方人，也得北京味儿，比如《空城计》——

乙：主角儿是诸葛亮。

甲：一念白是这味儿："我把你这大胆的马谡哇，临行之时，山人怎样嘱咐与你，叫你靠山近水，安营扎寨，怎么不听山人之言，偏偏在这山顶扎营，只恐街亭难保。"

乙：嗯！是北京味儿。

甲：本来诸葛亮不是北京人。

乙：是呀，山东人。

甲：山东诸城。山东人说话什么味儿？都这味儿：（学山东话）"喂！我说老张，你上哪儿去啦？""哎！我上北边儿。""你上北边儿干什么去啦？""上北边那个地场找个人。你没事吗？咱一道去耍吧。"

乙：对！这是山东话。

甲：你听京戏，一点儿山东味也没有。

乙：那是怎么回事？

甲：这么唱就不好啦：诸葛亮坐大帐，拿起令箭一派将（学山东话）："我说马谡哪去啦？"

乙：对！

甲：（学山东话）"马谡听令。""是。"

乙：噢！也这味儿？

甲：（学山东话）"叫你去镇守街亭，你可敢去呀？""丞相你说什么？不是镇守街亭吗？小意思，没大关系，告诉你说吧，交给我你就踏好儿吧！""马谡我告诉你说，那街亭虽小关系重大！街亭要是一丢，咱们大家全都玩儿完啦！"

乙：这像话吗？

甲：京戏没有这样唱的。

乙：这样唱就不能叫京戏啦。

甲：是呀，它不管剧中人是山东的、山西的，全得北京味儿。

乙：是呀，剧中人也有山西人哪。

甲：啊！关云长就是山西人，在京戏上出现就一点儿山西味儿也没有，比如唱《古城会》——

乙：关公戏。

甲：唱〔吹腔〕："叫马童，你与爷忙把路引，大摇大摆走进了古城。"

乙：对，完全是京字京味儿。

甲：念白也是这样："马童，抬刀备马。"

乙：有劲！

甲：可是山西人说话没有这么硬。山西话好听。

乙：山西话什么味儿？

甲：山西话这味儿：（学山西话）"老王！你上哪儿啦？工作很好吧？没有事到我家去吃饭吧。"

乙：对，是这味儿。

甲：京戏演关云长要这味儿也不行啊。

乙：怎么？

甲：关云长一叫板这味儿：（学山西话）"马童，抬刀备马，咱们一块儿走吧。"

乙：嗐！京戏没有这样唱的。

甲：地方戏都有地方色彩和方言。

乙：对。

甲：北方的地方戏，北方人都听得懂。

乙：南方的地方戏呢？

甲：那得看他用什么话演啦，要是用官话演，北方人就听得懂，用纯方言演戏，北方人就听不懂。我在上海时候有几种戏，我就听不懂。

乙：怎么？你不懂上海话？

甲：我刚到上海的时候净误会。

乙：怎么？

甲：人家说话我不懂啊，到理发馆去刮脸洗头，敢情名词不一样。

乙：刮脸怎么说？

甲：修面。（学上海话）讲上海话，修面。

乙："修面"。洗头啊？

甲：你一听就得害怕，叫"汰（音近似打）头"。

乙：（误会汰为打）打头？

甲：哎！洗什么东西都说汰。咱们说洗一洗，上海话说汰一汰。

乙：洗什么东西都叫打？

甲：啊。

乙：比如说洗洗手绢儿？

甲：（学上海话）"汰汰绢头。"

乙：嗯？

甲："汰汰绢头。"

乙：嗯。洗洗大褂儿？

甲：（学上海话）"汰汰长衫。"

乙：（没听清）打？……

甲："长衫。"

乙：嗯。洗洗袜子？

甲：（学上海话）"汰汰袜（音近似麻）子。"

乙：嗯？

甲："汰汰袜子！"北方人麻子一听就得跑！

乙：怎么？

甲：要打麻子啦！

乙：听着是像。

甲：我在上海的时候，到理发馆去刮脸，因为把话听误会啦，闹了一个笑话儿。

乙：怎么？

甲：我到理发馆，"你给我（指自己脸）刮刮。"

乙：你干吗比画呀？

甲：我怕他听不懂我的话。

乙：结果呢？

甲：人家乐啦！（学上海话）"好格，侬坐下来。"

乙：嗯？

甲：我说，"我是在屋里呀？"（学上海话）"勿是，是要侬坐下来！"

乙：什么话？

甲：让我坐下。

乙：这话是不好懂。

甲：是呀，我坐下他给我刮脸，刮完脸他指着我的脑袋问我：（学上海话）"喏！侬汰一汰好吗？"

乙：（惊愕）怎么，要打你？

甲：我想解放后不准打人啦，（怀疑地）怎么刮刮脸还得打我一顿？

乙：你可以问问他呀。

甲：我问啦。我说："你是就打我一个呀，还是来这里的客人都打呀？"

乙：他说什么？

甲：（学上海话）"一样格，通通汰格。"

乙：啊！通通打？

甲：我一想通通全打，咱也别给破坏这制度哇！

乙：啊？

甲：（无可奈何地）打吧！

乙：打……

甲：给我洗头、吹风，完了拿过镜子一照："好啦呀！"

乙：好啦？

甲：我说，你怎么不打我啦？（学上海话）"汰过啦。"

乙：打过啦？

甲：（迟疑）我怎么一点不疼呀？（向乙：）你说这个误会多可笑哇！

乙：不懂方言是得误会。

甲：这还不要紧，这只是生活中的问题。若是在工作中产生误会，那不知要多大的损失呀。

乙：是呀，那可糟糕啦。

甲：中国人说的话，中国人听不懂。

乙：你说这是怎么回事呢？

甲：这是因为中国地大人多，旧中国的经济落后和长时期的封建割据，交通不便，所以才有这个现象。

乙：嗯。

甲：现在好啦，中国空前的统一了，经济繁荣啦，交通也便利啦。山南海北的人能在一个岗位上工作。

乙：那也不行啊，说话彼此不懂怎么办呢？

甲：所以现在提出现代汉语规范化问题呀，为了汉字将来走向拼音文字的道路，现在提倡以北方话为基础，以北京音为标准的普通话。将来大家都学会了普通话就好啦。现在广播电台上说的这种话，就是普通话，这又好听，又好学。

乙：将来要是都说普通话那可好啦。要不然都说方言多困难哪！你说话我不懂，我说话你不懂。

甲：是呀，过去我看地方戏我就有这样感觉，越剧多好哇？

乙：是好哇。

甲：你听不懂词也是没意思。

乙：哎，到北方来的越剧团我听得懂啊。

甲：到北方来的越剧团已经不完全是绍兴方言啦。有的用官话啦。

乙：官话。

甲：就是以北方话为基础，以北京语音为标准的普通话。

乙：噢。

甲：要用绍兴方言唱，你就听不懂啦。

乙：是吗？

甲：我唱几句你听是什么词儿。

乙：好！你唱唱。

甲：你听着啊：（用绍兴方言唱）"天花传布快如飞，传到东来传到西，空气之中能散布，一经染到便难医。"你说我唱的是什么？

乙：我不知道。

甲：你为什么不知道？

乙：我……我不知道就是不知道。

甲：因为你不懂绍兴方言。

乙：哎，对啦。

甲：还有一种苏州的曲艺，叫弹词。

乙：弹词我知道哇。

甲：你不懂苏州话，唱词就很难懂。

乙：你唱几句试试。

甲：咱们这儿北方人多，我要唱，我得先用普通话把词儿介绍一下。

乙：对。

甲：我学两句《林冲发配》请大家注意！您要有日记本儿，最好是您把它写下来。

乙：啊？听相声还得记录？

甲：（对观众）能记录的尽量记录，听完了以后咱们分组讨论。

乙：啊？这又不是听报告，没必要讨论！

甲：噢！（对观众）那听完以后就自由活动吧。

乙：这不是废话吗。

甲：我唱《林冲发配》，刚一出东京那两句。

乙：什么词儿？

甲："可恨高俅用毒谋，害得我披枷戴锁配沧州。"北京人学苏州话还很费劲，口型都得变了才像苏州音。

乙：好！你唱唱。

甲：（学唱弹词）"可恨高俅。"

乙：（听见不是"俅"字，忙问）哎，俅字儿？

甲：（讲苏州话）不是，俅。（继续唱）"用毒谋。"

乙：谋哇？

甲：（全用苏州话）不是，谋。"害得我披枷戴锁配沧州。"

乙：州哇？

甲：（全句用苏州话）不是，州！

乙：嗬！可真费劲。

甲：北方人学苏州话难，苏州人学北方话不难。

乙：是吗？

甲：弹词演员都会说普通话。他们表演的时候有苏白，有京白，他们念的京白就是普通话。

乙：噢，那么唱呢？

甲：唱，是用苏州方言，地方色彩嘛。你要唱京戏用苏州话念白，准不好听。

乙：人说苏州话好听啊。

甲：那说的是苏州人讲话好听，不是说用苏州话唱京戏。

乙：噢。

甲：苏州人说话是好听。有一回我在路上走，旁边儿有两个女同志说话儿，我一听是苏州话，真好听！

乙：你学学怎么说的？

甲：（用苏州话）"你到啥地方去？""大马路白相白相。""到我此地来吃饭好呀？""我勿去格。"

乙：是好听。

甲：可是要用苏州话唱京戏念白准不好听。

乙：是吗？

甲：比如唱《朱砂痣》。

乙：老生戏。

甲：老生叫板有这么一句道白："丫鬟掌灯，观看娇娘。"这句词儿用北京话说没有大的变化，丫头拿灯来看看娇娘。

乙：是呀。

甲：这句白要用苏州话念，字音满变啦。

乙：噢，丫头，苏州话怎么说？

甲：丫头？

乙：啊。

甲：（用苏州话）丫头。

乙：（没听清）乌豆？

甲：不是乌豆，丫头。

乙：这是叫丫头呢？

甲：对啦。

乙：掌灯怎么说？

甲：（用苏州话）拿一只灯火来。

乙：拿一只灯火来。看看？

甲：（用苏州话）看看！用京白念出来好听：（学京戏道白）"丫鬟掌灯，观看娇娘。"

乙：对，是这味儿。

甲：要用苏州话念，这句白准不好听。

乙：什么味儿？

甲：（用苏州话）"丫头你拿一只灯火来我看看小娘子啥格面孔啊！"

（侯宝林整理）

（选自《中国传统相声大会》，文化艺术出版社，2010年版）

阅读提示

    侯宝林（1917—1993），著名相声演员，北京人。自1940年起，侯宝林与郭启儒搭档合演对口相声。他们的作品《方言与戏剧》以相声独有的幽默品格，惟妙惟肖地展现了方言的魅力。

    方言分南北。中国南方和北方方言有明显差异，可谓"南腔北调"。说法不一样，唱法也不一样。北方人唱歌，南方人唱曲，所以叫"北歌南曲"。北方人唱的是燕赵悲歌，苍凉激越；南方人唱的是吴越小曲，凄婉隽永。而宋元时期的戏剧，北方叫杂剧，南方叫戏文，形成了北曲杂剧与南方南戏呼应并行的戏曲局面，也称"北剧南戏"。

    在日常生活中，语言是我们最常使用的思维工具。你生活在一个什么样的语言环境中，你运用什么样的语言，就决定你如何思考以及你能够思考什么。我们成长的过程就是在学习和吸收这套文字系统，不只是其表达功能，也包括其根深蒂固的内在价值观。因此，方言不仅涉及地域，更涉及文化。什么是文化？文化就是人类生存和发展的方式。有不同的生活方式，就有不同的表达方式。比如同样是聊天，北京叫"侃"（侃大山），上海叫"吹"（吹牛皮），广州叫"倾"（倾偈），成都叫"摆"（摆龙门阵），东北叫"啦"（啦呱），西北叫"谝"（谝传），新疆叫"宣"（宣荒）……方言是民间用语，没有那么多讲究，所以显得丰富多彩、生动活泼。

思辨感悟

1. 你觉得这篇相声中的哪些方言说法特别生动形象？
2. 尝试用方言说一篇单口相声。

拓展延伸

1. 中国社会科学院语言研究所：《方言调查字表》，商务印书馆，1981 年版
2. 贾德臣：《中国传统相声大全》，作家出版社，2017 年版

随堂练习

家 常 酒 菜

汪曾祺

扬州菜煮干丝

家常酒菜，一要有点新意，二要省钱，三要省事。偶有客来，酒渴思饮。主人卷袖下厨，一面切葱姜，调佐料，一面仍可陪客人聊天，显得从容不迫，若无其事，方有意思。如果主人手忙脚乱，客人坐立不安，这酒还喝个什么劲！

拌 菠 菜

拌菠菜是北京大酒缸最便宜的酒菜。菠菜焯熟，切为寸段，加一勺芝麻酱、蒜汁，或要芥末，随意。过去（一九四八年以前）才三分钱一碟。现在北京的大酒缸已经没有了。

我做的拌菠菜稍为细致。菠菜洗净，去根，在开水锅中焯至八成熟（不可盖锅煮烂），捞出，过凉水，加一点盐，剁成菜泥，挤去菜汁，以手在盘中抟成宝塔状。先碎切香干（北方无香干，可以熏干代），如米粒大，泡好虾米，切姜末、青蒜末。香干末、虾米、姜末、青蒜末，手捏紧，分层堆在菠菜泥上，如宝塔顶。好酱油、香醋、小磨香油及少许味精在小碗中调好。菠菜上桌，将调料轻轻自塔顶淋下。吃时将宝塔推倒，诸料拌匀。

这是我的家乡制拌枸杞头、拌荠菜的办法。北京枸杞头不入馔，荠菜不香。无可奈何，代以菠菜。亦佳。清馋酒客，不妨一试。

拌 萝 卜 丝

小红水萝卜，南方叫"杨花萝卜"，因为是杨花飘时上市的。洗净，去根须，不可去皮。斜切成薄片，再切为细丝，愈细愈好。加少糖，略腌，即可装盘，轻红嫩白，颜色可爱。扬州有一种菊花，即叫"萝卜丝"。临吃，浇以三合油（酱油、醋、香油）。

或加少量海蜇皮细丝同拌，尤佳。

家乡童谣曰："人之初，鼻涕拖，油炒饭，拌萝卜"，可见其普遍。

若无小水萝卜，可以心里美或卫青代，但不如杨花萝卜细嫩。

干　丝

干丝是扬州菜。北方买不到扬州那种质地紧密，可以片薄片、切细丝的方豆腐干，可以豆腐片代。但须选色白，质紧，片薄者。切极细丝，以凉水拔二三次，去盐卤味及豆腥气。

拌干丝。拔后的豆腐片细丝入沸水中煮两三开，捞出，沥去水，置浅汤碗中。青蒜切寸段，略焯，虾米发透，并堆置豆腐丝上。五香花生米搓去皮膜，撒在周围。好酱油、小磨香油、醋（少量），淋入，拌匀。

煮干丝。鸡汤或骨头汤煮。若无鸡汤骨汤，用高压锅煮几片肥瘦肉取汤亦可，但必须有荤汤，加火腿丝、鸡丝。亦可少加冬菇丝、笋丝。或入虾仁、干贝，均无不可。欲汤白者入盐。或稍加酱油（万不可多），少量白糖，则汤色微红。拌干丝宜素，要清爽；煮干丝则不厌浓厚。

无论拌干丝，煮干丝，都要加姜丝，多多益善。

扦　瓜　皮

黄瓜（不太老即可）切成寸段，用水果刀从外至内旋成薄条，如带，成卷。剩下带籽的瓜心不用，酱油、糖、花椒、大料、桂皮、胡椒（破粒）、干红辣椒（整个）、味精、料酒（不可缺）调匀。将扦好的瓜皮投入料汁，不时以筷子翻动，使瓜皮沾透料汁，腌约一小时，取出瓜皮装盘。先装中心，然后以瓜皮面朝外，层层码好，如一小馒头，仍以所余料汁自馒头顶淋下。扦瓜皮极脆，嚼之有声，诸味均透，仍有瓜香。此法得之海拉尔一曾治过国宴的厨师。一盘瓜皮，所费不过四五角钱耳。

炒　苞　谷

昆明菜。苞谷即玉米。嫩玉米剥出粒，与瘦猪肉同炒，少放盐。略用葱花煸锅亦可，但葱花不能煸得过老，如成黑色，即不美观。不宜用酱油，酱油会掩盖苞谷的清香。起锅时可稍烹水，但不能多，多则成煮苞谷矣！我到菜市买玉米，挑嫩的，别人都很奇怪：

"挑嫩的干什么？"——"炒肉。"——"玉米能炒了吃？"北京人真是少见多怪。

松花蛋拌豆腐

北豆腐入开水焯过，俟冷，切为小骰子块，加少许盐。松花蛋（要腌得较老的），亦切为骰子块，与豆腐同拌。老姜在蒜白中捣烂，加水，滗去渣，淋入。不宜用姜米，亦不加醋。

芝麻酱拌腰片

拌腰片要领：一、先不要去腰臊，只用快刀两面平片，剩下腰臊即可扔掉。如先将腰子平剖两半，剥出腰臊，再用平刀片，则腰片易残破不整。二、腰片须用凉水拔，频频换水，至腰片血水排净，方可用。三、焯腰片要锅大水多。等水大开，将腰片推下，旋即用笊篱抄出，不可等腰片复开。将第一次焯腰片的水泼去，洗净锅，再坐锅，水大开，将焯过一次的腰片投入再焯，旋即捞出，放凉水盆中。两次焯，则腰片已熟，而仍脆嫩。如一次焯，待腰片大开，即成煮矣。腰片凉透，挤去水，入盘，浇以芝麻酱、剁碎的郫县豆瓣、葱末、姜米、蒜泥。

拌里脊片

以四川制水煮牛肉法制猪肉，亦可。里脊或通脊斜切薄片，以芡粉抓过。烧开水一锅，投入肉片，以笊篱翻拢，至肉片变色，即可捞出，加调料。

如热吃，即可倾入水煮牛肉的调料：郫县豆瓣（剁碎）炒至出香味，加酱油、少量糖、料酒。最后撒碾碎的生花椒、芝麻。

焯过肉的汤，撇去浮沫，可做一个紫菜汤。

塞馅回锅油条

油条两股拆开，切成寸半长的小段。拌好猪肉（肥瘦各半）馅。馅中加盐、葱花、姜末。如加少量榨菜末或酱瓜末、川冬菜末，亦可。用手指将油条小段的窟窿捅通，将肉馅塞入，逐段下油锅炸至油条挺硬，肉馅已熟，捞出装盘。此菜嚼之酥脆。油条中有矾，略有涩味，比炸春卷味道好。

这道菜是本人首创，为任何菜谱所不载。很多菜都是馋人瞎琢磨出来的。

其他酒菜

凤尾鱼、广东香肠，市上可以买到；茶叶蛋、油炸花生米、五香煮栗子、煮毛豆，人人会做；盐水鸭、水晶肘子，做起来太费事，皆不及。

一九八七年七月二十五日

（选自《人间有味是清欢》，译林出版社，2020年版）

阅读提示

汪曾祺（1920—1997），江苏高邮人，当代作家、散文家、戏剧家，京派作家的代表人物。汪曾祺善于写吃，自己又是美食家，尤其是他对待食物的珍重态度特别感染读者。这篇《家常酒菜》发表在1988年第六期的《中国烹饪》上，一方面文章言语清晰准确，按照文字描写即可烹调出一道汪氏私房菜，另一方面文章又与一般菜谱相异，文风生动活泼，读过之后令人馋涎欲滴、胃口大开。

《淮南子·地形训》中写道："汾水濛浊而宜麻，济水通和而宜麦，河水中浊而宜菽，雒水轻利而宜禾，渭水多力而宜黍，汉水重安而宜竹，江水肥仁而宜稻，平土之人慧而宜五谷。"从这个意义上说，地方食俗的形成与其自然生态的关系相当密切，正所谓"一方水土养一方人"。选择什么食物，用什么方法将它做成菜肴，如何吃掉它，同谁一起吃，在什么时候吃，烹饪和用餐需要多长时间……饮食，可以体现出每一个地域文化的传统和特征。

思辨感悟

1. 食物塑造着我们，比我们的家具、房屋或者用具更能明确表达我们是谁。你对哪道家乡菜深有情结？它有什么讲究？请你仿照本篇课文，为大家讲一讲。
2. 请你为一道家乡菜记录下菜谱，并为这道菜写一段推介词和广告语。

拓展延伸

1. 袁枚：《随园食单》，中华书局，2010年版
2. 蔡澜：《寻味中国：大食会》，青岛出版社，2018年版

随堂练习

秦腔（节选）

贾平凹

秦腔

　　过得山川不同，便风俗区别，风俗区别，便戏剧存异；普天之下人不同貌，剧不同腔，京、豫、晋、越、黄梅、二黄、四川高腔，几十种品类；或问：历史最悠久者，文武最正经者，是非最汹汹者？曰：秦腔也。正如长处和短处一样突出便见其风格，对待秦腔，爱者便爱得要死，恶者便恶得要命。外地人——尤其是自夸于长江流域的纤秀之士——最害怕秦腔的震撼；评论说得婉转的是：唱得有劲；说得直率的是：大喊大叫。于是，便有柔弱女子，常在戏台下以绒堵耳，又或在平日教训某人：你要不怎么怎么样，今晚让你去看秦腔！秦腔成了惩罚的代名词。所以，别的剧种可以各省走动，唯秦腔则如秦人一样，死不离窝；严重的乡土观念，也使其离不了窝：可能还在西北几个地方变腔走调的有些市场，却绝对冲不出往东南而去的潼关呢。

　　但是，几百年来，秦腔却没有被淘汰，被沉沦，这使多少人在大惑而不得其解。其解是有的，就在陕西这块土地上。如果是一个南方人，坐车轰轰隆隆往北走，渡过黄河，进入西岸，八百里秦川大地，原来竟是：一抹黄褐的平原；辽阔的地平线上，一处一处用木椽夹打成一尺多宽墙的土屋，粗笨而庄重；冲天而起的白杨，苦楝，紫槐，枝干粗壮如桶，叶却小似铜钱，迎风正反翻覆……你立即就会明白了：这里的地理构造竟与秦腔的旋律惟妙惟肖的一统！再去接触一下秦人吧，活脱脱的一群秦始皇兵马俑的复出：高个，浓眉，眼和眼间隔略远，手和脚一样粗大，上身又稍稍见长于下身。当他们背着沉重的三角形状的犁铧，赶着山包一样团块组合式的秦川公牛，端着脑袋般大小的耀州瓷碗，蹲在立的卧的石碌子碡碡上吃着牛肉泡馍，你不禁又要改变起世界观了：啊，这是块多么空旷而实在的土地，在这块土地摸爬滚打的人群是多么"二愣"的民众！那晚霞烧起的黄昏里，落日在地平线上欲去不去的痛苦的妊娠，五里一村，十里一镇，高音喇叭里传播的秦腔互相交织、冲撞，这秦腔原来是秦川的天籁、地籁、人籁的共鸣啊！于此，你不渐渐感觉到了南方戏剧的秀而无骨吗？不深深地懂得秦腔为什么形成和存在占却时间、空间的位置吗？

八百里秦川，以西安为界，咸阳、兴平、武功、周至、凤翔、长武、岐山、宝鸡，两个专区几十个县为西府；三原、泾阳、高陵、户县（今鄠邑区）、合阳、大荔、韩城、白水，一个专区十几个县为东府。秦腔，就源于西府。在西府，民性敦厚，说话多用去声，一律咬字沉重，对话如吵架一样，哭丧又一呼三叹，呼喊远人更是特殊：前声拖十二分的长，末了方极快地道出内容。声韵的发展，使会远道喊人的人都从此有了唱秦腔的天才。老一辈的能唱，小一辈的能唱，男的能唱，女的能唱；唱秦腔成了做人最体面的事，任何一个乡下男女，只有唱秦腔，才有出人头地的可能，大凡有出息的，是个人才的，哪一个何曾未登过台，起码不能吼一阵乱弹呢？！

农民是世上最劳苦的人，尤其是在这块平原上，生时落草在黄土炕上，死了被埋在黄土堆下；秦腔是他们大苦中的大乐，当老牛木犁疙瘩绳，在田野已经累得筋疲力尽，立在犁沟里大喊大叫来一段秦腔，那心胸肺腑，关关节节的困乏便一尽儿涤荡净了。秦腔与他们，是和"西凤"白酒、长线辣子、大叶卷烟、牛肉泡馍一样成为生命的五大要素。若与那些年长的农民聊起来，他们想象的伟大的共产主义生活，首先便是这五大要素。他们有的是吃不完的粮食，他们缺的是高超的艺术享受，他们教育自己的子女，不会是那些文豪们讲的，幼年不是祖母讲着动人的美丽的童话，而是一字一板传授着秦腔。他们大都不识字，但却出奇地能一本一本整套背诵出剧本，虽然那常常是之乎者也的字眼从那一圈胡子的嘴里吐出来十分别扭。有了秦腔，生活便有了乐趣，高兴了，唱"快板"，高兴得像被烈性炸药爆炸了一样，要把整个身心粉碎在天空！痛苦了，唱"慢板"，揪心裂肠的唱腔却表现了多么有情有味的美来，美给了别人享受，美也熨平了自己心中愁苦的皱纹。当他们在收获时节的土场上，在月在中天的庄院里大吼大叫唱起来的时候，那种难以想象的狂喜、激动、雄壮，与那些献身于诗歌的文人，与那些有吃有穿却总感空虚的都市人相比，常说的什么伟大的永恒的爱情是多么渺小、有限和虚弱啊！

我曾经在西府走动了两个秋冬，所到之处，村村都有戏班，人人都会清唱。在黎明或者黄昏的时分，一个人独独地到田野里去，远远看着天幕下一个一个山包一样隆起的十三个朝代帝王的陵墓，细细辨认着田埂上、荒草中那一截一截汉唐时期石碑上的残字，高高的土屋上的窗口里就飘出一阵冗长的二胡声，几声雄壮的秦腔叫板，我就痴呆了，感觉到那村口的土尘里，一头叫驴的打滚是那么有力，猛然发现了自己心胸中一股强硬的气魄随同着胳膊上的肌肉疙瘩一起产生了。

每到农闲的夜里，村里就常听到几声锣响：戏班排演开始了。演员们都集合起来，到那古寺庙里去。吹、拉、弹、奏、翻、打、念、唱，提袍甩袖，吹胡瞪眼，古寺庙成了古今真乐府，天地大梨园。导演是老一辈演员，享有绝对权威，演员是一家几口，夫妻同台，父子同台，公公儿媳也同台。按秦川的风俗：父和子不能不有其序，爷和孙却可以无道，弟与哥嫂可以嬉闹无常，兄与弟媳则无正事不能多言。但是，一到台上，秦腔面前人人平等，兄可以拜弟媳为帅为将，子可以将老父绳绑索捆。寺庙里有窗无扇，屋梁上蛛丝结网，夏天蚊虫飞来，成团成团在头上旋转，熏蚊草就墙角燃起，一声唱腔一声咳嗽。冬天里四面透风，柳木疙瘩火当中架起，一出场一脸正经，一下场凑近火堆，热了前怀，凉了后背。排演到什么时候，什么时候都有观众，有抱着二尺长的烟袋的老者，有凳子高、桌子高趴满窗台的孩子。庙里一个跟头未翻起，窗外就哇地一声叫倒好，演员出来骂一声：谁说不好的滚蛋！他们抓住窗台死不滚去，倒要连声讨好：翻得好！翻得好！更有殷勤的，跑回来偷拿了红薯、土豆，在火堆里煨熟给演员作夜餐，赚得进屋里有一个安全位置。排演到三更鸡叫，月儿偏西，演员们散了，孩子们还围了火堆弯腰踢腿，学那一招一式。

一出戏排成了，一人传出，全村振奋，扳着指头盼那上演日期。一年十二个月，正月元宵日，二月龙抬头，三月三，四月四，五月五日过端午，六月六日晒丝绸，七月过半，八月中秋，九月初九，十月一日，再是那腊月五豆，腊八，二十三……月月有节，三月一会，那戏必是上演的。戏台是全村人的共同的事业，宁肯少吃少穿也要筹资集款，买上好的木石，请高强的工匠来修筑。村子富不富，就比这戏台阔不阔。一演出，半下午人就找凳子去占地位了，未等戏开，台下坐的、站的人头攒拥，台两边阶上立的卧的是一群顽童。那锣鼓就叮叮咣咣地闹台，似乎整个世界要天翻地覆了。各类小吃趁机摆开，一个食摊上一盏马灯，花生、瓜子、糖果、烟卷、油茶、麻花、烧鸡、煎饼，长一声短一声叫卖不绝。锣鼓还在一声儿敲打，大幕只是不拉，演员偶尔从幕边往下望望，下边就喊：开演呀，场子都满了！幕布放下，只说就要出场了，却又叮叮咣咣不停。台下就乱了，后边的喊前边的坐下，前边的喊后边的为什么不说最前边的立着；场外的大声叫着亲朋子女名字，问有坐处没有，场内的锐声回应快进来；有要吃煎饼的喊熟人去买一个，熟人买了站在场外一扬手，"日"地一声隔人头甩去，不偏不倚目标正好；左边的喊右边的踩了他的脚，右边的叫左边的挤了他的腰，一个说：狗年快完了，你还叫啥哩？一个说：猪年还没到，你便拱开了！言语伤人，动了手脚；外边的趁机而入，一时四边向里挤，里边向外扛，人的旋涡涌起，如四月的麦田起风，根儿不动，头身一会儿倒西，一会儿倒东，喊声、骂声、哭声一片；有拼命挤将出来的，一出来方觉世界偌大，身体胖胖，但差不多却光了脚，乱了头发。大幕又一挑，站出戏班头儿，大声叫喊要维持秩序，立即就跳出一个两个所谓"二杆子"人物来。这类人物多是头脑简单，四肢发达，却十二分忠诚于秦腔，此时便拿了树条儿，哪里人挤，哪里打去，如凶神恶煞一般。人人恨骂这些人，人人又都盼有这些人，叫他们是秦腔宪兵，宪兵者越发忠于职责，虽然彻夜不得看戏，但大家一夜满足了，他们也就满足了一夜。

终于台上锣鼓停了，大幕拉开，角色出场。但不管男的女的，出来偏不面对观众，一律背身掩面，女的就碎步后移，水上漂一样，台下就叫：瞧那腰身，那肩头，一身的戏哟！是男的就摇那帽翎，一会双摇，一会单摇，一边上下飞闪，一边纹丝不动，台下便叫：绝了，绝了！等到那角色儿猛一转身，头一高扬，一声高叫，声如炸雷哗唧唧直从人们头顶碾过，全场一个冷战，从头到脚，每一个手指尖儿，每一根头发梢儿都麻酥酥的了。如果是演《救裴生》，那慧娘站在台中往下蹲，慢慢地，慢慢地，慧娘蹲下去了，全场人头也矮下去了半尺，等那慧娘往起站，慢慢地，慢慢地，慧娘站起来了，全场人的脖子也全拉长了起来。他们不喜欢看生戏，最欢迎看熟戏，那一腔一调都晓得，哪个演员唱得好，就摇头晃脑跟着唱，哪个演员走了调，台下就有人要纠正。说穿了，看秦腔不为求新鲜，他们只图过过瘾。

在这样的地方，这样的环境，这样的气氛，面对着这样的观众，秦腔是最逗能的，它的艺术的享受，是和拥挤而存在，是有力气而获得的。如果是冬天，那风在刮着，像刀子一样，如果是夏天，人窝里热得如蒸笼一般，但只要不是大雪，冰雹，暴雨，台下的人是不肯撤场的。最可贵的是那些老一辈的秦腔迷，他们没有力气挤在台下，也没有好眼力看清演员，却一溜一排地蹲在戏台两侧的墙根，吸着草烟，慢慢将唱腔品赏。一声叫板，便可以使他们坠入艺术之宫，"听了秦腔，肉酒不香"，他们是体会得最深。那些大一点的，脾性野一点的孩子，却占领了戏场周围所有的高空，杨树上，柳树上，槐树上，一个枝杈一个人。他们常常乐而忘了险境，双手鼓掌时竟从树杈上掉下来，掉下来自不会损伤，因为树下是无数的人头，只是招致一顿臭骂罢了。更有一些爬在了场边的麦秸积上，夏天四面来风，好不凉快，冬日就趴个草洞，将身子缩进去，露一个脑袋。也正是有闲阶级享受不了秦腔吧，他们常就瞌睡了，一觉醒来，月在西天，戏毕人散，只好苦笑一声悄然没声儿地溜下来回家敲门去了。

当然，一次秦腔演出，是一次演员亮相，也是一次演员受村人评论的考场。每每角色一出场，台下就一片喊喊喳喳：这是谁的儿子，谁的女子，谁家的媳妇，娘家何处？于是乎，谁有出息，谁没能耐，一下子就有了定论。有好多外村的人来提亲说媒，总是就在这个时候进行。据说有一媒人将一女子引到台下，相亲台上一个男演员，事先夸口这男的如何俊样，如何能干，但戏演了过半，那男的还未出场，后来终于出来，是个国民党的伪兵，还持枪未走到中台，扮游击队长的演员挥枪一指，"叭"地一声，那伪兵就倒地而死，爬着钻进了后幕。那女子当下哼一声，闭了嘴，一场亲事自然了了。这是喜中之悲一例。据说还有一例，一个老头在脖子上架了孙孙去看戏，孙孙吵着要回家，老头好说好劝只是不忍半场而去，便破费买了半斤花生，他眼盯着台上，手在下边剥花生，然后一颗一颗扬手喂到孙孙嘴里，但喂着喂着，竟将一颗塞进孙孙鼻孔，吐不出，咽不下，口鼻出血，连夜送到医院动手术，花去了七十元钱。但是，以秦腔引喜的事却不计其数。每个村里，总会有那么个老汉，夜里看戏，第二天必是头一个起床往戏台下跑。戏台下一片石头、砖头，一堆堆瓜子皮，糖果纸，烟屁股，他掀掀这块石头，踢踢那堆尘土，少不了要捡到一角两角甚至三元四元钱币来，或者一只鞋，或者一条手帕。这是村里钻刁人干的营生，而馋嘴的孩子们有的则夜里趁各家锁门之机，去地里摘那香瓜来吃，去谁家院里将桃杏装在背心兜里回来分红。自然少不了有那些青春妙龄的少男少女，则往往在台下混乱之中眼送秋波，或者就悄悄退出，相依相偎到黑黑的渠畔树林子里去了……

秦腔在这块土地上，有着神圣的不可动摇的基础。凡是到这些村庄去下乡，到这些人家去做客，他们最高级的接待是陪着看一场秦腔，实在不逢年过节，他们就会要合家唱一会乱弹，你只能点头称好，不能耻笑，甚至不能有一点不入神的表示。他们一生最崇敬的只有两种人：一是国家领导人，一是当地的秦腔名角。即是在任何地方，这些名角没有在场，只要发现了名角的父母，去商店买油是不必排队的，进饭馆吃饭是会有座位的，就是在半路上挡车，只要喊一声：我是某某的什么，司机也便要嘎地停车。但是，谁要侮辱一下秦腔，他们要争死争活地和你论理，以致大打出手，永远使你记住教训。每每村里过红白丧喜之事，那必是要包一台秦腔的，生儿以秦腔迎接，送葬以秦腔致哀，似乎这人生的世界，就是秦腔的舞台，人只要在舞台上，生、旦、净、丑，才各显了真性，恶的夸张其丑，善的凸显其美，善使他们获得美的教育，恶的也在丑里化作了美的艺术。

广漠旷远的八百里秦川，只有这秦腔，也只能有这秦腔，八百里秦川的劳作农民只有也只能有这秦腔使他们喜怒哀乐。秦人自古是大苦大乐之民众，他们的家乡交响乐除了大喊大叫的秦腔还能有别的吗？

（选自《中国当代文学作品选》，北京师范大学出版社，2008 年版）

阅读提示

贾平凹，原名贾平娃，1952 年生，陕西丹凤人，中国现代作家。贾平凹在散文、小说创作领域卓有成就，他的作品多写家乡秦地的人事风物，有《浮躁》《秦腔》等。《秦腔》是篇深沉浑厚的文化散文，不但生动地写出了乡村排戏、听戏、看戏的过程，而且传神地展现了秦地百姓的精神风貌。

唐人评李龟年唱《秦王破阵曲》"调入正宫，音协黄钟，宽音大嗓，直起直落"，这种演唱方法和特点说的正是秦腔。秦腔名字本身就强调了高亢激烈的唱法，其鲜明的特点正是呐喊的状态。秦腔具备阳刚之气，饱含冲腾之力，以"吼"的方式表达对弱者的同情抚慰，对邪恶的鞭笞棒喝，对命运的百折不屈。俗话说"一方水土养一方人"，不同的山川丘陵、大江大河，塑造了人们不同的形貌，禀赋了人们不同的气质，炼化了人们不同的腔调。秦腔以其"粗糙"之姿饱含着八百里秦川生命的活性与率直，所以才能"吼"得声震屋瓦、山摇地震，"吼"得大风出关、长空裂帛。贾平凹的《秦腔》不仅是在追问民间艺术生命不息的力量，也是在挖掘民族传统薪火相传的精神，更是在呼唤温暖，照亮普通百姓的文化。

思辨感悟

1. 文章中戏班子开演的场面描写十分生动，请从文中找出两三处传神之笔，说说这样写的好处。请你模仿这种写法，介绍自己家乡的民俗文化。

2. 秦腔具有怎样的特点？你如何理解"这秦腔原来是秦川的天籁、地籁、人籁的共鸣啊！"这句话。

拓展延伸

1. 贾平凹：《秦腔》，人民文学出版社，2019年版
2. 陈彦：《说秦腔》，上海文艺出版社，2017年版

随堂练习

乡土本色

费孝通

美丽乡村

　　从基层上看去，中国社会是乡土性的。我说中国社会的基层是乡土性的，那是因为我考虑到从这基层上曾长出一层比较上和乡土基层不完全相同的社会，而且在近百年来更在东西方接触边缘上发生了一种很特殊的社会。这些社会的特性我们暂时不提，将来再说。我们不妨先集中注意那些被称为土头土脑的乡下人。他们才是中国社会的基层。

　　我们说乡下人土气，虽则似乎带着几分藐视的意味，但这个土字却用得很好。土字的基本意义是指泥土。乡下人离不了泥土，因为在乡下住，种地是最普通的谋生办法。在我们这片远东大陆上，可能在很古的时候住过些还不知道种地的原始人，那些人的生活怎样，对于我们至多只有一些好奇的兴趣罢了。以现在的情形来说，这片大陆上最大多数的人是拖泥带水下田讨生活的了。我们不妨缩小一些范围来看，三条大河的流域已经全是农业区。而且，据说凡是从这个农业老家里迁移到四围边地上去的子弟，也老是很忠实地守着这直接向土里去讨生活的传统。最近我遇着一位到内蒙古旅行回来的美国朋友，他很奇怪地问我：你们中原去的人，到了这最适宜于放牧的草原，依旧锄地播种，一家家划着小小的一方地，种植起来；真像是向土里一钻，看不到其他利用这片地的方法了。我记得我的老师史禄国先生也告诉过我，远在西伯利亚，中国人住下了，不管天气如何，还是要下些种子，试试看能不能种地。——这样说来，我们的民族确是和泥土分不开的了。从土里长出过光荣的历史，自然也会受到土的束缚，现在很有些飞不上天的样子。

　　靠种地谋生的人才明白泥土的可贵。城里人可以用土气来藐视乡下人，但是乡下，"土"是他们的命根。在数量上占着最高地位的神，无疑的是"土地"。"土地"这位最近于人性的神，老夫老妻白首偕老的一对，管着乡间一切的闲事。他们象征着可贵的泥土。我初次出国时，我的奶妈偷偷地把一包用红纸裹着的东西，塞在我箱子底下。后来，她又避了人和我说，假如水土不服，老是想家时，可以把红纸包裹着的东西煮一点汤吃。这是一包灶上的泥土。——我在《一曲难忘》的电影里看到了东欧农业国家的波兰也有这类似的风俗，使我更领略了"土"在我们这种文化里所占和所应当占的地位了。

农业和游牧或工业不同，它是直接取资于土地的。游牧的人可以逐水草而居，飘忽无定；做工业的人可以择地而居，迁移无碍；而种地的人却搬不动地，长在土里的庄稼行动不得，侍候庄稼的老农也因之像是半身插入了土里，土气是因为不流动而发生的。

直接靠农业来谋生的人是黏着在土地上的。我遇见过一位在张北一带研究语言的朋友。我问他说在这一带的语言中有没有受蒙古话的影响。他摇了摇头，不但语言上看不出什么影响，其他方面也很少。他接着说："村子里几百年来老是这几个姓，我从墓碑上去重构每家的家谱，清清楚楚的，一直到现在还是那些人。乡村里的人口似乎是附着在土上的，一代一代地下去，不太有变动。"——这结论自然应当加以条件的，但是大体上说，这是乡土社会的特性之一。我们很可以相信，以农为生的人，世代定居是常态，迁移是变态。大旱大水，连年兵乱，可以使一部分农民抛井离乡；即使像抗战这样大事件所引起基层人口的流动，我相信还是微乎其微的。

当然，我并不是说中国乡村人口是固定的。这是不可能的，因为人口在增加，一块地上只要几代的繁殖，人口就到了饱和点；过剩的人口自得宣泄出外，负起锄头去另辟新地。可是老根是不常动的。这些宣泄出外的人，像是从老树上被风吹出去的种子，找到土地的生存了，又形成一个小小的家族殖民地，找不到土地的也就在各式各样的命运下被淘汰了，或是"发迹了"。我在广西靠近瑶山的区域里还看见过这类从老树上吹出来的种子，拼命在垦地。在云南，我看见过这类种子所长成的小村落，还不过是两三代的事；我在那里也看见找不着地的那些"孤魂"，以及死了给狗吃的路毙尸体。

不流动是从人和空间的关系上说的，从人和人在空间的排列关系上说就是孤立和隔膜。孤立和隔膜并不是以个人为单位的，而是以住在一处的集团为单位的。本来，从农业本身来看，许多人群居在一处是无须的。耕种活动里分工的程度很浅，至多在男女间有一些分工，好像女的插秧，男的锄地等。这种合作与其说是为了增加效率，不如说是因为在某一时间男的忙不过来，家里人出来帮帮忙罢了。耕种活动中既不向分工专业方面充分发展，农业本身也就没有聚集许多人住在一起的需要了。我们看见乡下有大小不同的聚居社区，也可以想到那是出于农业本身以外的原因了。

乡下最小的社区可以只有一户人家。夫妇和孩子聚居于一处有着两性和抚育上的需要。无论在什么性质的社会里，除了军队、学校这些特殊的团体外，家庭总是最基本的抚育社群。在中国乡下这种只有一户人家的小社区是不常见的。在四川的山区种梯田的地方，可能有这类情形，大多的农民是聚村而居。这一点对于我们乡土社会的性质很有影响。美国的乡下大多是一户人家自成一个单位，很少屋檐相接的邻舍。这是他们早年拓殖时代，人少地多的结果，同时也保持了他们个别负责，独来独往的精神。我们中国很少类似的情形。

中国农民聚村而居的原因大致说来有下列几点：一、每家所耕的面积小，所谓小农经营，所以聚在一起住，住宅和农场不会距离得过分远。二、需要水利的地方，他们有合作的需要，在一起住，合作起来比较方便。三、为了安全，人多了容易保卫。四、土地平等继承的原则下，兄弟分别继承祖上的遗业，使人口在一地方一代一代地积起来，成为相当大的村落。

无论出于什么原因，中国乡土社区的单位是村落，从三家村起可以到几千户的大村。我在上文所说的孤立、隔膜是以村与村之间的关系而说的。孤立和隔膜并不是绝对的，但是人口的流动率小，社区间的往来也必然疏少。我想我们很可以说，乡土社会的生活是富于地方性的。地方性是指他们活动范围有地域上的限制。在区域间接触少，生活隔离，各自保持着孤立的社会圈子。

乡土社会在地方性的限制下成了生于斯、死于斯的社会。常态的生活是终老是乡。假如在一个村子里的人都是这样的话，在人和人的关系上也就发生了一种特色，每个孩子都是在人家眼中看着长大的，在孩子眼里周围的人也是从小就看惯的。这是一个"熟悉"的社会，没有陌生人的社会。

在社会学里，我们常分出两种不同性质的社会，一种并没有具体目的，只是因为在一起生长而发生的社会，一种是为了要完成一件任务而结合的社会。用 Tönnies 的话说：前者是 Gemeinschaft，后者是 Gesellschaft，用 Durkheim 的话说：前者是"有机的团结"，后者是"机械的团结"。用我们自己的话说，前者是礼俗社会，后者是法理社会。——我以后还要详细分析这两种社会的不同。在这里我想说明的是生活上被土地所囿住的乡民，他们平素所接触的是生而与俱的人物，正像我们的父母兄弟一般，并不是由于我们选择得来的关系，而是无须选择，甚至先我而在的一个生活环境。

熟悉是从时间里、多方面、经常的接触中所发生的亲密的感觉。这感觉是无数次的小摩擦里陶炼出来的结果。这过程是论语第一句里的"习"字。"学"是和陌生的最初接触，"习"是陶炼，"不亦乐乎"是描写熟悉之后的亲密感觉。在一个熟悉的社会中，我们会得到从心所欲而不逾规矩的自由。这和法律所保障的自由不同。规矩不是法律，规矩是"习"出来的礼俗。从俗即是从心。换一句话说，社会和个人在这里通了家。

"我们大家是熟人，打个招呼就是了，还用得着多说吗？"——这类的话已经成了我们现代社会的阻碍。现代社会是个陌生人组成的社会，各人不知道各人的底细，所以得讲个明白；还要怕口说无凭，画个押，签个字。这样才发生法律。在乡土社会中法律是无从发生的。"这不是见外了么？"乡土社会里从熟悉得到信任。这信任并非没有根据的，其实最可靠也没有了，因为这是规矩。西洋的商人到现在还时常说中国人的信用是天生的，类于神话的故事真多：说是某人接到了大批瓷器，还是他祖父在中国时订的货，一文不要地交了来，还说着许多不能及早寄出的抱歉话。——乡土社会的信用并不是对契约的重视，而是发生于对一种行为的规矩熟悉到不假思索时的可靠性。

这自是"土气"的一种特色。因为只有直接有赖于泥土的生活才会像植物一般的在一个地方生下根，这些生了根在一个小地方的人，才能在悠长的时间中，从容地去摸熟每个人的生活，像母亲对于她的儿女一般。陌生人对于婴孩的话是无法懂的，但是在做母亲的人听来都清清楚楚，还能听出没有用字音表达的意思来。

不但对人，他们对物也是"熟悉"的。一个老农看见蚂蚁在搬家了，会忙着去田里开沟，他熟悉蚂蚁搬家的意义。从熟悉里得来的认识是个别的，并不是抽象的普遍原则。在熟悉的环境里生长的人，不需要这种原则，他只要在接触所及的范围之内知道从手段到目的间的个别关联。在乡土社会中生长的人似乎不太追求这笼罩万有的真理。我读《论语》时，看到孔子在不同人面前说着不同的话来解释"孝"的意义时，我感觉到这乡土社会的特性了。孝是什么？孔子并没有抽象地加以说明，而是列举具体的行为，因人而异地答复了他的学生。最后甚至归结到心安两字。做子女的得在日常接触中去摸熟父母的性格，然后去承他们的欢，做到自己的心安。这说明了乡土社会中人和人相处的基本办法。

这种办法在一个陌生人面前是无法应用的。在我们社会的激速变迁中，从乡土社会进入现代社会的过程中，我们在乡土社会中所养成的生活方式处处产生了流弊。陌生人所组成的现代社会是无法用乡土社会的习俗来应付的。于是，"土气"成了骂人的词汇，"乡"也不再是衣锦荣归的去处了。

（选自《乡土中国乡土重建》，生活·读书·新知三联书店，2021年版）

阅读提示

费孝通（1910—2005），江苏吴江（今苏州市吴江区）人，著名社会学家、人类学家、民族学家、社会活动家，中国社会学和人类学的奠基人之一。费孝通著述浩繁，其作品《乡土中国》和《江村经济》是研究中国经济、社会和文化的必读之书，他的主要论著收入《费孝通文集》。

在《乡土中国》中，费孝通先生分析说，中国农民聚村而居的原因大致说来有下列几点：（1）小农经营，每家耕地的面积小，所以聚在一起住，住宅与耕地不会距离得过远；（2）因水利灌溉的需要，他们聚在一起住，合作起来比较方便；（3）为了安全，人多了容易保卫；（4）土地平等继承的原则下，兄弟分别继承祖上的遗业，使人口数量在一个地方一代一代地增长。这里没有任何商业行为，人们似乎约定俗成了某种共同遵循的规则，形成一个没有陌生人的社会。

　　社会史上的一个大转变就是乡土社会发生了变迁，从血缘结合转变到地缘结合是社会性质的改变。其实爱乡土并不是爱某一个地方，而是在理解中国。理解农村就涉及理解城市。因为工业化文明，让人变得回不去故乡，因此有了思乡的情绪。许多乡土书写催生我们在这个过程中理解乡土文化。其中既有恶的坏的故乡，比如鲁迅笔下的《故乡》，印证着乡土的封建与愚昧。也有诗意的美好的故乡，比如沈从文笔下的《边城》，热情讴歌了自然质朴的乡村，批判了工业文明。城市化可能掐走了草尖，但同样多的草根留在了土壤里，坚韧地和土地融在一起。

思辨感悟

　　1. 你的家乡在哪里？能谈一谈你家乡近十年的变化吗？
　　2. 请结合本文谈一谈，"乡土性"是如何从时空双重纬度上影响了中国传统基层社会中人与人的关系的？

拓展延伸

　　1. 刘旭东：《吾乡风物》，江苏凤凰文艺出版社，2017 年版
　　2. 费孝通：《乡土中国》，人民出版社，2015 年版

随堂练习

专题实践任务

1. 文化的认同往往是超时空的。一个人远在他乡，虽然得入乡随俗，但也绝不肯轻易苟同。方言与乡音可谓是一个人身上最牢固的文化标记。你说哪里的方言？你的方言中有哪些说法特别生动形象？

2. 发现乡土的美不仅包括发现自然景观的美，也包括发现社会人文的美。这种发现可以很具体，可以是远方的家乡和亲人，也可以是草木与鸡鸣。这种发现也意味着反思，包括揭示遮蔽乡土之美的因素，也包括自己在城市与乡村中的位置。请你尝试多角度书写一个乡村或一个城市。

3. 什么是乡愁？习近平总书记说，我们要"望得见山、看得见水、记得住乡愁"。乡愁是对家乡的独有记忆、留恋和精神寄托。美丽的自然山水是乡愁，独特的地域文化是乡愁。扎扎实实地了解人的生活和地域的历史文化，才能在内心深处留住乡愁。随着国际化、现代化的快速推进，本土文化在与外来文化的融合中不断发展、变化，大量能寄托乡愁的文化符号也在与我们的生活渐行渐远。请你做一次访谈，并记录家乡的变化。访谈主题可围绕家乡菜的历史与嬗变、回乡创业的高才生等。

专题八　胸怀天下

　　"莫为婴儿之态，而有大人之器；莫为一身之谋，而有天下之志。"在中华民族悠久的历史文化中，"天下"意识一直深入人心。《吕氏春秋》有言："天下非一人之天下也，天下之天下也。"面对家中"父顽，母嚚，弟傲"，舜能表现出非凡之德，志在天下；祖逖、刘琨闻鸡起舞，心怀收复中原之志，之后前途无限，志在天下；范仲淹发奋苦读，虽被贬但仍"先天下之忧而忧，后天下之乐而乐"，志在天下……古往今来，有多少名人志士为了心中抱负，自强不息，在漫漫人生路中显出惊天动地的豪壮！

　　本专题所选作品体现了古今仁人志士或哀民生，或以天下事为己任的高尚情操。杜甫用敏锐的眼光、敏感的神经、执着的追求，通过《自京赴奉先县咏怀五百字》，审视、记录着他眼前的世界，忧心忡忡地感慨家之哀和国之哀；梁启超的《谭嗣同传》超越小我，以博大胸襟关怀社会，为国家富强而流血牺牲；苏轼的《潮州韩文公庙碑》书写韩愈"文起八代之衰，而道济天下之溺；忠犯人主之怒，而勇夺三军之帅"，盛赞韩文公强烈的责任感和爱民之心；一代伟人毛泽东在"风雨如晦，鸡鸣不已"的时代，高歌"换了人间"的革命浪漫主义和革命英雄主义豪情；《革命烈士诗抄》更是"血液写成的大字"，无数革命先烈为了理想和信念，在战场上浴血战斗，在黑牢里"把牢底坐穿"，在刑场上对着死亡放声大笑……这些都不是寻常的创作，字字蕴含着"民惟邦本，本固邦宁"的深沉情怀，值得我们永远铭记！

　　中国古代知识分子自始有兼济天下的强烈使命感和社会责任感，以谋求天下苍生的幸福生活为自己最终追求的生活方式。"修身齐家治国平天下"是扎根在中国知识分子心底的人生信条；"为天地立心，为生民立命，为往圣继绝学，为万世开太平"这一传诵千年的名言警句，更是成为中华儿女的一种信仰，一种人生的追求和使命，也是我们大家对这个时代永恒的道义与担当。

自京赴奉先县咏怀五百字

[唐] 杜甫

杜甫像

杜陵有布衣①，老大意转拙②。许身③一何愚，窃比稷与契④。
居然⑤成濩落⑥，白首甘契阔⑦。盖棺事则已，此志常觊豁⑧。
穷年忧黎元⑨，叹息肠内热。取笑同学翁，浩歌弥激烈。
非无江海志，潇洒送日月。生逢尧舜君，不忍便永诀⑩。
当今廊庙具，构厦岂云缺⑪。葵藿倾太阳，物性固莫夺⑫。
顾惟蝼蚁辈⑬，但自求其穴。胡为慕大鲸，辄拟偃溟渤⑭。
以兹悟生理，独耻事干谒⑮。兀兀⑯遂至今，忍为尘埃没⑰。
终愧巢与由，未能易其节⑱。沉饮聊自遣，放歌颇愁绝。
岁暮百草零，疾风高冈裂。天衢阴峥嵘⑲，客子⑳中夜发。
霜严衣带断，指直不得结。凌晨过骊山，御榻在嵽嵲㉑。
蚩尤㉒塞寒空，蹴踏㉓崖谷滑。瑶池气郁律㉔，羽林相摩戛㉕。
君臣留欢娱，乐动殷膠葛㉖。赐浴皆长缨，与宴非短褐㉗。
彤廷所分帛，本自寒女出。鞭挞其夫家，聚敛贡城阙㉘。
圣人筐篚恩，实欲邦国活。臣如忽至理，君岂弃此物㉙。
多士盈朝廷，仁者宜战慄㉚。况闻内金盘，尽在卫霍室㉛。
中堂舞神仙，烟雾散玉质㉜。暖客貂鼠裘，悲管逐清瑟㉝。
劝客驼蹄羹，霜橙压香橘㉞。朱门酒肉臭，路有冻死骨。
荣枯咫尺异，惆怅难再述㉟。北辕就泾渭㊱，官渡又改辙㊲。
群冰从西下，极目高崒兀㊳。疑是崆峒㊴来，恐触天柱折㊵。

河梁幸未坼，枝撑声窸窣。行旅相攀援，川广不可越⁴¹。
老妻既异县⁴²，十口隔风雪。谁能久不顾，庶往共饥渴⁴³。
入门闻号咷，幼子饥已卒。吾宁舍一哀，里巷亦呜咽⁴⁴。
所愧为人父，无食致夭折。岂知秋未登，贫窭有仓卒⁴⁵。
生常免租税，名不隶征伐。抚迹犹酸辛，平人固骚屑⁴⁶。
默思失业徒⁴⁷，因念远戍卒⁴⁸。忧端齐终南，澒洞不可掇⁴⁹。

（选自《杜甫集校注》，上海古籍出版社，2016 年版）

注释

① 杜陵布衣：杜甫自称。杜陵，地名，在长安城东南，秦时为杜县，汉时，因宣帝陵墓在此，故称杜陵。杜甫在长安时，在杜陵以北住过，故自称杜陵布衣。布衣：没有官职的人。

② "老大"句：年龄愈大而志愈坚。转，更加、愈发；拙，和下句的"愚"，都是指自己坚决不肯趋时取巧、变更意志来适应环境。

③ 许身：对自己的期许、要求。

④ 窃比：私自比拟。稷，古代主管农事的官，教百姓种植五谷；契是商代祖先，为司徒，掌管文化教育。稷和契都是古代的贤臣。

⑤ 居然：竟然。

⑥ 濩（huò）落：同"廓落"，大而无当的意思。

⑦ 白首甘契（qì）阔：头发都白了，还甘心勤苦地工作。契阔，勤苦、辛劳。

⑧ "盖棺"二句：不死就不会放弃自己的志愿。盖棺，指死去。已，完结。觊豁，指希望能够得到实现。

⑨ 穷年：终年。黎元：百姓。

⑩ "非无"四句：说明自己不做隐士的缘故。江海，与朝堂相对而言。江海志，指放浪江海的志趣。送日月，指度日月。尧舜君，指玄宗。永诀，指避世隐居。玄宗早期曾一度励精图治，杜甫希望能够置身朝列，加以匡辅，使之成为像尧、舜一样贤明的君主。

⑪ "当今"二句：当今朝廷，有的是栋梁之材，要建造大厦，难道还缺少我这块料？廊庙具，比喻担负朝廷重任的栋梁之臣。

⑫ "葵藿"二句：在个人方面，对国家的责任感出于本性。葵、藿，冬葵和豆，其花与叶都朝向太阳。杜甫用以自比。

⑬ 蝼蚁辈：比喻那些钻营利禄的小人。

⑭ 胡为：为何。大鲸：比喻有远大理想者，杜甫自比。辄拟：时常打算。溟渤，海的别称。偃溟渤，游息于大海之中，比喻施展抱负，做出一番事业。

⑮"以兹"二句：悟生理，懂得了生活的道理。事干谒，奔走于权贵之门，以请托为事。

⑯兀兀：穷苦的样子。

⑰尘埃没：指穷愁潦倒，困于生事，而老死无闻。

⑱"终愧"二句：上句"终愧巢与由"和前文"窃比稷与契"相呼应。下句"未能易其节"，是说不能以巢、由之行，易稷、契之节。巢，指巢父；由，指许由。传说中两位古代避世隐居的高士，和稷、契属于不同类型的典范人物。巢、由的高风，自然值得仰慕，然而既自比稷、契，就不可能追随巢、由，故云"终愧"。

⑲天衢：天空，一说"天衢"即天街，指长安城里的街道。阴，寒气。峥嵘：原是形容山势，这里用来形容寒气阴森。

⑳客子：行人，杜甫自称。

㉑御榻：皇帝的坐榻，这里借指皇帝。嵽（dié）嵲（niè）：形容山高峻的样子，此指骊山。

㉒蚩尤：传说中黄帝时的诸侯。黄帝与蚩尤作战，蚩尤作大雾以迷惑对方。这里以蚩尤代指大雾。

㉓蹴踏：踩，踏，指马之行走。

㉔瑶池：传说中西王母与周穆王宴会的地方，此指骊山温泉。郁律：温泉热气蒸腾。

㉕羽林：皇帝的禁卫军。摩戛：武器相撞击，形容禁军之多。

㉖"乐动"句：意思是乐声响彻云霄。殷，震动。嶱（kě）嵑（kě），即"胶葛"，山石高峻貌。

㉗"赐浴"二句：皇帝在山上寻欢作乐，受到恩赐的只有贵族和大臣们。长缨，贵人的装饰，此指权贵。缨，帽带。短褐，粗布短衣，此指平民。

㉘"彤廷"四句：天宝后期，府库充实，财物堆积如山。杨国忠建议把各地租税一律变成轻货（绢帛），输送京城。玄宗视金帛如粪土，毫无节制地赏赐给贵宠之家。彤廷，指朝廷。聚敛，指搜刮。城阙，指京都。

㉙"圣人"四句：意思是皇帝之所以赏赐群臣，无非要他们把国家治理好；假如做臣子的连这个道理都不懂，皇帝岂不是白白地丢掉这些财物。圣人，指皇帝。筐篚（fěi）：两种盛物的竹器。古代皇帝以筐、篚盛布帛赏赐群臣。

㉚"多士"二句：意思是朝臣众多，其中的仁者对上述现象，应当感到触目惊心。

㉛内金盘：宫中皇帝御用的金盘。卫霍：指汉代大将卫青、霍去病，都是汉武帝的亲戚。这里喻指杨贵妃的亲属。

㉜"中堂"二句：此二句及下面四句，都是描写豪华的宴会场面。这两句写舞蹈，意思是堂上炉香缭绕，烟雾迷离，玉质冰肌的少女们宛如仙女般翩翩起舞。

㉝"悲管"句：指丝竹并奏，弦管齐鸣。悲，酣畅淋漓的意思。

㉞"霜橙"句：橙和橘出产于南方，在北地极为难得。压，堆在盘里。"驼蹄羹""霜橙""香橘"一类的食物，都是罕见的珍品。

㉟"荣枯"二句：意思是朱门和门外的道路，仅有一墙之隔，但生活就划成两个截然不同的世界。这不合理的社会现象，令人惆怅得难以再述说。荣，指富裕豪华。枯，指困苦饥寒。八寸为尺。咫尺，极言其近。

㊱北辕：车向北行，就是北行的意思。杜甫自长安至蒲城，沿渭水东走，再折向北行。泾渭：泾水和渭水，在今陕西省境内。

㊲官渡：官府设的渡口。改辙：在另一条道路上，意指换了地方。

㊳崒（zú）兀：危险而高峻的样子。

㊴崆峒（kōng tóng）：山名，在今甘肃省岷县。

㊵天柱折：古代神话《列子·汤问》："共工氏与颛顼争为帝，怒而触不周之山，折天柱，绝地维。"这里借以形容冰河汹涌，使人有天崩地塌之感。表示诗人对国家命运的担心。

㊶"河梁"四句：意思是河面宽阔难渡，幸而还有一道未被河水冲折的桥梁可供行人通过。枝撑，桥的支柱。窸（xī）窣（sū）：象声词，动摇声。行旅，行人。

㊷"老妻"句：杜甫客居长安时，曾一度移家前往。后因生活无法维持，又把妻子送到奉先寄居。异县，指奉先县。

㊸"谁能"二句：意思是过去身在长安，家寄奉先，两地隔绝，不能相顾，这样岂是长久之计？此番回去探望，一家团聚，日子虽苦，也是好的。庶，庶几，希冀之词。共饥渴，指共度艰苦生活。

㊹"吾宁"二句：意思是即使我能割舍恩情，忍住哀痛，但邻居看到这种情况，也会为之呜咽流泪。

㊺"岂知"二句：意思是秋收之后，原不该饿死人，然贫家仍不免遭难。这是自己所不能预料的事。贫窭（jù），贫穷。仓卒，此指意外的不幸。

㊻"生常免租税"四句：意思是自己作为受到朝廷优待的人，尚且遭遇如此惨事，可以想见一般人民的生活就更加痛苦。名不隶征伐，是说兵役的册上无名，此句自言名属"士人"，可按国家规定免征赋税和兵役、劳役。杜甫时任右卫卒府兵曹参军，享有豁免租税和兵役之权。抚，反复思量的意思。迹，指生活中所经历的事件。平人，平民，唐人避唐太宗李世民讳，改"民"为"人"。骚屑，本指风声，引申为动荡不安的意思。

㊼失业徒：失去了土地的农民。业，产业，即田地。

㊽远戍卒：唐制，人民服兵役，依农历以两年、三年为限，即使是远戍西北的士兵，也不得超过四年。

㊾"忧端"二句：意思是自己对时局怀着深长的忧虑。滃（hòng）洞，广大的样子。掇，收拾。

阅读提示

　　杜甫是我国文学史上伟大的现实主义诗人，是一位心系国家安危和民生疾苦的诗人，无论是写民生疾苦、怀友思乡，还是写自己的穷愁潦倒，都充满着一种深沉的忧思。他的诗具有丰富的社会内容、鲜明的时代特色和强烈的政治倾向，主要风格特征是沉郁顿挫，沉郁顿挫的感情基调是悲慨。自唐以来，他的诗被公认为"诗史"。杜甫所处的时代，是唐王朝由盛转衰的一个急剧转变的时代，始于755年的安史之乱是这一转变的关键。杜甫经历了开元盛世，也经历了安史之乱的全过程。杜甫的一生是和他的时代特别是安史之乱前后二十年间那"万方多难"的时代息息相关的。

　　天宝十四年（755）十一月，杜甫由长安赴奉先（今陕西省蒲城县），探望寄居在那里的亲属。此诗写作于杜甫到家之后，是他长安十年政治生活的总结。诗以"穷年忧黎元，叹息肠内热"为核心，一开始就反复陈明"窃比稷与契"的用世之志；中间正面抨击最高统治集团政治之腐败，聚敛之残酷，"彤庭所分帛，本自寒女出。鞭挞其夫家，聚敛贡城阙"，指出了劳动人民所创造的财富养活了达官贵族，一针见血地把贫富不均等社会问题的症结所在，都概括在"朱门酒肉臭，路有冻死骨"十个字里，客观地反映了当时尖锐的阶级矛盾。诗中记述的自身遭遇和旅途见闻，与时代息息相关。全诗以纪行言志，将叙事、抒情、说理三者有机地结合起来。本诗和另一篇《北征》，都是反映安史之乱前后社会真实情况的长篇史诗。

思辨感悟

　　1. 此诗以"穷年忧黎元，叹息肠内热"为核心，诗人在诗中是如何抨击社会现实的？此诗是怎样体现杜诗"诗史"特色的？

　　2. 联系杜甫安史之乱前后所作的《北征》与此诗，思考诗人是如何将"家之哀"与"国之哀"联系在一起的。

　　3. 如果你穿越回到唐朝，看到"朱门酒肉臭，路有冻死骨"的场景，会有何感想？你想对唐玄宗、杜甫和人民分别说些什么？

拓展延伸

　　1. 谢思炜：《杜甫集校注》，上海古籍出版社，2016年版

　　2. 莫砺锋：《杜甫评传》，南京大学出版社，1993年版

　　3. 莫砺锋：《莫砺锋讲杜甫诗》，广西师范大学出版社，2019年版

　　4. 纪录片《伟大诗人杜甫》，哔哩哔哩网站

随堂练习

谭 嗣 同 传

梁启超

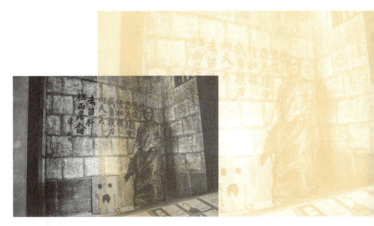

谭嗣同像

  谭君字复生，又号壮飞，湖南浏阳县人。少倜傥有大志，淹通群籍，能文章，好任侠，善剑术。父继洵，官湖北巡抚。幼丧母，为父妾所虐，备极孤孽苦，故操心危，虑患深，而德慧术智日增长焉。弱冠从军新疆，游巡抚刘公锦棠幕府。刘大奇其才，将荐之于朝；会刘以养亲去官，不果。自是十年，来往于直隶、新疆、甘肃、陕西、河南、湖南、湖北、江苏、安徽、浙江、台湾各省，察视风土，物色豪杰。然终以巡抚君拘谨，不许远游，未能尽其四方之志也。

  自甲午战事后，益发愤提倡新学，首在浏阳设一学会，集同志讲求磨砺，实为湖南全省新学之起点焉。时南海先生方倡强学会于北京及上海，天下志士，走集应和之。君乃自湖南溯江下上海，游京师，将以谒先生，而先生适归广东，不获见。余方在京师强学会任记纂之役，始与君相见，语以南海讲学之宗旨，经世之条理，则感动大喜跃，自称私淑弟子，自是学识更日益进。时和议初定，人人怀国耻，士气稍振起。君则激昂慷慨，大声疾呼。海内有志之士，睹其丰采，闻其言论，知其为非常人矣。以父命就官为候补知府，需次金陵者一年，闭户养心读书，冥探孔佛之精奥，会通群哲之心法，衍绎南海之宗旨，成《仁学》一书。又时时至上海与同志商量学术，讨论天下事，未尝与俗吏一相接。君常自谓"作吏一年，无异入山"。

  时陈公宝箴为湖南巡抚，其子三立辅之，慨然以湖南开化为己任。丁酉六月，黄君遵宪适拜湖南按察使之命，八月，徐君仁铸又来督湘学，湖南绅士某某等蹈厉奋发，提倡桑梓，志士渐集于湘楚。陈公父子与前任学政江君标，乃谋大集豪杰于湖南，并力经营，为诸省之倡。于是聘余及某某等为学堂教习，召某某归练兵，而君亦为陈公所敦促，即弃官归，安置眷属于其浏阳之乡，而独留长沙，与群志士办新政。于是湖南倡办之事，若内河小轮船也，商办矿务也，湘粤铁路也，时务学堂也，武备学堂也，保卫局也，南学会也，皆君所倡论擘画者，而以南学会最为盛业。设会之意，将合南部诸省志士，联为一气，相与讲爱国之理，求救亡之法，而先从湖南一省办起，盖实兼学会与地方议会之规模焉。地方有事，公议而行，此议会之意也；每七日大集众而讲学，演说万国大势及政学原理，此学会之意也。于时君实为学长，任演说之事。每会集者千数百人，君慷慨论天下事，闻者无不感动。故湖南全省风气大开，君之功居多。

四月，定国是之诏既下，君以学士徐公致靖荐被征。适大病不能行，至七月乃扶病入觐，奏对称旨。皇上超擢四品卿衔军机章京，与杨锐、林旭、刘光第同参预新政，时号为军机四卿。参预新政者，犹唐宋之参知政事，实宰相之职也。皇上欲大用康先生，而上畏西后，不敢行其志。数月以来，皇上有所询问，则令总理衙门传旨，先生有所陈奏，则著之于所进呈书之中而已。自四卿入军机，然后皇上与康先生之意始能少通，锐意欲行大改革矣。而西后及贼臣忌益甚，未及十日，而变已起。君之始入京也，与言皇上无权西后阻挠之事，君不之信。及七月二十七日，皇上欲开懋勤殿设顾问官，命君拟旨，先遣内侍持历朝圣训授君，传上言康熙、乾隆、咸丰三朝有开懋勤殿故事，令查出引入上谕中，盖将以二十八日亲往颐和园请命西后云。君退朝，乃告同人曰："今而知皇上之真无权矣。"至二十八日，京朝人人咸知懋勤殿之事，以为今日谕旨将下，而卒不下，于是益知西后与帝之不相容矣。二十九日，皇上召见杨锐，遂赐衣带诏，有"朕位几不保，命康与四卿及同志速设法筹救"之诏。君与康先生捧诏恸哭，而皇上手无寸柄，无所为计。时诸将之中，惟袁世凯久使朝鲜，讲中外之故，力主变法。君密奏请皇上结以恩遇，冀缓急或可救助，词极激切。八月初一日，上召见袁世凯，特赏侍郎。初二日复召见。初三日夕，君径造袁所寓之法华寺，直诘袁曰："君谓皇上何如人也？"袁曰："旷代之圣主也。"君曰："天津阅兵之阴谋，君知之乎？"袁曰："然，固有所闻。"君乃直出密诏示之曰："今日可以救我圣主者，惟在足下，足下欲救则救之。"又以手自抚其颈曰："苟不欲救，请至颐和园首仆而杀仆，可以得富贵也。"袁正色厉声曰："君以袁某为何如人哉？圣主乃吾辈所共事之主，仆与足不同受非常之遇，救护之责，非独足下，若有所教，仆固愿闻也。"君曰："荣禄密谋，全在天津阅兵之举，足下及董、聂三军，皆受荣所节制，将挟兵力以行大事。虽然，董、聂不足道也，天下健者惟有足下。若变起，足下以一军敌彼二军，保护圣主，复大权，清君侧，肃宫廷，指挥若定，不世之业也。"袁曰："若皇上于阅兵时疾驰入仆营，传号令以诛奸贼，则仆必能从诸君子之后，竭死力以补救。"君曰："荣禄遇足下素厚，足下何以待之？"袁笑而不言。袁幕府某曰："荣贼并非推心待慰帅者。昔某公欲增慰帅兵，荣曰：'汉人未可假大兵权。'盖向来不过笼络耳。即如前年胡景桂参劾慰帅一事，故乃荣之私人，荣遣其劾帅而已查办，昭雪之以市恩；

既而胡即放宁夏知府，旋升宁夏道。此乃荣贼心计险极巧极之处，慰帅岂不知之？"君乃曰："荣禄固操莽之才，绝世之雄，待之恐不易易。"袁怒目视曰："若皇上在仆营，则诛荣禄如杀一狗耳。"因相与言救上之条理甚详。袁曰："今营中枪弹火药皆在荣贼之手，而营哨各官亦多属旧人。事急矣！既定策，则仆须急归营，更选将官，而设法备贮弹药则可也。"乃丁宁而去，时八月初三夜漏三下矣。至初五日，袁复召见，闻亦奉有密诏云。至初六日变遂发。时余方访君寓，对坐榻上，有所擘划，而抄捕南海馆（康先生所居也）之报忽至，旋闻垂帘之谕。君从容语余曰："昔欲救皇上既无可救，今欲救先生亦无可救，吾已无事可办，惟待死期耳。虽然，天下事知其不可而为之，足下试入日本使馆，谒伊藤氏，请致电上海领事而救先生焉。"余是夕宿日本使馆，君竟日不出门，以待捕者。捕者既不至，则于其明日入日本使馆与余相见，劝东游，且携所著书及诗文辞稿本数册家书一箧托焉。曰："不有行者，无以图将来；不有死者，无以酬圣主。今南海之生死未可卜，程婴、杵臼、月照、西乡，吾与足下分任之。"遂相与一抱而别。初七、八、九三日，君复与侠士谋救皇上，事卒不成。初十日遂被逮。被逮之前一日，日本志士数辈苦劝君东游，君不听。再四强之，君曰："各国变法，无不从流血而成。今中国未闻有因变法而流血者，此国之所以不昌也。有之，请自嗣同始！"卒不去，故及于难。君既系狱，题一诗于狱壁曰："望门投宿思张俭，忍死须臾待杜根。我自横刀向天笑，去留肝胆两昆仑。"盖念南海也。以八月十三日斩于市，春秋三十有三。就义之日，观者万人，君慷慨神气不少变。时军机大臣刚毅监斩，君呼刚前曰："吾有一言……"刚去不听，乃从容就戮。呜呼，烈矣！

　　君资性绝特，于学无所不窥，而以日新为宗旨，故无所沾滞；善能舍己从人，故其德日进。每十日不相见，则议论学识必有增长。少年曾为考据笺注金石刻镂诗古文辞之学，亦好谈中国古兵法；二十岁以后，悉弃去，究心泰西天算、格致、政治、历史之学，皆有心得。又究心教宗。当君之与余初相见也，极推崇耶氏兼爱之教，而不知有佛，不知有孔子；既而闻南海先生所发明《易》《春秋》之义，穷大同太平之条理，体乾元统天之精意，则大服；又闻《华严》性海之说，而悟世界无量，现身无量，无人无我，无去无住，无垢无净，舍救人外，更无他事之理；闻相宗识浪之说，而悟众生根器无量，故说法无量，种种差别，与圆性无碍之理，则益大服。自是豁然贯通，能汇万法为一，能衍一法为万，无所罣碍，而任事之勇猛亦益加。作官金陵之一年，日夜冥搜孔佛之书。金陵有居士杨文会者，博览教乘，熟于佛故，以流通经典为己任。君时时与之游，因得遍窥三藏，所得日益精深。其学术宗旨，大端见于《仁学》一书，又散见于与友人论学书中。所著书《仁学》之外，尚有《寥天一阁文》二卷，《莽苍苍斋诗》二卷，《远遗堂集外文》一卷，《札记》一卷，《兴算学议》一卷，已刻《思纬壹壺台短书》一卷，《壮飞楼治事》十篇，《秋雨年华之馆丛脞书》四卷，《剑经衍葛》一卷，《印录》一卷，并《仁学》皆藏于余处，又政论数十篇见于《湘报》者，乃与师友论学论事书数十篇。余将与君之石交某某等共搜辑之，为谭浏阳遗集若干卷。其《仁学》一书，先择其稍平易者，附印《清议报》中，公诸世焉。君平生一无嗜好，持躬严整，面稜稜有秋肃之气。无子女；妻李闰，为中国女学会倡办董事。

论曰：复生之行谊磊落，轰天撼地，人人共知，是以不论；论其所学。自唐宋以后呫毕小儒，徇其一孔之论，以谤佛毁法，固不足道；而震旦末法流行，数百年来，宗门之人，耽乐小乘，堕断常见，龙象之才，罕有闻者。以为佛法皆清净而已，寂灭而已。岂知大乘之法，悲智双修，与孔子必仁且智之义，如两爪之相印。惟智也，故知即世间即出世间，无所谓净土；即人即我，无所谓众生。世界之外无净土，众生之外无我，故惟有舍身以救众生。佛说："我不入地狱，谁入地狱？"孔子曰："吾非斯人之徒与，而谁与？""天下有道，丘不与易。"故即智即仁焉。既思救众生矣，则必有救之之条理。故孔子治《春秋》，为大同小康之制，千条万绪，皆为世界也，为众生也，舍此一大事，无他事也。《华严》之菩萨行也，所谓誓不成佛也。《春秋》三世之义，救过去之众生与救现在之众生，救现在之众生与救将来之众生，其法异而不异；救此土之众生与救彼土之众生，其法异而不异；救全世界之众生与救一国之众生，救一人之众生，其法异而不异；此相宗之唯识也。因众生根器，各各不同，故说法不同，而实法无不同也。既无净土矣，既无我矣，则无所希恋，无所罣碍，无所恐怖。夫净土与我且不爱矣，复何有利害毁誉称讥苦乐之可以动其心乎？故孔子言："不忧，不惑，不惧"，佛言："大无畏"，盖即仁即智即勇焉。通乎此者，则游行自在，可以出生，可以入死，可以仁，可以救众生。

（选自《戊戌政变记》，岳麓书社，2011年版）

阅读提示

　　谭嗣同（1865—1898），字复生，号壮飞，湖南长沙浏阳人，与陈三立、谭延闿并称"湖湘三公子"。清末百日维新著名人物，"维新四公子"之一，是中国近代资产阶级著名的政治家、思想家。他主张中国要强盛，只有发展民族工商业，学习西方资产阶级的政治制度，公开提出废科举、兴学校、开矿藏、修铁路、办工厂、改官制等变法维新的主张，并写文章抨击清政府的卖国投降政策。1898年参加领导戊戌变法，失败后被杀，年仅33岁，为"戊戌六君子"之一。梁启超与谭嗣同一样，都是晚清时期维新变法的志士，在"戊戌变法"中并肩奋斗。对于谭嗣同，梁启超不仅"知"其言与行，而且"知"其心，赞誉他为晚清思想界的"彗星"，十分景仰他为维新变法而流血牺牲的壮烈行为。正因梁启超对谭嗣同如此"全知"，所以，他在《谭嗣同传》中能得心应手地采用"全知的视角"来叙述谭嗣同一生光辉的历史，再现历史的真实与真实的历史。同时，《谭嗣同传》不仅真实地记录了"戊戌政变"中殉难烈士谭嗣同的历史，而且再现了"戊戌政变"这一时期的历史，堪称符合历史真实的人物画和真实的历史图画。

思辨感悟

　　1. 读完本文后，你觉得是什么支撑了一个人不畏屠刀的勇气？是什么样的人生境遇能够造就如此坚定的信念？请谈谈你对革命信仰的理解和认识。

　　2. 中国近代史有两个关于"血"的故事，一是谭嗣同赴死所说的："各国变法，无不从流血而成。今中国未闻有因变法而流血者，此国之所以不昌也。有之，请自嗣同始！"，二是鲁迅先生《药》里写的："这样的人血馒头，什么痨病都包好！"联系这两个关于"血"的故事，谈一谈你对清末资产阶级改良运动和资产阶级革命的认识，以及其失败的原因。

拓展延伸

　　1. 纪录片《我们的谭嗣同》，中国纪录片网
　　2. 蒋广学：《谭嗣同评传》，南京大学出版社，2005 年版

随堂练习

潮州韩文公庙碑

[北宋] 苏轼

苏轼像

　　匹夫而为百世师，一言而为天下法 ①，是皆有以参天地之化 ②，关盛衰之运 ③。其生也有自来，其逝也有所为。故申、吕自岳降 ④，傅说为列星 ⑤，古今所传，不可诬也。孟子曰："我善养吾浩然之气。"是气也，寓于寻常之中，而塞乎天地之间。卒然遇之，则王公失其贵，晋、楚失其富 ⑥，良、平失其智，贲、育失其勇，仪、秦失其辩。是孰使之然哉？其必有不依形而立，不恃力而行，不待生而存，不随死而亡者矣！故在天为星辰，在地为河岳，幽则为鬼神 ⑦，而明则复为人。此理之常，无足怪者。

　　自东汉以来，道丧文弊，异端并起 ⑧，历唐贞观、开元之盛，辅以房、杜、姚、宋 ⑨，而不能救。独韩文公起布衣，谈笑而麾之，天下靡然从公，复归于正，盖三百年于此矣 ⑩。文起八代之衰 ⑪，道济天下之溺，忠犯人主之怒 ⑫，而勇夺三军之帅 ⑬，此岂非参天地、关盛衰，浩然而独存者乎！

　　盖尝论天人之辨：以谓人无所不至，惟天不容伪；智可以欺王公，不可以欺豚鱼 ⑭；力可以得天下，不可以得匹夫匹妇之心。故公之精诚，能开衡山之云 ⑮，而不能回宪宗之惑；能驯鳄鱼之暴 ⑯，而不能弭皇甫镈、李逢吉之谤 ⑰；能信于南海之民 ⑱，庙食 ⑲百世，而不能使其身一日安于朝廷之上。盖公之所能者，天也；其所不能者，人也 ⑳。始潮人未知学，公命进士赵德 ㉑ 为之师。自是潮之士，皆笃于文行，延及齐民 ㉒，至于今，号称易治。信乎孔子之言："君子学道则爱人，小人学道则易使也。" ㉓潮人之事公也，饮食必祭，水旱疾疫，凡有求必祷焉。而庙在刺史公堂之后，民以出入为艰。前守欲请诸朝作新庙，不果。元祐五年，朝散郎王君涤来守是邦，凡所以养士治民者，一以公为师，民既悦服，则出令曰："愿新公庙者，听。"民欢趋之，卜地于州城之南七里，期年而庙成。

或曰："公去国万里而谪于潮，不能一岁而归㉔。没而有知，其不眷恋于潮㉕也审矣。"轼曰："不然，公之神在天下者，如水之在地中，无所往而不在也。而潮人独信之深，思之至，焄蒿悽怆㉖，若或见之。譬如凿井得泉，而曰水专在是，岂理也哉！"

元丰七年，诏封公昌黎伯㉗，故榜曰："昌黎伯韩文公之庙。"潮人请书其事于石，因为作诗以遗之，使歌以祀公。其词曰：

公昔骑龙白云乡，手抉云汉分天章㉘，天孙㉙为织云锦裳。飘然乘风来帝旁，下与浊世扫秕糠㉚，西游咸池略扶桑㉛，草木衣被昭回光㉜。追逐李杜参翱翔，汗流籍湜走且僵，灭没倒影不可望㉝。作书诋佛讥君王，要观南海窥衡湘，历舜九疑吊英皇㉞。祝融先驱海若藏，约束蛟鳄如驱羊㉟。钧天无人帝悲伤，讴吟下招遣巫阳㊱。爆牲鸡卜羞我觞，於粲荔丹与蕉黄㊲。公不少留我涕滂，翩然被发下大荒㊳。"

（选自《苏轼选集》，上海古籍出版社，2014 年版）

注释

①百世师：《孟子·尽心下》："圣人，百世之师也。"此以圣人比韩愈。"一言而为天下法"语出自《礼记·中庸》："是故君子动而世为天下道，行而世为天下法，言而世为天下则。"《苏长公合作》卷七引朱熹云："东坡作《韩文庙碑》，不能得一起头，起行数十遭，忽得'匹夫'二句，以下即一挥而就。"又引王复之云："起语与永叔《书锦堂记》同。"

②参天地之化：出自《礼记·中庸》："可以赞天地之化育，则可以与天地参矣。"此指与天、地之化育万物，并立而三，相提并论。

③关盛衰之运：和国运之盛衰有关。

④申、吕自岳降：承上"其生也有自来"，言生不苟生。申伯、吕侯，周宣王、周穆王大臣申伯和吕侯（亦称甫侯），其诞生时有嵩山降神之兆。《诗·大雅·崧高》："崧高维岳，骏极于天。维岳降神，生甫及申。维申及甫，维周之翰。四国于蕃，四方于宣。"翰，辅翼。蕃，樊篱。宣，垣墙。

⑤传说为列星：承上"其逝也有所为"，言死不苟逝。傅说（yuè），商王武丁之相，相传他死后飞升上天，与众星并列。《庄子·大宗师》载傅说"相武丁，奄有天下，乘东维，骑箕尾，而比于列星"。

⑥"晋、楚"句：出自《孟子·公孙丑下》："曾子曰：'晋楚之富，不可及也。'"

⑦幽则为鬼神：出自《礼记·乐记》："幽则有鬼神。"

⑧ "自东汉以来"三句：韩愈《原道》："周道衰，孔子没，火于秦，黄老于汉，佛于晋、魏、梁、隋之间。……噫！后之人其欲闻仁义道德之说，孰从而听之？"异端，指佛老。

⑨ 房、杜、姚、宋：房玄龄、杜如晦，唐太宗时名相。姚崇、宋璟，唐玄宗时名相。

⑩ 三百年：指韩愈倡导古文运动至苏轼时相距近三百年。

⑪ 八代：指东汉、魏、晋、宋、齐、梁、陈、隋。

⑫ 忠犯人主之怒：唐宪宗（李纯）迎佛骨入宫，排场奢侈，韩愈上表劝谏，触怒宪宗，几被处死。《新唐书·韩愈传》："帝曰：'愈言我奉佛太过，犹可容；至谓东汉奉佛以后，天子咸夭促，言何乖剌邪？愈，人臣，狂妄敢尔，固不可赦。'于是中外骇惧，虽戚里诸贵，亦为愈言，乃贬潮州刺史。"

⑬ 勇夺三军之帅：形容英勇过人。唐穆宗（李恒）时，镇州（今河北正定）发生兵变，镇将王廷凑杀主帅田弘正自立，且进围深州（今河北深州市）。韩愈奉命前往宣抚，责以大义，终使作乱将士折服、归顺。见《新唐书·韩愈传》。

⑭ 不可以欺豚鱼：见《周易·中孚》："豚、鱼吉，信及豚、鱼也。"孔颖达疏云："释所以得吉，由信及豚、鱼故也。"

⑮ "故公之精诚"二句：见韩愈《谒衡岳庙遂宿岳寺题门楼》诗："喷云泄雾藏半腹，虽有绝顶谁能穷？我来正逢秋雨节，阴气晦昧无清风。潜心默祷若有应，岂非正直能感通！须臾静扫众峰出，仰见突兀撑青空。"查慎行《初白庵诗评》卷上："潜心"四句"所谓'公之精诚，能开衡山之云'也"。衡山，五岳之一，称南岳，在湖南衡山县西，山势雄伟，有七十二峰。

⑯ 能驯鳄鱼之暴：《新唐书·韩愈传》记韩愈初至潮州，得悉恶溪（溪名）鳄鱼扰民，"愈自往视之，令其属秦济以一羊一豚投溪水而祝之。……祝之夕，暴风震电起溪中，数日水尽涸，西徙六十里。自是潮无鳄鱼患"。鳄鱼，一种凶恶的爬虫，体长丈余，常袭击往来水边的人畜。

⑰ 而不能弭皇甫镈（bó）、李逢吉之谤：《新唐书·韩愈传》记韩愈贬潮州后，上表谢罪。宪宗"得表，颇感悔，欲复用之"，但"皇甫镈素忌愈直，即奏言：'愈终狂疏，可且内移。'乃改袁州刺史"。同传又记唐穆宗时，"宰相李逢吉恶李绅，欲逐之，遂以愈为京兆尹、兼御史大夫，特诏不台参，而除绅中丞。绅果劾奏愈，愈以诏自解。其后文刺纷然，宰相以台、府不协，遂罢愈为兵部侍郎。而出绅江西观察使"。此谓李逢吉故意制造韩、李矛盾而两贬抑之。

⑱ 南海之民：指潮州人。

⑲ 庙食：庙祭。

⑳ "盖公之所能者，天也"二句：谓韩愈能尽天道，而不能屈己从人。

㉑ 赵德：潮州人，韩愈言其颇通经、能文章，尊孔宗儒，故推荐他"专勾

当州学，以督生徒"。

㉒齐民：平民。

㉓"君子学道"二句：见《论语·阳货》，表现了孔子提倡礼乐教化的政治目的。

㉔不能一岁而归：不满一年离潮。韩愈于元和十四年正月贬潮州，同年十月改任袁州刺史，在潮仅七个月。

㉕不眷恋于潮：韩愈《潮州刺史谢上表》认为潮州是"远恶"之州，"蛮夷之地"，并说"瞻望宸极，魂神飞去"，希望调回朝廷做官。

㉖焄蒿悽怆：写潮州人以凄怆真情来礼祭韩愈。

㉗昌黎伯：韩愈祖籍河北昌黎，故封为昌黎伯。

㉘手抉云汉分天章：挑取天河上星云的文采。

㉙天孙：星名，即织女。

㉚秕糠：比喻邪道。

㉛西游咸池略扶桑：这句以屈原远游求索光明比喻韩愈的奔走不遑，宣扬儒道。屈原《离骚》："饮余马于咸池兮，总余辔乎扶桑。"

㉜草木衣被昭回光：谓韩愈的道德文章辉映一代，犹如日月光照大地，泽及草木一样。

㉝灭没倒影不可望：谓张籍、皇甫湜等如倒影容易灭没，难以仰望韩愈日月般的光辉。

㉞历舜九疑吊英皇：谓韩愈被贬潮州，得观衡山、湘江、南海，经历舜所葬之九嶷山，凭吊于沅湘之间的娥皇、女英二妃。

㉟"祝融"二句：谓韩愈在潮，使海神远徙，不受风雨之灾；使鳄鱼逃遁，免民受扰。

㊱"钧天"二句：谓天帝欲招韩愈上天，重返其侧。

㊲"犦牲"二句：写庙中享神的祭品。犦牲，牦牛。鸡卜，鸡骨卜。於（wū）粲，色泽鲜明的样子。於，叹词。表示赞美。

㊳"公不少留"二句：写送神。

阅读提示

潮州（今广东潮安区）知州王涤在宋哲宗元祐七年（1092）重修韩愈庙后，写书请苏轼为此庙撰写碑文。苏轼慨然从命，不久就将手书碑样寄给王涤，这就是著名的散文名篇《潮州韩文公庙碑》。

唐宪宗元和十四年（819），韩愈因为谏迎佛骨，被贬为潮州刺史。韩愈在任职期间，爱民如子，积极兴利除弊，深得民心。后来潮州人便建庙来纪念他。

到宋哲宗时，潮州人另建新庙，因请苏轼作碑文，遂有此文，并为苏轼的名作之一。苏轼兼用叙述与论证的手法写作，除了继承韩愈散文的固有风格之外，更借由评论韩愈此一代文豪的一生，来抒发作者内心的澎湃之情，堪称一篇思想十分成熟的佳作。

碑文高度颂扬了韩愈的道德、文章和政绩，并具体描述了潮州人民对韩愈的崇敬怀念之情。碑文写得感情澎湃，气势磅礴，被人誉为"宋人集中无此文字，直然凌越四百年，迫文公（按指韩愈）而上之"（《苏长公合作》引钱东湖语）。黄震甚至说："《韩文公庙碑》，非东坡不能为此，非韩公不足以当此，千古奇观也。"（《三苏文范》引）

碑记的传统写法以叙事为主，《潮州韩文公庙碑》则主于议论，叙事亦以议论出之，可以说是碑记的变体。行文时，作者常在散行中运用对偶句式，以加强文章的音韵美；常用排比叠用的方法，以加强文章的气势；议论中又暗寓自己的身世之感，以加强文章的感情色彩。因而文章音调铿锵、气势充沛而又感慨良深。

思辨感悟

1. 此碑文主要内容是什么？
2. 苏轼为何说韩文公"所能者天""所不能者人"？
3. 文中作者对韩文公的评价是怎样的？

拓展延伸

1. 朱刚：《苏轼十讲》，上海三联书店出版社，2019 年版
2. 百家讲坛《唐宋八大家——韩愈》，央视网

随堂练习

毛泽东词二首

毛泽东

昆仑山

念奴娇·昆仑

横空出世①，莽②昆仑，阅尽人间春色。
飞起玉龙三百万，搅得周天寒彻。
夏日消溶③，江河横溢，人或为鱼鳖④。
千秋功罪，谁人曾与评说？

而今我谓昆仑：不要这高，不要这多雪。
安得倚天抽宝剑，把汝裁为三截⑤？
一截遗欧，一截赠美，一截还东国⑥。
太平世界⑦，环球同此凉热⑧。

（选自《毛泽东诗词选》，人民文学出版社，2000年版）

注释

①横空出世：昆仑山遮天蔽日，横亘在空中，突出于世界之上，极言山的雄伟高大。横空：横亘在空中。宋代周紫芝《水龙吟·天申节祝圣词》："黄金双阙横空，望中隐约三山眇。"出世：超出世人，形容昆仑山的雄伟高大和险峻。

②莽：形容草木茂盛的样子。后来形容事物无边无际的样子。这里用来形

容昆仑山，包含有巍峨、庞大、厚重等意思。唐代杜甫《秦州杂诗二十首·其七》："莽莽万重山，孤城山谷间。"

③ 消溶：指昆仑各山脉的积雪融化。

④ 人或为鱼鳖：本于《左传·昭公元年》："微禹，吾其鱼乎！"意思是说，如果没有禹的治水，我们恐怕要变成鱼了！后来称人被水淹死为"化为鱼"，也就是人因水灾而葬身鱼腹的意思。南朝梁刘峻《辩命论》："历阳（在今安徽和县西）之都，化为鱼鳖。"宋代陆游《入瞿唐登白帝庙》："天不生斯人，人皆化鱼鼋。"或：有的，有些。为鱼鳖：成为鱼和鳖。

⑤ 把汝裁为三截：唐代杜甫《剑门》有"吾将罪真宰，意欲铲叠嶂"诗句。唐代李白《陪侍郎叔游洞庭醉后三首》其三有"划却君山好，平铺湘水流"句，划，通"铲"，铲除。汝：第二人称代词，你。裁：剪断，这里指用剑劈开。截：段。该句表现了毛泽东奇特丰富的想象和无产阶级改造世界的雄心壮志。

⑥ 还东国：还给东方各国。还：还给。东国：东方各国。

⑦ 太平世界：即大同世界。

⑧ 环球：也作寰球，整个世界。凉热：冷暖，喻指饱暖安乐的幸福。字面上指自然气候的冷暖，实则寓指未来理想的共产主义美好境界，是双关语。

浪淘沙·北戴河

大雨落幽燕①，白浪滔天，秦皇岛外打鱼船。
一片汪洋都不见，知向谁边②？
往事越千年③，魏武挥鞭④，东临碣石有遗篇⑤。
萧瑟秋风今又是，换了人间⑥。

（选自《毛泽东诗词选》，人民文学出版社，2000 年版）

注释

① 幽燕：《尔雅·释地》："燕曰幽州。"幽：即幽州，古代九州之一。燕：古代国名。幽州和燕国，大约在今北京市、河北省北部及辽宁省一带。这一带战国时属燕国，唐代属幽州，故幽燕常用以指代河北省。这里指北戴河。

② 向：往。谁边：何处，哪边。唐代刘希夷《代悲白头翁》："一朝卧病无相识，三春行乐在谁边。"这句写打鱼的船知道往哪里行驶吗？表达了毛泽东对渔民们深切的关心。

③ 往事越千年：汉献帝建安十二年（207）五月曹操与乌桓族（鲜卑族的一支）作战凯旋，途经碣石，登山望海赋诗，到毛泽东写这首词时，已过了1800

多年。越：超过，过去了。千年：举其成数。

④魏武：即魏武帝曹操（155—220），沛国谯县（今安徽亳州）人，东汉末年著名的政治家、军事家和诗人。曹操死后被追封为魏武帝。挥鞭：挥动马鞭，率领军队出外打仗。这里是说骑马经过。

⑤碣石：山名，位于河北昌黎县西北，在北戴河西南面。遗篇：流传下来的诗篇。曹操《步出夏门行》第二首《观沧海》："东临碣石，以观沧海。水何澹澹，山岛竦峙。树木丛生，百草丰茂。秋风萧瑟，洪波涌起。日月之行，若出其中。星汉灿烂，若出其里。幸甚至哉，歌以咏志。"因为诗的首句为"东临碣石"，所以又称《碣石篇》。下文的"萧瑟秋风今又是"也由《观沧海》引出。

⑥换了人间：这句是说社会已经发生了巨大变化，人民翻身做了主人，和曹操那个时代完全不同了。人间：人世间，即人类社会。

阅读提示

《念奴娇·昆仑》这首词最早发表于《诗刊》1957年1月号，未标明写作时间。1963年12月人民文学出版社出版《毛主席诗词》时，署明"一九三五年十月"。

1935年10月，中国工农红军胜利到达陕北，完成了史无前例的二万五千里长征。红军在陕北建立了抗日根据地，极大地鼓舞了全国人民的斗志，同时也意味着一个伟大的时代将要开始。当时，日本帝国主义企图把整个中国变为它的殖民地，步步入侵，中国大片国土沦丧，中华民族和日本侵略者的矛盾已上升为国内的主要矛盾。在国际上，各帝国主义势力也企图实现瓜分世界的野心。肩负着中国共产党中央领导重任的毛泽东有感于此，挥笔写下了以反对帝国主义为主题的《念奴娇·昆仑》。

词作通过对昆仑山功罪的评论和拔剑裁山的奇特想象，提出了打倒帝国主义、推翻资本主义制度的伟大思想，展示了无产阶级革命家改造自然、造福人类、实现共产主义大同世界的崇高理想和伟大抱负。全词想象奇特，气魄宏伟，笔力雄健，风格豪放，意境高远，堪称前无古人，后启来者。

《浪淘沙·北戴河》这首词最早发表于《诗刊》1957年1月号，总题为《旧体诗词十八首》。

1954年夏天，毛泽东住在北戴河，边工作边休养。一天，北戴河海滨狂风骤起，急雨横飞，海面上巨浪滔天。毛泽东仍兴致勃勃地提出要下海游泳，并豪迈地说："风浪越大越好，可以锻炼人的意志。"毛泽东在巨浪翻滚的大海中畅游了一个多小时。游泳过后，毛泽东走上沙滩，坐在藤椅上，面对咆哮翻腾的大海，思接千古，抚今追昔，吟成了这首豪迈的大浪淘沙词。

词中叙写了北戴河夏天海上狂风急雨的情景，并由此抒发了怀古论今的情思，赞美了党所领导的人民革命胜利后的新天地和新气象——换了人间。写景抒情，寓情于景，情景交融，是这首词的特色。

思辨感悟

1. 结合当时的时代背景，谈谈如何理解毛泽东诗歌中的人生志向？

2. 通过学习这两首诗，毛泽东诗歌中"换了人间"的革命豪情，对你有何启发？你自己要树立什么样的社会使命和担当？

拓展延伸

1. 电视剧《恰同学少年》，2007 年

2. 电影《建国大业》，2009 年

3. 毛泽东：《毛泽东诗词选》，人民文学出版社，2000 年版

随堂练习

北戴河

革命烈士诗抄

李大钊等

《人民英雄纪念碑》浮雕

送 幼蘅①

李大钊

　　丙辰春，再至江户。幼蘅将返国，同人招至神田酒家小饮，风雨一楼，互有酬答。辞间均见"风雨楼"三字，相约再造神州后，筑高楼以作纪念，应名为"神州风雨楼"，遂本此意，口占一绝，并送幼蘅云。

　　　　壮别天涯未许愁，尽将离恨付东流。
　　　　何当痛饮黄龙府②，高筑神州风雨楼。

（选自《李大钊全集》，中国李大钊研究会编注，人民出版社，2006 年版）

注释

　　① 幼蘅：崇安地主朱尔英，字幼蘅，其子朱宗汉为崇安地下党城工部支部书记。

　　② 黄龙府：金国的京城，南宋岳飞举兵抗金，对部下说"直捣黄龙府，与诸君共饮"，此处指反动统治阶级。

狱　中　诗

恽代英

浪迹 ① 江湖忆旧游 ②，故人生死各千秋 ③。
已摈忧患 ④ 寻常事 ⑤，留得豪情作楚囚 ⑥。

注释

① 浪迹：行踪漂泊不定。

② 旧游：老朋友，此指革命同志。下句"故人"与"旧游"同意。

③ 千秋：不朽。

④ 已摈忧患：已摒除个人得失。

⑤ 寻常事：把个人得失看得很平常。

⑥ 楚囚：本指楚国被囚之人。据《左传·成公九年》记载，春秋时，楚国人钟仪做了晋国的囚犯，但还是戴着南冠，使晋国人为之动容。这里指虽然被捕了，但还是要保持革命者的气节。

刑　场　宣　言

陈铁军

当我们把自己的青春生命都献给党的时候，
我们就要举行婚礼了。
让反动派的枪声，
来做我们结婚的礼炮吧！
同胞们！同志们！永别了，
望你们勇敢地战斗，
共产主义一定会胜利，
未来是属于我们的。

（选自《革命烈士诗抄》，中国青年出版社，2011 年版）

阅读提示

这是一组为革命事业而英勇牺牲的烈士们的诗作。这些诗作有宣传救亡图存思想与反抗精神的呼吁诗；有临危不惧从容赴死的绝命诗，表现了革命先烈舍生忘死，舍小家为大家，为国家和民族牺牲自我的革命精神。

李大钊《送幼蘅》

李大钊（1889—1927），字守常，河北乐亭人，伟大的马克思主义者、杰出的无产阶级革命家、中国共产党的主要创始人之一。早年东渡日本，就读于东京早稻田大学政治本科，开始接触社会主义思想和马克思主义学说。回国后积极投身于正在兴起的新文化运动，成为新文化运动的一员主将。十月革命一声炮响，给中国送来了马克思列宁主义。李大钊深受鼓舞和启发，他发表大量宣传十月革命和马克思列宁主义的著名文章和演说，阐述十月革命的意义，讴歌十月革命的胜利。1919 年，他领导了五四爱国运动，领导并成立了北京的共产党早期组织和北京社会主义青年团，成为中国共产主义的先驱、我国最早传播马克思主义的人。

《送幼蘅》是李大钊同志于 1916 年春在日本写的一首诗。当时的中国正是"风雨如磐"的时代，1915 年 12 月，窃国大盗袁世凯在日美帝国主义的怂恿、支持下，废除了共和体制，登基称帝。这种倒行逆施的行为，立即激起了人民的强烈反对。保卫共和、反对帝制的浪潮在全国各地蓬勃兴起。12 月 25 日，云南宣布独立，都督蔡锷组织护国军讨伐袁世凯，点燃了护国战争的烈火。正在日本留学的李大钊同志，闻讯深受鼓舞，放弃学业考试，立即回国，准备参加讨袁护国运动。但他回到上海不久，袁世凯就被迫取消了帝制，于是李大钊又返回日本。当他到了日本江户时，恰逢他的挚友幼蘅准备回国。李大钊同志在为幼蘅送行时，写下这首绝句，抒发了对中国政局黑暗腐败的愤激不满、强烈的爱国主义思想，表现了他为重建神州而矢志奋斗的坚定信念。

恽代英《狱中诗》

恽代英（1895—1931），江苏武进人。1895 年生于湖北武昌。中国无产阶级革命家，中国共产党青年运动领导人之一。毕业于武昌大学。五四运动前后，对新文化和马克思主义的传播起过很大作用。1921 年加入中国共产党。1930 年在上海被捕，次年 4 月牺牲于南京。

这首狱中诗是无产阶级革命家恽代英在黑暗的监狱里写就的古体七绝。作品表达了作者一生为革命奔波，眼看着许多战友为革命献出了宝贵的生命，现在要抛弃一切个人的得失，用满腔的豪情，做一名"楚囚"，哪怕把敌人的牢底坐穿！整首诗体现了作者伟大的人格和高尚的情操。

陈铁军《刑场宣言》

本篇选自作者 1928 年就义前的演说。

陈铁军，原名陈燮君。1904 年 3 月生于广东佛山。1924 年秋考入广东大学文学院预科。求学期间，为追求进步，决心追随共产党，她将原名"燮君"改为"铁军"。1925 年参加"五卅"运动和省港大罢工的宣传工作。1926 年 4 月加入中国共产党。大革命失败后的 1927 年 10 月，受党的派遣，装扮成周文雍的妻子，并参加了广州起义。1928年1月27日（大年初五），在广州起义失败后，被叛徒出卖，与周文雍同时被捕。在狱中，他们备受酷刑，坚贞不屈。敌人无计可施，决定杀害他们。在共同进行革命斗争的过程中，周文雍和陈铁军产生了爱情。但为了革命事业，他们将爱情一直埋藏在心底。在生命的最后时刻，他们决定将这份爱情公布于众，在敌人的刑场上举行了革命者婚礼，从而表现了大无畏的英雄气概。

1928年2月6日，在广州红花岗刑场，两位气吞山河的年轻共产党人在敌人的枪口下，把刑场作为结婚的礼堂，把反动派的枪声作为结婚的礼炮，从容不迫地举行了婚礼。其婚礼之悲壮，空前绝后。

思辨感悟

1. 试分析李大钊《送幼蘅》中的离愁别恨。

2. 结合这三首诗，联系孟子的"生亦我所欲也，义亦我所欲也，二者不可得兼，舍生而取义者也"，假设你面对生命抉择，你会如何选择，谈谈你的理由。

拓展延伸

1. 林觉民：《与妻书》

2. 萧三：《革命烈士诗抄》，中国青年出版社，2011年版

随堂练习

专题实践任务

1. 恽代英说："已撇忧患寻常事，留得豪情作楚囚"；叶挺说："为人进出的门紧锁着，为狗爬走的洞敞开着"；夏明翰说："砍头不要紧，只要主义真"……在中国共产党的百年历史上，无数革命先烈为了理想和信念，在战场上浴血战斗，在黑牢里"把牢底坐穿"，在刑场上对着死亡放声大笑。他们用热血和生命书写的诗篇，穿过历史的隧洞，依然闪耀着理想的光芒，为后人照亮着前路。请大家举办一场小型"红色故事宣讲会"，让我们随着烈士的笔触回到烽火年代，感受他们为中华民族谋解放的不悔初心。

2. "朱门酒肉臭，路有冻死骨"体现了杜甫的家国情怀，"天下兴亡，匹夫有责"体现了顾炎武的家国情怀……不同时代的家国情怀有不同的表达方式。对此，班级将开展以"胸怀天下"为主题的手抄报大赛，请你设计一个手抄报作品参赛。

3. 请同学们根据本专题篇目，观看电视剧《功勋》，了解当代对共和国发展有突出贡献的功勋人物，请选择最令你震撼的人物，写一篇人物小传。

专题九　人在旅途

　　"遂古之初，谁传道之？上下未形，何由考之？"屈原曾经抬头望天，叩问宇宙本源；"天之苍苍，其正色邪？其远而无所至极邪？"庄子也对无垠天际产生了追问。中国古代有北魏郦道元、明徐霞客之辈"达人之所未达，探人之所未知"，以"大丈夫当朝碧海而暮苍梧"的豪情踏上旅途，在对中华大地的探寻中寻根溯源，用文字描绘质朴而多姿的祖国山河。近现代中国人走出国门，无数游记留下了世界文化的浪漫缩影和中西文明的碰撞交流。

　　"人生如逆旅，我亦是行人"，纵使世界之大，未来之不可量，古往今来，无数人踏上人生未知的旅途，以此实现理想抱负。有的人在"修路幽蔽，道远忽兮"的路途中坚持"路漫漫其修远兮，吾将上下而求索"的追求；有的人在"行路难！行路难！多歧路，今安在"的环境中迸发出"长风破浪会有时，直挂云帆济沧海"的豪情；有的人在"问汝平生功业，黄州惠州儋州"的贬谪生涯中修炼出"九死南荒吾不恨，兹游奇绝冠平生"的旷达超然……

　　中华文明上下五千年，中华民族走出了一条从未中断过的路。每逢危难关头，就有无数仁人志士抛头颅洒热血，"挽狂澜于既倒，扶大厦之将倾"。近代以来的危机尤其深重，而长征就是一场凝聚民族意志、淬炼革命信念、延续民族命脉的伟大远征！

　　自然的旅途是星辰大海，人生的旅途是上下求索，民族的旅途是正道沧桑，未来的旅途是无垠宇宙。当代科技的进步让人类对世界和宇宙的探索有了更多的可能性，也催生了不断突破边界的科幻文学，在精神世界中向更高维度、更加遥远的旅途和征程进发！

游黄山日记后

[明] 徐弘祖

黄山迎客松

　　戊午①九月初三日　出白岳榔梅庵，至桃源桥。从小桥右下，陡甚，即旧向黄山路也。七十里，宿江村。

　　初四日　十五里，至汤口。五里，至汤寺，浴于汤池。扶杖望硃砂庵而登。十里，上黄泥冈。向时云里诸峰，渐渐透出，亦渐渐落吾杖底。转入石门②，越天都之胁而下，则天都、莲花二顶，俱秀出天半。路旁一岐东上，乃昔所未至者，遂前趋直上，几达天都侧。复北上，行石罅③中。石峰片片夹起；路宛转石间，塞者凿之，陡者级之④，断者架木通之，悬者植梯接之。下瞰峭壑阴森，枫松相间，五色纷披，灿若图绣。因念黄山当生平奇览，而有奇若此，前未一探，兹游快且愧矣！

　　时夫仆⑤俱阻险行后，余亦停弗上；乃一路奇景，不觉引余独往。既登峰头，一庵翼然⑥，为文殊院⑦，亦余昔年欲登未登者。左天都，右莲花，背倚玉屏风，两峰秀色，俱可手擥⑧。四顾奇峰错列，众壑纵横，真黄山绝胜处！非再至，焉知其奇若此？遇游僧澄源至，兴甚勇⑨。时已过午，奴辈⑩适至。立庵前，指点两峰。庵僧谓："天都虽近而无路，莲花可登而路遥。只宜近盼天都，明日登莲顶。"余不从，决意游天都。挟⑪澄源、奴子仍下峡路⑫。至天都侧，从流石⑬蛇行而上。攀草牵棘，石块丛起则历⑭块，石崖侧削则援崖。每至手足无可着处，澄源必先登垂接⑮。每念上既如此，下何以堪？终亦不顾。历险数次，遂达峰顶。惟一石顶壁起⑯犹数十丈，澄源寻视其侧，得级，挟予以登。万峰无不下伏，独莲花与抗耳。时浓雾半作半止，每一阵至，则对面不见。眺莲花诸峰，多在雾中。独上天都，予至其前，则雾徙⑰于后；予越其右，则雾出于左。其松犹有曲挺⑱纵横者；柏虽大于如臂，无不平贴石上，如苔藓然。山高风巨，雾气去来无定。下盼诸峰，时出为碧峤[19]，时没为银海。再眺山下，则日光晶晶，别一区宇也。日渐暮，遂前其足，手向后据[20]地，坐而下脱[21]。至险绝处，澄源并肩手相接。度险，下至山坳，暝色已合。复从峡度栈以上，止文殊院。

初五日平明，从天都峰坳中北下二里，石壁岈然[22]。其下莲花洞正与前坑石笋对峙，一坞幽然。别澄源，下山至前岐路侧，向莲花峰[23]而趋。一路沿危壁西行，凡再降升，将下百步云梯，有路可直跻莲花峰。既陟而磴绝[24]，疑而复下。隔峰一僧高呼曰："此正莲花道也！"乃从石坡侧度石隙。径小而峻，峰顶皆巨石鼎峙，中空如室。从其中叠级[25]直上，级穷洞转[26]，屈曲奇诡，如下上楼阁中，忘其峻出天表也。一里，得茅庐，倚石罅中。方徘徊欲升，则前呼道之僧至矣，僧号凌虚，结茅于此者，遂与把臂陟顶。顶上一石，悬隔二丈，僧取梯以度。其巅廓然，四望空碧，即天都亦俯首矣。盖是峰居黄山之中，独出诸峰上，四面岩壁环耸，遇朝阳雾色[27]，鲜映层发，令人狂叫欲舞。

久之，返茅庵，凌虚出粥相饷，啜一盂[28]，乃下。至岐路侧，过大悲顶，上天门。三里，至炼丹台。循台嘴而下，观玉屏风[29]、三海门诸峰，悉从深坞中壁立起。其丹台一冈中垂，颇无奇峻，惟瞰翠微之背，坞中峰峦错耸，上下周映[30]，非此不尽瞻眺之奇耳。还过平天矼，下后海，入智空庵，别焉。三里，下狮子林，趋石笋矼，至向年[31]所登尖峰上。倚松而坐，瞰坞中峰石回攒[32]，藻缋[33]满眼，始觉匡庐、石门[34]，或具一体，或缺一面，不若此之闳博富丽[35]也！久之，上接引崖，下眺坞中，阴阴觉有异。复至冈上尖峰侧，践流石，援棘草，随坑而下，愈下愈深，诸峰自相掩蔽，不能一目尽也。日暮，返狮子林。

初六日别霞光[36]，从山坑向丞相原。下七里，至白沙岭[37]，霞光复至。因余欲观牌楼石，恐白沙庵[38]无指者[39]，追来为导。遂同上岭，指岭右隔坡，有石丛立，下分上并，即牌楼石也。余欲逾坑溯涧，直造其下。僧谓："棘迷路绝，必不能行。若从坑直下丞相原，不必复上此岭；若欲从仙灯而往，不若即由此岭东向。"余从之，循岭脊行。岭横亘天都、莲花之北，狭甚，旁不容足，南北皆崇峰夹映。岭尽北下，仰瞻右峰罗汉石，圆头秃顶，俨然二僧也。下至坑中，逾涧以上，共四里，登仙灯洞。洞南向，正对天都之阴。僧架阁连板于外，而内犹穹然[40]，天趣未尽刊[41]也。复南下三里，过丞相原[42]，山间一夹地耳。其庵颇整，四顾无奇，竟不入。复南向循山腰行，五里，渐下。涧中泉声沸然，从石间九级下泻，每级一下有潭渊碧，所谓九龙潭[43]也。黄山无悬流飞瀑，惟此耳。又下五里，过苦竹滩[44]，转循太平县路，向东北行。

（选自《徐霞客游记（全四册）》，中华书局，2015 年版）

注释

① 戊午：万历四十六年（1618）。

② 石门：指今云巢洞。

③ 罅（xià）：缝隙，裂缝。

④ 级之：修建石阶。

⑤ 夫仆：脚夫和仆人。

⑥ 翼然：像翅膀一样展开。

⑦ 文殊院：在天都、莲花两峰间，左有狮石，右有象石，后毁于火。

⑧ 擥（lǎn）：同"揽"，持，握。

⑨ 勇：形容兴致高昂。

⑩ 奴辈：指前文提到过的脚夫和仆人。

⑪ 挟：拉着。

⑫ 下峡路：从峡谷中的路下来。

⑬ 流石：流动的砾石。

⑭ 历：跨越。

⑮ 垂接：垂下手来接我。

⑯ 壁起：像墙壁一样耸立。

⑰ 徙：移动。

⑱ 曲挺：或弯曲或挺拔。

⑲ 峤（jiào）：高而尖的山。

⑳ 据：撑着。

㉑ 脱：滑落。

㉒ 岈（xiā）然：深邃的样子。

㉓ 莲花峰：为黄山最高峰，海拔约 1 860 米。莲花峰、天都峰、光明顶为黄山三大主峰。

㉔ 磴绝：石阶中断。

㉕ 叠级：垒砌的石阶。

㉖ 洞转：转进山洞里。

㉗ 霁色：晴朗的天色。

㉘ 盂：盛液体的敞口容器。

㉙ 玉屏风：应为玉屏峰，为黄山三十六小峰之一。

㉚ 周映：四周互相掩映。

㉛ 向年：往年。这里指的是作者前年第一次登黄山时。

㉜ 回攒：回绕簇拥。

㉝ 藻缋：文采绘画。藻，文采。缋：同"绘"，彩画。

㉞ 石门：称石门者甚多，或指此为浙江青田县的石门山。

㉟ 闳博富丽：恢宏博大、丰富壮丽。

㊱ 霞光：一名和尚。

㊲ 白沙岭：在云谷寺西北，云谷寺通往皮蓬的路途中。

㊳ 白沙庵：在白沙岭畔的岔路口，附近有入胜亭。

㊴ 无指者：没有指路的人。

㊵ 穹然：高高隆起的样子。

㊶ 刊：删除、削除。

㊷ 丞相原：在钵盂峰下，相传南宋右丞相程元凤曾在此读书，故名。明代改名云谷寺。为从东路登山要道，南面入口石刻甚多。寺址已改建为宾馆。

㊸ 九龙潭：黄山东隅罗汉峰与香炉峰之间，有飞流九折，称九龙潭。一折一潭，亦有九潭，称"九龙潭"。

㊹ 苦竹滩：即今歙县苦竹溪，在汤口东北的公路边。

阅读提示

　　徐霞客（1587—1641），名弘祖，字振之，号霞客。他在《徐霞客游记》的开篇《游天台山记》中写道"癸丑之三月晦，自宁海出西门。云散日朗，人意山光，俱有喜态"，那一天，是公元 1613 年 5 月 19 日。在这样一个天朗气清、惠风和畅的日子里，徐霞客开始了他长达 30 多年的行走生涯。为了纪念他，2011 年，国务院通过决议，将每年的 5 月 19 日定名为中国旅游日。

　　明朝著名官员、文人文震孟称誉徐霞客："真古今第一奇人也。"明末清初文化界巨擘钱谦益谓："徐霞客千古奇人，《游记》乃千古奇书。"1998 年，经有关部门组织全国专家评议推荐，《徐霞客游记》被列为代表中国文化的 20 部经典著作之一。北京中华世纪坛民族文化长廊伫立的 40 位在文化、教育、科技领域取得卓越成就的历史人物雕像，徐霞客雕像也位列其中。

　　"大丈夫当朝碧海而暮苍梧"，徐霞客带着这样一种纵横于天地之间、不计远近、不计朝暮、不计山海的理想与豪迈的想法踏上了人生的旅途，足迹遍及今天中国的 21 个省、自治区、直辖市。在这个过程中，徐霞客经历过数不清的危险和磨难。我们现在有个概念叫穷游，穷游至少有旅游指南可以参考，但是徐霞客是"达人之所未达，探人之所未知"，完全是一种探险。徐霞客"不避风雨，不惮虎狼""岩泊崖栖，忍饥耐寒"，在如此恶劣的自然环境中，他多次面临生命危险：在雁荡山顶，他和奴仆上下不得，用裹脚布拼接成绳，中途断掉，十分危急；他登顶嵩山太室绝顶后，选择了最危险的路线，从西边峡谷悬空滑溜下去，全程"目不使旁瞬""足不容求息"；游历湖南麻叶洞，没人敢做他的向导，居民都认为这洞里有鬼怪，他丝毫没有畏惧，毅然进洞探险；探寻长江源头，差点被激流冲走；几次被强盗洗劫，差点命丧刀下；被担夫砸伤脚、偷走钱财，只能负伤前行；生病、吃不饱饭、幕天席地对徐霞客来说都是常态……被钱谦益称之为"世间真文字、大文字、奇文字"的《徐霞客游记》就是在这样的冒险之旅中写就的。也正是历经这万般磨难，徐霞客发现了诸多奇景，如嵩山西沟、麻叶溶洞、金沙江、香格里拉；校正了很多千古讹传，如古人对"岷山导江"的错误论断和这篇选文中对黄山最高峰的重新认定；推进了近代地理学的进一步发展，如他对岩溶地貌所作的考察和描述，比欧洲人爱士倍尔的工作（1774 年）要早130 多年，他对岩溶地貌的分类也比欧洲人曼于的研究（1858 年）还要早220 多年。

学者蒙曼在《典籍里的中国｜〈徐霞客游记〉》节目里说道："徐霞客一辈子，就行走在中国的大地上，他追溯的长江源头是中国，他探访的名山大川是中国，他的游记里记录下来的每一个地点都是中国，徐霞客这种热爱自然、追求真理的精神永远无可替代，永远不可磨灭。"高山如父，江河如母，在对中华大地的探寻中寻根溯源，让我们知道中国人的根在何处、中华文明源起何方，徐霞客的一生做的正是这样的事业！

思辨感悟

1. 自行阅读徐霞客另一篇《游黄山日记》，对比分析徐霞客两次游览黄山的路线和心情变化。

2. 谈一谈徐霞客为什么会被称为"千古奇人"，《徐霞客游记》为什么会被称为"千古奇书"？

拓展延伸

1. 徐霞客：《徐霞客游记（全四册）》，中华书局，2015 年版
2. 纪录片《徐霞客》，央视网
3.《典籍里的中国》第 8 集《徐霞客游记》，央视网

随堂练习

我所知道的康桥①

徐志摩

剑桥大学一景

一

我这一生的周折，大都寻得出感情的线索。不论别的，单说求学。我到英国是为要从罗素。罗素来中国时，我已经在美国。他那不确的死耗传到的时候，我真的出眼泪不够，还做悼诗来了。他没有死，我自然高兴。我摆脱了哥伦比亚大博士衔的引诱，买船票过大西洋，想跟这位二十世纪的福禄泰尔认真念一点书去。谁知一到英国才知道事情变样了：一为他在战时主张和平，二为他离婚，罗素叫康桥给除名了，他原来是 Trinity Gollege② 的 fellow③，这来他的 fellowship④ 也给取消了。他回英国后就在伦敦住下，夫妻两人卖文章过日子。因此我也不曾遂我从学的始愿。我在伦敦政治经济学院里混了半年，正感着闷想换路走的时候，我认识了狄更生先生。狄更生——Galsworthy lowes Diekinson——是一个有名的作者，他的《一个中国人通信》（Letters from John Ghinaman）与《一个现代聚餐谈话》（A Modern Symposium）两本小册子早得了我的景仰。我第一次会着他是在伦敦国际联盟协会席上，那天林宗孟先生演说，他做主席；第二次是在宗孟寓里吃茶，有他。以后我常到他家里去。他看出我的烦闷，劝我到康桥去，他自己是王家学院（Kings College）的 fellow。我就写信去问两个学院，回信都说学额早满了，随后还是狄更生先生替我去在他的学院里说好了，给我一个特别生的资格，随意选科听讲。从此黑方巾、黑披袍的风光也被我占着了。初起我在离康桥六英里的乡下叫沙士顿地方租了几间小屋住下，同居的有我从前的夫人张幼仪女士与郭虞裳君。每天一早我坐街车（有时自行车）上学，到晚回家。

这样的生活过了一个春，但我在康桥还只是个陌生人，谁都不认识，康桥的生活，可以说完全不曾尝着，我知道的只是一个图书馆，几个课室，和三两个吃便宜饭的菜食铺子。狄更生常在伦敦或是大陆上，所以也不常见他。那年的秋季我一个人回到康桥，整整有一学年，那时我才有机会接近真正的康桥生活，同时我也慢慢地"发现"了康桥。我不曾知道过更大的愉快。

二

"单独"是一个耐寻味的现象。我有时想它是任何发现的第一个条件。你要发现你的朋友的"真"，你得有与他单独的机会。你要发现你自己的真，你得给你自己一个单独的机会。你要发现一个地方（地方一样有灵性），你也得有单独玩的机会。我们这一辈子，认真说，能认识几个人？能认识几个地方？我们都是太匆忙，太没有单独的机会。说实话，我连我的本乡都没有什么了解。康桥我要算是有相当交情的，再次许只有新认识的翡冷翠了。阿，那些清晨，那些黄昏，我一个人发痴似的在康桥！绝对的单独。

但一个人要写他最心爱的对象，不论是人是地，是多么使他为难的一个工作？你怕，你怕描坏了它，你怕说过分了恼了它，你怕说太谨慎了辜负了它。我现在想写康桥，也正是这样的心理，我不曾写，我就知道这回是写不好的——况且又是临时逼出来的事情。但我却不能不写，上期预告已经出去了。我想勉强分两节写，一是我所知道的康桥的天然景色，一是我所知道的康桥的学生生活。我今晚只能极简地写些，等以后有兴会时再补。

三

康桥的灵性全在一条河上；康河，我敢说是全世界最秀丽的一条水。河的名字是葛兰大（Granta），也有叫康河（River Caun）的，许有上下流的区别，我不甚清楚。河身多的是曲折，上游是有名的拜伦潭——"Byron's Pool"——当年拜伦常在那里玩的；有一个老村子叫格兰骞斯德，有一个果子园，你可以躺在累累的桃李树荫下吃茶，花果会掉入你的茶杯，小雀子会到你桌上来啄食，那真是别有一番天地。这是上游；下游是从骞斯德顿下去，河面展开，那是春夏间竞舟的场所。上下河分界处有一个坝筑，水流急得很，在星光下听水声，听近村晚钟声，听河畔倦牛刍草声，是我康桥经验中最神秘的一种：大自然的优美，宁静，调谐在这星光与波光的默契中不期然地淹入了你的性灵。

但康河的精华是在它的中流，著名的"Backs"⑤，这两岸是几个最蜚声的学院的建筑。从上面下来是 Pembroke⑥，St.Katharine's⑦，King's⑧，Clare⑨，Trinity，

St.John's⑩。最令人流连的一节是克莱亚与王家学院的毗连处，克莱亚的秀丽紧邻着王家教堂（King's Chapel）的宏伟。别的地方尽有更美更庄严的建筑，例如巴黎赛因河的罗浮宫一带，威尼斯的利阿尔多大桥的两岸，翡冷翠维基乌大桥的周遭；但康桥的"Backs"自有它的特长，这不容易用一二个状词来概括，它那脱尽尘埃气的一种清澈秀逸的意境可说是超出了画图而化生了音乐的神味。再没有比这一群建筑更调谐更匀称的了！论画，可比的许只有柯罗（Corot）的田野；论音乐，可比的许只有萧班（Chopin）的夜曲。就这也不能给你依稀的印象，它给你的美感简直是神灵性的一种。

假如你站在王家学院桥边的那棵大菊树荫下眺望，右侧面，隔着一大方浅草坪，是我们的校友居（Fellows Building），那年代并不早，但它的妩媚也是不可掩的，它那苍白的石壁上春夏间满缀着艳色的蔷薇在和风中摇颤，更移左是那教堂，森林似的尖阁不可溉的永远直指着天空；更左是克莱亚，阿！那不可信的玲珑的方庭，谁说这不是圣克莱亚（St.Clare）的化身，那一块石上不闪耀着她当年圣洁的精神？在克莱亚后背隐约可辨的是康桥最潇贵最骄纵的三清学院（Trinity），它那临河的图书楼上坐镇着拜伦神采惊人的雕像。

但这时你的注意早已叫克莱亚的三环洞桥魔术似的摄住。你见过西湖白堤上的西冷断桥不是（可怜它们早已叫代表近代丑恶精神的汽车公司给踩平了，现在它们跟着苍凉的雷峰永远辞别了人间）？你忘不了那桥上斑驳的苍苔，木栅的古色，与那桥拱下泄露的湖光与山色不是？克莱亚并没有那样体面的衬托，它也不比庐山栖贤寺旁的观音桥，上瞰五老的奇峰，下临深潭与飞瀑；它只是怯怜怜的一座三环洞的小桥，它那桥洞间也只掩映着细纹的波鳞与婆娑的树影，它那桥上栉比的小穿阑与阑顶上双双的白石球，也只是村姑子头上不夸张的香草与野花一类的装饰；但你凝神的看着，更凝神地看着，你再反省你的心境，看还有一丝屑的俗念黏滞不？只要你审美的本能不曾泯灭时，这是你的机会实现纯粹美感的神奇！

但你还得选你赏鉴的时辰。英国的天时与气候是走极端的。冬天是荒谬的坏，逢着连绵的雾盲天你一定不迟疑的甘愿进地狱本身去试试；春天（英国是几乎没有夏天的）是更荒谬的可爱，尤其是它那四五月间最渐缓最艳丽的黄昏，那才真是寸寸黄金。在康河边上过一个黄昏是一服灵魂的补剂。阿！我那时蜜甜的单独，那时蜜甜的闲暇。一晚又一晚的，只见我出神似的倚在桥阑上向西天凝望：——

> 看一回凝静的桥影，
> 数一数螺细的波纹；
> 我倚暖了石阑的青苔，
> 青苔凉透了我的心坎……
> 还有几句更笨重的怎能仿佛那游丝似轻妙的情景；
> 难忘七月的黄昏，远树凝寂，
> 像墨泼的山形，衬出轻柔暝色，

密稠稠，七分鹅黄，三分桔绿，

那妙意只可去秋梦边缘捕捉；……

四

这河身的两岸都是四季常青最葱翠的草坪。从校友居的楼上望去，对岸草场上，不论早晚，永远有十数匹黄牛与白马，胫蹄没在恣蔓的草丛中，纵容的在咬嚼，星星的黄花在风中动荡，应和着它们尾鬃的扫拂。桥的两端有斜倚的垂柳与掬荫护住。水是澈底的清澄，深不足四尺，匀匀的长着长条的水草。这岸边的草坪又是我的爱宠，在清朝，在傍晚，我常去这天然的织锦上坐地，有时读书，有时看水，有时仰卧着看天空的行云，有时反仆着搂抱大地的温软。

但河上的风流还不止两岸的秀丽。你得买船去玩。船不止一种：有普通的双桨划船，有轻快的薄皮舟（Canoe），有最别致的长形撑篙船（Punt）。最末的一种是别处不常有的：约莫有二丈长，三尺宽，你站直在船艄上用长竿撑着走的。这撑是一种技术。我手脚太蠢，始终不曾学会。你初起手尝试时，容易把船身横住在河中，东颠西撞的狼狈。英国人是不轻易开口笑人的，但是小心他们不出声地皱眉！也不知有多少次河中本来悠闲的秩序叫我这莽撞的外行给搅乱了。我真的始终不曾学会；每回我不服输跑去租船再试的时候，有一个白胡子的船家往往带讥讽地对我说：“先生，这撑船费劲，天热累人，还是拿个薄皮舟溜溜吧！”我哪里肯听话，长篙子一点就把船撑了开去，结果还是把河身一段段的腰斩了去！

你站在桥上去看人家撑，那多不费劲，多美，尤其在礼拜天有几个专家的女郎，穿一身缟素衣服，裙裾在风前悠悠地飘着，戴一顶宽边的薄纱帽，帽影在水草间颤动，你看她们出桥洞时的姿态，捻起一根竟像没分量的长竿，只轻轻地，不经心地往波心里一点，身子微微的一蹲，这船身便波地转出了桥影，翠条鱼似的向前滑了去。她们那敏捷，那闲暇，那轻盈，真是值得歌咏的。

在初夏阳光渐暖时你去买一支小船，划去桥边荫下躺着念你的书或是做你的梦，槐花香在水面上漂浮，鱼群的唼喋声在你的耳边挑逗。或是在初秋的黄昏，近着新月的寒光，望上流僻静处远去。爱热闹的少年们携着他们的女友，在船沿上支着双双的东洋彩纸灯带着话匣子，船心里用软垫铺着，也开向无人迹处去享他们的野福——谁不爱听那水底翻的音乐在静定的河上描写梦意与春光！

住惯城市的人不易知道季候的变迁。看见叶子掉知道是秋，看见叶子绿知道是春；天冷了装炉子，天热了拆炉子；脱下棉袍，换上夹袍，脱下夹袍，穿上单袍：不过如此罢了。天上星斗的消息，地下泥土里的消息，空中风吹的消息，都不关我们的事。忙着哪，这样那样事情多着，谁耐烦管星星的移转，花草的消长，风云的变幻？同时我们抱怨我们的生活，苦痛，烦闷，拘束，枯燥，谁肯承认做人是快乐？谁不多少间诅咒人生？

　　但不满意的生活大都是由于自取的。我是一个生命的信仰者，我信生活绝不是我们大多数人仅仅从自身经验推得的那样暗惨。我们的病根是在"忘本"。人是自然的产儿，就比枝头的花与鸟是自然的产儿；但我们不幸是文明人，入世深似一天，离自然还远似一天。离开了泥土的花草，离开了水的鱼，能快活吗？能生存吗？从大自然，我们取得我们的生命；从大自然，我们应分取得我们继续的滋养。那一株婆婆的大木没有盘错的根柢深入在无尽藏的地里？我们是永远不能独立的。有幸福是永远不离母亲抚育的孩子，有健康是永远接近自然的人们。不必一定与鹿豕游，不必一定回"洞府"去；为医治我们当前生活的枯窘，只要"不完全遗忘自然"，一张轻淡的药方我们的病象就有缓和的希望。在青草里打几个滚，到海水里洗几次浴，到高处去看几次朝霞与晚照——你肩背上的负担就会轻松了去的。

　　这是极肤浅的道理，当然，但我要没有过遇康桥的日子，我就不会有这样的自信。我一辈子就只那一春，说也可怜，算是不曾虚度。就只那一春，我的生活是自然的，是真愉快的！（虽则碰巧那也是我最感受人生痛苦的时期。）我那时有的是闲暇，有的是自由，有的是绝对单独的机会。说也奇怪，竟像是第一次，我辨认了星月的光明，草的青，花的香，流水的殷勤。我能忘记那初春的睥睨吗？曾经有多少个清晨我独自冒着冷去薄霜铺地的林子里闲步——为听鸟语，为盼朝阳，为寻泥土里渐次苏醒的花草，为体会最微细最神妙的春信。阿，那是新来的画眉在那边凋不尽的青枝上试它的新声！阿，这是第一朵小雪球花挣出了半冻的地面！阿，这不是新来的潮润沾上了寂寞的柳条？

　　静极了，这朝来水溶溶的大道，只远处牛奶车的铃声，点缀这周遭的沉默，顺着这大道走去，走到尽头，再转入林子里的小径，往烟雾浓密处走去，头顶是交枝的榆荫，透露着漠楞楞的曙色；再往前走去，走尽这林子，当前是平坦的原野，望见了村舍，初青的麦田，更远三两个馒形的小山掩住了一条通道。天边是雾茫茫的，尖尖的黑影是近村的教寺。听，那晓钟和缓的清音。这一带是此邦中部的平原，地形像是海里的轻波，默沉沉的起伏；山岭是望不见的，有的是常青的草原与沃腴的田壤。登那土阜上望去，康桥只是一带茂林，拥戴着几处娉婷的尖阁。妩媚的康河也望不见踪迹，你只能循着那锦带似的林木想象那一流清浅。村舍与树林是这地盘上的棋子，有村舍处有佳荫，有佳荫处有村舍。这早起是看炊烟的时辰：朝雾渐渐的升起，揭开了这灰苍苍的天幕（最好是微霭后的光景），远近的炊烟，成丝的，成缕的，成卷的，轻快的，迟重的，浓灰的，淡青的，惨白的，在静定的朝气里渐渐的上腾，渐渐地不见，仿佛是朝来人们的祈祷，参差的翳入了天听。朝阳是难得见的，这初春的天气。但它来时是起早人莫大的愉快。顷刻间这田野添深了颜色，一层轻纱似的金粉糁上了这草，这树，这通道，这庄舍。顷刻间这周遭弥漫了清晨富丽的温柔。顷间你的心怀也分润了白天诞生的光荣。"春"！这胜利的晴空仿佛在你的耳边私语。"春"！你那快活的灵魂也仿佛在那里回响。

……

伺候着河上的风光，这春来一天有一天的消息。关心石上的苔痕，关心败草里的花鲜，关心这水流的缓急，关心水草的滋长，关心天上的云霞，关心新来的鸟语。怯怜怜的小雪球是探春信的小使。铃兰与香草是欢喜的初声。窈窕的莲馨，玲珑的石水仙，爱热闹的克罗克斯，耐辛苦的蒲公英与雏菊——这时候春光已是缦烂在人间，更不须殷勤问讯。

瑰丽的春放。这是你野游的时期。可爱的路政，这里不比中国，哪一处不是坦荡荡的大道？徒步是一个愉快，但骑自转车是一个更大的愉快。在康桥骑车是普遍的技术；妇人，稚子，老翁，一致享受这双轮舞的快乐。（在康桥听说自转车是不怕人偷的，就为人人都自己有车，没人要偷。）任你选一个方向，任你上一条通道，顺着这带草味的和风，放轮远去，保管你这半天的逍遥是你性灵的补剂。这道上有的是清荫与美草，随地都可以供你休憩。你如爱花，这里多的是锦绣似的草原。你如爱鸟，这里多的是巧啭的鸣禽。你如爱儿童，这乡间到处是可亲的稚子。你如爱人情，这里多的是不嫌远客的乡人，你到处可以"挂单"借宿，有酪浆与嫩薯供你饱餐，有夺目的果鲜恣你尝新。你如爱酒，这乡间每"望"都为你储有上好的新酿，黑啤如太浓，苹果酒姜酒都是供你解渴润肺的……带一卷书，走十里路，选一块清静地，看天，听鸟，读书，倦了时，和身在草绵绵处寻梦去——你能想象更适情更适性的消遣吗？

陆放翁有一联诗句："传呼快马迎新月，却上轻舆趁晚凉"；这是做地方官的风流。我在康桥时虽没马骑，没轿子坐，却也有我的风流：我常常在夕阳西晒时骑了车迎着天边扁大的日头直追。日头是追不到的，我没有夸父的荒诞，但晚景的温存却被我这样偷尝了不少。有三两幅书图似的经验至今还是栩栩的留着。只说看夕阳，我们平常只知道登山或是临海，但实际只需辽阔的天际，平地上的晚霞有时也是一样的神奇。有一次我赶到一个地方，手把着一家村庄的篱笆，隔着一大田的麦浪，看西天的变幻。有一次是正冲着一条宽广的大道，过来一大群羊，放草归来的，偌大的太阳在它们后背放射着万缕的金辉，天上却是乌青青的，只剩这不可逼视的威光中的一条大路，一群生物！我心头顿时感着神异性的压迫，我真的跪下了，对着这冉冉渐翳的金光。再有一次是更不可忘的奇景，那是临着一大片望不到头的草原，满开着艳红的罂粟，在青草里亭亭的像是万盏的金灯，阳光从褐色云里斜着过来，幻成一种异样的紫色，透明似的不可逼视，刹那间在我迷眩了的视觉中，这草田变成了……不说也罢，说来你们也是不信的！

一别二年多了，康桥，谁知我这思乡的隐忧？也不想别的，我只要那晚钟撼动的黄昏，没遮拦的田野，独自斜倚在软草里，看第一个大星在天边出现！

（选自《徐志摩散文》，人民文学出版社，2013年版）

注释

① 本篇写作时间为 1926 年 1 月 14 日、15 日；14 日所写部分（从开头到"谁不爱听那水底翻的音乐在静定的河上描写梦意与春光！"），载 1926 年 1 月 16 日《晨报副刊》。末尾附记："应该还得往下写，但今晚只得告罪打住了。"15 日所写部分，载 25 日《晨报副刊》，均署名志摩；初收 1927 年 8 月上海新月书店《巴黎的鳞爪》。

② Trinity Gollege：三一学院。

③ fellow：研究员。

④ fellowship：研究员资格。

⑤ Backs：剑桥大学的后花园，以风景优美著称。

⑥ Pembroke：彭布罗克学院。

⑦ St. Katharine's：圣凯瑟琳学院。

⑧ King's：国王学院。

⑨ Clare：徐志摩翻译为克莱亚，即圣克莱尔学院。

⑩ St.John's：圣约翰学院。

阅读提示

徐志摩出生于硖石首富之家，自小生活优渥，接受了良好的教育，他和那个时代的热血青年一样，希望能寻求到救国的药方，因此到美国留学，学习历史学、经济学、社会学等相关课程，希望能成为中国的"汉密尔顿"（美国政治家、军人、财经专家，美国开国元勋之一）。在美国留学将近两年，徐志摩厌倦了美国资本主义的掠夺性、贪婪性，他崇尚自由的天性和美国实用功利的氛围也格格不入，不久徐志摩被英国哲学家罗素的学术研究吸引，因此他放弃追求哥伦比亚博士学位，前往剑桥大学。在英国求学的两年间，徐志摩结识了罗素、狄更生、威尔斯、嘉本特、魏雷、曼斯菲尔德、傅来义等名人，在和这些文学家、艺术家的交往中，徐志摩的人生目标发生了转变，他在书信中也写道："我一直认为，自己一生最大的机遇是得遇狄更生先生。因着他，我才能进剑桥享受这些快乐的日子，而我对文学艺术的兴趣也就这样固定成型了。"剑桥大学自由的人文环境、往来无白丁的人际交往、优美淡然的自然环境，极大地影响了徐志摩的整个精神面貌，激发了他天性中的浪漫主义情怀，使他投向文学的怀抱。后来，他成为中国文坛 20 世纪 20 年代最重要的诗派之一"新月派"的领军人物，留下不少经典的诗篇。

康桥在徐志摩的人生旅途中无疑是最重要的一环。徐志摩曾经说过："我的眼是康桥教我睁的，我的求知欲是康桥给我拨动的，我的自我意识是康桥给我胚胎的。"在本篇散文中，我们可以充分领略徐志摩对康桥不吝辞色的赞美和他对康桥的深情，同时作品也鲜明地体现了徐志摩崇拜自然、热爱自然的情怀，就像他在本文中所说的那样："人是自然的产儿，就比枝头的花与鸟是自然的产儿……只要'不完全遗忘自然'，一张轻淡的药方我们的病象就有缓和的希望。在青草里打几个滚，到海水里洗几次浴，到高处去看几次朝霞与晚照——你肩背上的负担就会轻松了去的。"

清末民初是中国向西方学习不断深入的时期，是大量的中西文化、学说、思潮交汇碰撞的特殊时期。这是中国在长久的闭关锁国之后"睁眼看世界"的过程，也是中国在传统与现代文明间痛苦抉择的过程。在这个过程中，有各个领域的人才前往国外留学取经，西方世界、城市、文化、景观、民众也成了那个时期中国人对先进文明的观照对象。层出不穷的外国游记或者留学生活记录、小说等，折射出不同创作个体心灵面对时代、国家的不同情绪。郁达夫的《沉沦》等小说写的是弱国子民在异国的不安、痛苦、忧郁、感伤；郭沫若在日本留学时期写作的诗歌如《女神》《天狗》《凤凰涅槃》等充满了狂飙突进，破旧立新的激情、奔放、浪漫、雄浑；徐志摩笔下关于外国的游记散文则充满了对自然、爱、美的崇拜，留下了康桥文化的浪漫缩影。在当下，重读《我所知道的康桥》一文，让我们再次感受不同文化、文明的碰撞交流，感受人生旅途的顿挫与升华。

思辨感悟

1. 对比阅读本文和徐志摩的诗歌《再别康桥》，谈一谈徐志摩对康桥的情感以及康桥在徐志摩人生旅途中的重要意义。

2. 结合徐志摩的《翡冷翠山居闲话》等文，谈一谈徐志摩对大自然的态度。

拓展延伸

1. 徐志摩：《徐志摩散文》，人民文学出版社，2007 年版
2. 朱自清：《朱自清散文》，人民文学出版社，2005 年版
3. 纪录片《徐志摩》，央视网

随堂练习

苏轼诗词三首

［北宋］苏轼

苏轼像

和子由渑池怀旧 ①

人生到处知何似？应似飞鸿踏雪泥：
泥上偶然留指爪，鸿飞那复计东西 ②。
老僧已死成新塔，坏壁无由见旧题 ③。
往日崎岖还记否：路长人困蹇驴嘶 ④。

注释

①嘉祐六年（1061）十一月，作者与弟弟苏辙在郑州分别后路过渑池（今河南渑池县西），苏辙有《怀渑池寄子瞻兄》诗，此篇为和作。

②"人生"四句：查慎行、冯应榴以为用的是《传灯录》或《五灯元会》中的禅语，王文诰已驳斥此种说法。此四句应当是譬喻。苏辙原诗开头两句为"相携话别郑原上，共道长途怕雪泥"，苏轼从"雪泥"引发，变实写为虚拟，创造出"雪泥鸿爪"的著名比喻，喻指往事所留痕迹，以表示人生的偶然、无定之慨。

③"老僧"二句：苏辙原诗云"旧宿僧房壁共题"且自注云："昔与子瞻应举，过宿县中寺舍，题其老僧奉闲之壁。"老僧指的就是奉闲，时奉闲已死，古代僧人死后，以塔葬其骨灰。坏壁：指奉闲僧舍。嘉祐元年（1056），苏轼兄弟在父

亲苏洵的带领下，第一次由蜀赴汴京应试，路经渑池，同住县中僧舍，同于壁上题诗。

④"往日"二句：苏轼自注"往岁马死于二陵，骑驴至渑池"。往岁，指的就是父子三人赴京应试这一年。二陵，即二崤，东崤和西崤，是陕豫间交通要道之一，在渑池县西。蹇（jiǎn）驴：腿脚不灵便的驴子。蹇，跛脚。

卜算子·黄州定慧院寓居作 ①

缺月挂疏桐，漏断②人初静。谁见幽人③独往来，缥缈④孤鸿影。
惊起却回头，有恨无人省⑤。拣尽寒枝不肯栖⑥，寂寞沙洲冷⑦。

注释

①苏轼因乌台诗案被贬为黄州（今湖北黄冈）团练副使，于元丰三年（1080）二月至黄州，初寓居定慧院；五月，迁临皋亭。定慧院，一作定惠院，在黄冈东南。

②漏断：即指深夜。漏，指古人计时用的漏壶。

③幽人：幽居的人，形容孤雁。幽，出自《易·履卦》："履道坦坦，幽人贞吉"，原指幽囚之人，引申为含冤之人或幽居之人。杜甫《行次昭陵》中的"幽人拜鼎湖"，就用前一引申义。此处苏轼自指，亦用此意，切合谪臣身份。

④缥缈：高远隐约貌。

⑤省：理解。"无人省"，犹言"无人识"。

⑥"拣尽"句：历来多位注家对此句有不同看法。有的注家认为大雁栖息在芦苇丛中，不会栖息在树上，所以苏轼这句话有语病。有的注家认为"不肯栖"正体现了大雁不栖息在树上，有的注家认为"寒枝"也有可能指"芦苇枝"，所以认为苏轼这句话没有语病。此句和下句结合应指大雁品格高尚，所以不肯栖息在高寒之木，而甘居寂寞沙洲。

⑦末句：一作"枫落吴江冷"，全用唐人崔信明断句，且上下不接，恐非。沙洲：江河中由泥沙淤积而成的陆地。

六月二十日夜渡海 ①

参横斗转②欲三更，苦雨终风③也解晴。
云散月明谁点缀？天容海色本澄清④。

空余鲁叟⑤乘桴⑥意，粗识轩辕奏乐声⑦。
九死南荒⑧吾不恨⑨，兹游⑩奇绝冠平生。

注释

① 这是苏轼在元符三年（1100）六月自海南岛北归过琼州海峡时所作。

② 参横斗转：参星横斜，北斗星转向，说明时值夜深。参，斗，两星宿名，皆属二十八星宿。横，转，指星座位置的移动。

③ 苦雨终风：久雨不停，终日刮大风。终风：终日刮的风，语出《诗·邶风·终风》："终风且暴"，《毛传》曰："终日风为终风。"苏轼用此意。

④ 天容海色本澄清：青天碧海本来就是澄清明净的。比喻自己本来清白，政敌的诬陷如蔽月的浮云，终会消散。

⑤ 鲁叟：指孔子。

⑥ 乘桴（fú）：乘船。桴，小筏子。据《论语·公冶长》载，孔子曾说："道（王道）不行，乘桴浮于海。"这句意思是说已经渡海北返，不必感叹王道不行。

⑦ 轩辕奏乐声：轩辕，即黄帝。《庄子·天运》中说，黄帝在洞庭湖边演奏《咸池》乐曲，并借音乐说了一番玄理。所以，轩辕奏乐声在这里形容涛声，也隐指老庄忘得失、齐荣辱的哲理。

⑧ 南荒：僻远荒凉的南方。

⑨ 恨：遗憾。

⑩ 兹游：这次海南之游，实指被贬谪海南的经历。

（文本选自 1.《苏轼诗词文选评》，上海古籍出版社，2012 年版。

2.《苏轼诗集合注（全六册）》，上海世纪出版股份有限公司、

上海古籍出版社，2001 年版。

3.《苏轼词编年校注（全三册）》，中华书局，2002 年版。）

阅读提示

北宋朝建中靖国元年（1101），苏轼一路北归，五月路过金山寺，看到十年前好友李公麟给自己作的画像，提笔写下了《自题金山画像》一诗，诗是这么写的，"心似已灰之木，身如不系之舟。问汝平生功业，黄州惠州儋州"。两个月以后，苏轼离世。这首诗可以看作是苏轼对自己人生的某种总结。诗歌前两句典出《庄子》，表达的是苏轼物我两相忘、一任自然的超然心境，却也透露出一种人生迟暮的悲哀和无奈，漂泊半生的辛酸与不宁。但后两句苏轼

却说，如果要问我这一生的功业是什么，我会告诉你三个地方，黄州、惠州、儋州。

苏轼这一生，官场虽然坎坷，但是他只要在其位必然谋其政，为老百姓做了很多实事。他在杭州修苏堤，疏浚西湖，办医院救治百姓；在徐州带头抗击洪水，保护彭城；在密州治理蝗灾，救治弃儿；在海南办学堂，介学风，发展教育事业……每件事放到现在也是不小的功勋，是实实在在的父母官。然而，苏轼回望自己的人生，什么也没提，只说了黄州、惠州、儋州三个城市的名字。熟悉苏轼的人都知道，这三个地方均是他被贬谪的地方。说功业，不提自己做高官办大事，却偏偏讲自己最失意的地方。这满纸荒唐言，充满了自嘲，却也更加透露出苏轼一贯的旷达乐观和超强的自嘲自解能力。就像林语堂所说："苏东坡是一个无可救药的乐天派。"

苏轼的一生用他自己的话来讲就是"不合时宜"。在王安石变法进行得如火如荼时，他痛陈新政之弊端，得罪当权者，自请外放，也成为权臣倾轧、小人攻击的靶子，给他招致了人生的巨大变故——乌台诗案，开启了他三起三落的后半生。新党倒台，旧党起用苏轼，苏轼又直言反对全部废除新法，既不能容于新党，也不能见谅于旧党，群而不党的苏轼在政治上陷入了尴尬的处境，举步维艰。黄州、惠州、儋州……苏轼被贬谪的地方一次比一次遥远。

国家不幸诗家幸，赋到沧桑句便工。人生的不得意在某种程度上恰恰成就了苏轼。钱穆在《国史大纲》中这样说："苏东坡诗之伟大，因他一辈子没有在政治上得意过。他一生奔走潦倒，波澜曲折都在诗里见。"今天我们就跟着诗词走近苏轼的人生旅途，感受他人生起落间的颠沛流离、郁闷痛苦、自譬自解、旷达快意，曾照耀苏轼的那轮明月会照耀我们，曾吹拂过苏轼的清风也会吹过我们……

思辨感悟

1. 本文所选的苏轼诗词，使用了很多意象，如"雪泥鸿爪""拣尽寒枝不肯栖"的大雁等，结合具体诗词，谈一谈这些意象的具体内涵。

2. 结合本文所选苏轼的诗词，谈一谈苏轼在人生的三个贬谪地黄州、惠州、儋州的心态分别是什么样的？有没有不同之处？

3. 谈一谈你心目中的苏轼。

拓展延伸

1. 王照水，崔铭：《苏轼传》，天津人民出版社，2013 年版

2. 王照水，朱刚：《苏轼诗词文选评》，上海古籍出版社，2012 年版

3. 林语堂：《苏东坡传》，百花文艺出版社，2000 年版

4. 朱刚：《苏轼十讲》，上海三联书店，2019 年版
5. 纪录片《苏东坡》，央视网
6. 百家讲坛《苏轼》，央视网

《赤壁图》

长 征 组 诗

毛泽东 等

娄山关红军战斗遗址

忆秦娥①·娄山关②
毛泽东

西风烈③，长空雁叫霜晨月④。霜晨月，马蹄声碎⑤，喇叭声咽⑥。
雄关漫道真如铁⑦，而今迈步从头越⑧。从头越，苍山如海⑨，残阳如血⑩。

（选自《毛泽东诗词选》，人民文学出版社，2000 年版）

注释

①忆秦娥：词牌名。

②娄山关：又称娄关、太平关，位于贵州遵义北大娄山的最高峰上，是贵州北部进入四川的重要隘口，离遵义城约 60 千米。娄山关地势极为险要，《贵州通志》说它"万峰插天，中通一线"，是四川与贵州的交通孔道。此处群峰攒聚，中通一线，地势十分险要，历来为兵家必争之地。红军长征时，1935 年 1 月召开了具有重大历史意义的遵义会议。会后，红军经娄山关北上，原准备在泸州和宜宾之间渡过长江，没有成功，就折回再向遵义进军，在途中经半天激战打败了扼守娄山关的军阀王家烈部一个师，乘胜重占遵义。这首词写的就是这次攻克娄山关的战斗。上半阕写红军拂晓时向娄山关进军的情景；后半阕写红军攻占和越过徒称天险的娄山关时，太阳还没有落山。

这首词写作时间为 1935 年 2 月，初次发表在 1957 年《诗刊》一月号。作者自注：万里长征，千回百折，顺利少于困难不知有多少倍，心情是沉郁的。过了岷山，豁然开朗，转化到了反面，柳暗花明又一村了。以下诸篇，反映了这一心情。

③ 西风烈：烈，凛冽、猛风；西风劲厉。

④ 长空雁叫霜晨月：在霜晨残月映照下，在烟雾茫茫的长空中，有飞雁在叫唤。这两句是记拂晓情景，当时娄山关战斗已经胜利结束。霜晨月：叠句，类似音律上的和声，有连锁作用，详见词牌忆秦娥。

⑤ 马蹄声碎：碎，碎杂，碎乱。

⑥ 喇叭声咽：喇叭，一种管乐器，即军号。咽，呜咽、幽咽，原意是声音因阻塞而低沉，这里用来描写在清晨寒风中听来时断时续的军号声。

⑦ 雄关漫道真如铁：雄关，雄壮的关隘，即指娄山关。漫道，徒然说，枉然说。人们徒然传说娄山关坚硬如铁。

⑧ 迈步：跨步、大踏步。从头越，重新跨越。

⑨ 苍山如海：青山起伏，像海的波涛。

⑩ 残阳如血：夕阳鲜红，像血的颜色。"苍山如海，残阳如血"这两句据作者说，是在战争中积累了多年的景物观察，一到娄山关这种战争胜利和自然景物的突然遇合，便造就了这两句诗。

过 草 地

张爱萍

绿原无垠漫风烟，蓬蒿没膝步泥潭。
野菜水煮果腹暖，干草火烧驱夜寒。
坐地随意堪露宿，卧看行云逐浪翻。
帐月席茵刀枪枕，谈笑低吟道明天。

（选自《张爱萍传》，人民出版社，2000 年版）

三十五岁生日寄怀

陈 毅

一九三六年，余游击于赣南山脉一带，往来作战，备极艰苦。八月值余三十五岁生辰，赋此寄怀。

大军西去气如虹，一局南天战又重。
半壁河山沉血海，几多知友化沙虫。

日搜夜剿人犹在，万死千伤鬼亦雄。

物到极时终必变，天翻地覆五洲红。

（选自《陈毅诗词集》，中央文献出版社，2012 年版）

阅读提示

1934 年 10 月，第五次反"围剿"失败后，红军为摆脱国民党军队的包围追击，实行战略性转移，退出井冈山革命根据地，进行长征。1936 年 10 月，红二、四方面军到达甘肃会宁地区，同红一方面军会师，红军长征至此结束。

红军长征路不仅是革命走向胜利的路途，更是民族精神凝聚的路途。从晚清鸦片战争开始，中国被迫打开国门，签订了很多丧权辱国的不平等条约，中国人也被认为是"东亚病夫"。经过器物层面的洋务运动、制度层面的戊戌变法、晚清新政，到后来的辛亥革命，中国的有识之士逐渐将救国救民的探索深入到文化和人的精神层面。新文化运动开始，中国人更加注重唤醒国人的精神，试图改变国人愚昧麻木的状态，重塑国人强健的精神。长征无疑是重塑民族精神的一个重要里程碑。正如威廉·莫尔伍德所说"长征是一次解放。长征既打破了地域上的隔绝状态，又解除了人们心理上的桎梏，使人们的思想从古老的狭隘的乡土观念中解放出来，在人们面前表现出国土之辽阔，揭示出民族精神遗产之博大"。可以说，长征"极大地改变了中国的意识，使这个国家出现了许多世纪来所缺乏的精神与团结"。（选自哈里森·索尔兹伯里《长征——前所未闻的故事》）

长征不只是中国人的精神财富，也是全人类的精神地标和高地。长征之所以被认为是人类历史上的伟大奇迹，就是因为红军在这个过程中克服了人类难以想象的艰难困苦，展示出了人类意志在面对生存绝境时所能爆发的伟大力量。毛泽东曾经说过，"长征是历史纪录上的第一次……自从盘古开天地，三皇五帝到于今，历史上曾经有过我们这样的长征么？……没有，从来没有的"。这是前无古人、艰苦卓绝的第一次。"红军不怕远征难，万水千山只等闲"，这万水千山背后究竟是多少枪林弹雨、多少苦寒浸骨、多少死神关口、多少流血牺牲。20 世纪 80 年代，曾组织清理过在有"死亡陷阱"之称的草地中牺牲的红军战士尸骨，人们发现很多地方每隔三五米就有一具。曾有人这样回忆长征："不用路标，顺着战友的遗体就能找到前进的路线"。在恶劣严酷的自然环境面前，红军穿着带着毛刺的草鞋，用着步枪马刀与敌人的飞机大炮战斗，将坎坷和泥泞踏平。长征出发时，总人数有 18.6 万人，算上途中补充兵力，共约 20 万人，而 1936 年 10 月红军三大主力会师时，仅剩 5 万余人。损失最为严重的中央红军中平均每 12 人中只有 1 人到达陕北。哈里森·索尔兹伯里在《长征——前所未闻的故事》中说："阅读长征的故事将使人们再次认识到，人类的精神一旦唤起，其威力是无穷无尽的。"长征是一首用意志和勇气谱写的人类史诗，是理想光芒和献身精神铸就的绝唱。长征迸发出的激荡人心的强大力量，跨越时空，超越民族，是整个人类不朽的精神丰碑。

本文精选了三首长征时期的诗歌，带领我们一起走进诗歌中感受长征路途的艰难困苦，感受革命战士的大无畏精神和革命乐观主义精神。

思辨感悟

1. 结合《忆秦娥·娄山关》，谈谈毛泽东诗词的乐观主义和浪漫主义。

2. 结合本文选的三首诗词，谈一谈你对红军长征的理解，以及长征对于民族精神重塑和人类精神意志锻造的重大意义。

拓展延伸

1. 毛泽东:《毛泽东诗词选》，人民文学出版社，2000 年版

2. 埃德加·斯诺埃:《红星照耀中国》，人民文学出版社，2016 年版

3. 王树增:《长征（修订版）》，人民文学出版社，2016 年版

4. 哈里森·索尔兹伯里:《长征：前所未闻的故事》，北京联合出版公司，2015 年版

5. 纪录片《长征》，央视网

6. 纪录片《震撼世界的长征》，央视网

随堂练习

流浪地球（节选）

刘慈欣

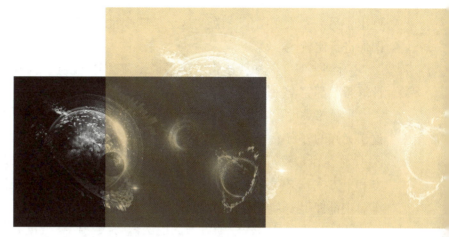

太空场景

（三）叛乱

离开木星后，亚洲大陆上一万多台地球发动机再次全功率开动，这一次它们要不停地运行五百年，不停地加速地球。这五百年中，发动机将把亚洲大陆上一半的山脉用作燃料消耗掉。

从四个多世纪死亡的恐惧中解脱出来，人们长出了一口气。但预料中的狂欢并没有出现，接下来发生的事情出乎所有人的想象。

在地下城的庆祝集会后，我一个人穿上密封服来到地面。童年时熟悉的群山已被超级挖掘机夷为平地，大地上只有裸露的岩石和坚硬的冻土，冻土上到处有白色的斑块，那是大海潮留下的盐渍。面前那座爷爷和爸爸度过了一生的曾有千万人口的大城市现在已是一片废墟，高楼钢筋外露的残骸在地球发动机光柱的蓝光中拖着长长的影子，好像是史前巨兽的化石……一次次的洪水和小行星的撞击已摧毁了地面上的一切，各大陆上的城市和植被都荡然无存，地球表面已变成火星一样的荒漠。

这一段时间，加代子心神不定。她常常扔下孩子不管，一个人开着飞行汽车出去旅行，回来后，只是说她去了西半球。最后，她拉我一起去了。

我们的飞行汽车以四倍音速飞行了两个小时，终于能够看到太阳了，它刚刚升出太平洋，这时看上去只有棒球大小，给冰封的洋面投下一片微弱的、冷冷的光芒。加代子把飞行汽车悬停在 5 000 米的空中，然后从后面拿出了一个长长的东西，去掉封套后我看到那是一架天文望远镜，业余爱好者用的那种。加代子打开车窗，把望远镜对准太阳，让我看。

从有色镜片中我看到了放大几百倍的太阳，我甚至清楚地看到太阳表面缓缓移动的明暗斑点，还有日球边缘隐隐约约的日珥。

加代子把望远镜同车内的计算机联起来，把一个太阳影像采集下来。然后，她又调出了另一个太阳图像，说："这个是四个世纪前的太阳图像。"接着，计算机对两个图像进行比较。

"看到了吗？"加代子指着屏幕说，"它们的光度、像素排列、像素概率、层次统计等参数都完全一样！"

我摇摇头说："这能说明什么？一架玩具望远镜，一个低级图像处理程序，加上你这个无知的外行……别自寻烦恼了，别信那些谣言！"

"你是个白痴。"她说着，收回望远镜，把飞行汽车向回开去。这时，在我们的上方和下方，我又远远地看到了几辆飞行汽车，同我们刚才一样悬在空中，从每辆车的车窗中都伸出一架望远镜对着太阳。

以后的几个月中，一个可怕的说法像野火一样在全世界蔓延。越来越多的人自发地用更大型更精密的仪器观测太阳。后来，一个民间组织向太阳发射了一组探测器，它们在三个月后穿过日球。探测器发回的数据最后证实了那个事实。

同四个世纪前相比，太阳没有任何变化。

现在，各大陆的地下城已成了一座座骚动的火山，局势一触即发。一天，按照联合政府的法令，我和加代子把儿子送进了养育中心。回家的路上我俩都感到维系我们关系的唯一纽带已不存在了。走到市中心广场，我们看到有人在演讲，另一些人在演讲者周围向市民分发武器。

"公民们！地球被出卖了！人类被出卖了！！文明被出卖了！！！我们都是一个超级骗局的牺牲品！这个骗局之巨大之可怕，上帝都会为之休克！太阳还是原来的太阳，它不会爆发，过去现在将来都不会，它是永恒的象征！爆发的是联合政府中那些人阴险的野心！他们编造了这一切，只是为了建立他们的独裁帝国！他们毁了地球！他们毁了人类文明！！公民们，有良知的公民们！拿起武器，拯救我们的星球！拯救人类文明！！我们要推翻联合政府，控制地球发动机，把我们的星球从这寒冷的外太空开回原来的轨道！开回到我们的太阳温暖的怀抱中！！"

加代子默默地走上前去，从分发武器的人手中接过了一支冲锋枪，加入那些拿到武器的市民的队列中，她没有回头，同那支庞大的队列一起消失在地下城的迷雾里。我呆呆地站在那儿，手在衣袋中紧紧攥着父亲用生命和忠诚换来的那枚勋章，它的边角把我的手扎出了血……

三天后，叛乱在各个大陆同时爆发了。

叛军所到之处，人民群起响应，到现在，很少有人怀疑自己受骗了。但我加入了联合政府的军队，这并非由于对政府的坚信，而是我三代前辈都有过军旅生涯，他们在我心中种下了忠诚的种子，不论在什么情况下，背叛联合政府对我来说是一件不可想象的事。

美洲、非洲、大洋洲和南极洲相继沦陷，联合政府收缩防线死守地球发动机所在的东亚和中亚。叛军很快对这里构成包围态势，他们对政府军占有压倒优势，之所以在相当长一段时间里攻势没有取得进展，完全是由于地球发动机。叛军不想毁掉地球发动机，所以在这一广阔的战区没有使用重武器，使得联合政府得以苟延残喘。这样双方相持了三个月，联合政府的十二个集团军相继临阵倒戈，中亚和东亚防线全线崩溃。两个月后，大势已去的联合政府连同不到十万军队在靠近海岸的地球发动机控制中心陷入重围。

我就是这残存军队中的一名少校。控制中心有一座中等城市大小，它的中心是地球驾驶室。我拖着一条被激光束烧焦的手臂，躺在控制中心的伤兵收容站里。就是在这儿，我得知加代子已在澳洲战役中阵亡。我和收容站里所有的人一样，整天喝得烂醉，对外面的战事全然不知，也不感兴趣。不知过了多久，听到有人在高声说话。

"知道你们为什么这样吗？你们在自责，在这场战争中，你们站到了反人类的一边，我也一样。"

我转头一看，发现讲话的人肩上有一颗将星，他接着说："没关系的，我们还有最后的机会拯救自己的灵魂。地球驾驶室距我们这儿只有三个街区，我们去占领它，把它交给外面理智的人类！我们为联合政府已尽到了责任，现在该为人类尽责任了！"

我用那只没受伤的手抽出手枪，随着这群突然狂热起来的受伤和没受伤的人，沿着钢铁的通道，向地球驾驶室冲去。出乎预料，一路上我们几乎没遇到抵抗，倒是有越来越多的人从错综复杂的钢铁通道的各个分支中加入我们。最后，我们来到了一扇巨大的门前，那钢铁大门高得望不到顶。它轰隆隆地打开了，我们冲进了地球驾驶室。

尽管以前无数次在电视中看到过，所有的人还是被驾驶室的宏伟震惊了。从视觉上看不出这里的大小，因为驾驶室淹没在一幅巨型全息图中，那是一幅太阳系的模拟图。整个图像实际就是一个向所有方向无限伸延的黑色空间，我们一进来，就悬浮在这空间之中。由于尽量反映真实的比例，太阳和行星都很小很小，小得像远方的萤火虫，但能分辨出来。以那遥远的代表太阳的光点为中心，一条醒目的红色螺旋线扩展开来，像广阔的黑色洋面上迅速扩散的红色波圈。这是地球的航线。在螺旋线最外面的一点上，航线变成明亮的绿色，那是地球还没有完成的路程。那条绿线从我们的头顶掠过，顺着看去，我们看到了灿烂的星海，绿线消失在星海的深处，我们看不到它的尽头。在这广漠的黑色的空间中，还漂浮着许多闪亮的灰尘，其中几个尘粒飘近，我发现那是一块块虚拟屏幕，上面翻滚着复杂的数字和曲线。

我看到了全人类瞩目的地球驾驶台，它好像是漂浮在黑色空间中的一个银白色的小行星，看到它我更难以把握这里的巨大——驾驶台本身就是一个广场，现在上面密密麻麻地站着五千多人，包括联合政府的主要成员、负责实施地球航行计划的星际移民委员会的成员，和那些最后忠于政府的人。这时我听到最高执政官的声音在整个黑色空间响了起来。

"我们本来可以战斗到底的，但这可能导致地球发动机失控，这种情况一旦发生，过量聚变的物质将烧穿地球，或蒸发全部海洋，所以我们决定投降。我们理解所有的人，因为在已经进行了四十代人、还要延续一百代人的艰难奋斗中，永远保持理智确实是一个奢求。但也请所有的人记住我们，站在这里的这五千多人，这里有联合政府的最高执政官，也有普通的列兵，是我们把信念坚持到了最后。我们都知道自己看不到真理被证实的那一天，但如果人类得以延续万代，以后所有的人将在我们的墓前洒下自己的眼泪，这颗叫地球的行星，就是我们永恒的纪念碑！"

控制中心巨大的密封门隆隆开启，那五千多名最后的地球派一群群走了出来，在叛军的押送下向海岸走去。一路上两边挤满了人，所有人都冲他们吐唾沫，用冰块和石块砸他们。他们中有人密封服的面罩被砸裂了，外面零下一百多度的严寒使那些人的脸麻木了，但他们仍努力地走下去。我看到一个小女孩，举起一大块冰用尽全身力气狠命地向一个老者砸去，她那双眼睛透过面罩射出疯狂的怒火。

当我听到这五千人全部被判处死刑时，觉得太宽容了。难道仅仅一死吗？这一死就能偿清他们的罪恶吗？！能偿清他们用一个离奇变态的想象和骗局毁掉地球、毁掉人类文明的罪恶吗？他们应该死一万次！这时，我想起了那些做出太阳爆发预测的天体物理学家，那些设计和建造地球发动机的工程师，他们在一个世纪前就已作古，我现在真想把他们从坟墓中挖出来，让他们也死一万次。

真感谢死刑的执行者们，他们为这些罪犯找了一种好的死法：他们收走了被判死刑的每个人密封服上加热用的核能电池，然后把他们丢在大海的冰面上，让零下百度的严寒慢慢夺去他们的生命。

这些人类文明史上最险恶最可耻的罪犯在冰海上站了黑压压的一片，在岸上有十几万人在看着他们，十几万双牙齿咬得嘣嘣响，十几万双眼睛喷出和那个小女孩一样的怒火。

这时，所有的地球发动机都已关闭，壮丽的群星出现在冰原之上。

我能想象出严寒像无数把尖刀刺进他们的身体，他们的血液在凝固，生命从他们的体内一点点流走，这想象中的感觉变成一种快感，传遍我的全身。看到那些人在严寒的折磨中慢慢死去，岸上的人们快活起来，他们一起唱起了《我的太阳》。我唱着，眼睛看着星空的一个方向，在那个方向上，有一颗稍大些刚刚显出圆盘形状的星星发出黄色的光芒，那就是太阳。

啊，我的太阳，生命之母，万物之父，我的大神，我的上帝！还有什么比您更稳定，还有什么比您更永恒，我们这些渺小的，连灰尘都不如的碳基细菌，拥挤在围着您转的一粒小石头上，竟敢预言您的末日，我们怎么能蠢到这个程度？！

一个小时过去了，海面上那些反人类的罪犯虽然还全都站着，但已没有一个活人，他们的血液已被冻结了。

我的眼睛突然什么都看不见了，几秒钟后，视力渐渐恢复，冰原、海岸和岸上的人群又在眼前慢慢显影，最后完全清晰了，而且比刚才更清晰，因为这个世界现在笼罩在一片强烈的白光中，刚才我眼睛的失明正是由于这突然出现的强光的刺激。但星空没有重现，所有的星光都被这强光所淹没，仿佛整个宇宙都被强光融化了，这强光从太空中的一点迸发出来，那一点现在成了宇宙中心，那一点就在我刚才盯着的方向。

太阳氦闪爆发了。

《我的太阳》的合唱戛然而止，岸上的十几万人呆住了，似乎同海面上那些人一样，冻成了一片僵硬的岩石。

太阳最后一次把它的光和热洒向地球。地面上的冰结的二氧化碳干冰首先气化，腾起了一阵白色的蒸汽；然后海冰表面也开始融化，受热不均的大海冰层发出惊天动地的巨响；渐渐地，照在地面上的光柔和起来，天空出现了微微的蓝色；后来，强烈的太阳风产生的极光在空中出现，苍穹中飘动着巨大的彩色光幕……

在这突然出现的灿烂阳光下，海面上最后的地球派们仍稳稳地站着，仿佛五千多尊雕像。

太阳爆发只持续了很短的时间，两个小时后强光开始急剧减弱，很快熄灭了。在太阳的位置上出现了一个暗红色球体，它的体积慢慢膨胀，最后从这里看它，已达到了在地球轨道上看到的太阳大小，那么它的实际体积已大到越出火星轨道，而水星、火星和金星这三颗地球的伙伴行星这时已在上亿度的辐射中化为一缕轻烟。但它已不是太阳，它不再发出光和热，看去如同贴在太空中一张冰冷的红纸，它那暗红色的光芒似乎是周围星光的散射。这就是小质量恒星演化的归宿：红巨星。

五十亿年的壮丽生涯已成为飘逝的梦幻，太阳死了。

幸运的是，还有人活着。

（四）流浪时代

当我回忆这一切时，半个世纪已过去了。二十年前，地球航出了冥王星轨道，航出了太阳系，在寒冷广漠的外太空继续着它孤独的航程。

最近一次去地面是十几年前的事了，那是儿子和儿媳陪我去的，儿媳是一个金发碧眼的姑娘，就要做母亲了。

到地面后，我首先注意到，虽然所有地球发动机仍全功率地运行，巨大的光柱却看不到了，这是因为地球大气已消失，等离子体的光芒没有散射的缘故。我看到地面上布满了奇怪的黄绿相间的半透明晶体块，这是固体氧氮，是已冻结的空气。有趣的是空气并没有均匀地冻结在地球表面，而是形成了小山丘似的不规则的隆起，在原来平滑的大海冰原上，这些半透明的小山形成了奇特的景观。银河系的星河纹丝不动地横过天穹，也像被冻结了，但星光很亮，看久了还刺眼呢。

地球发动机将不间断地开动五百年，到时地球将加速至光速的千分之五，然后地球将以这个速度滑行一千三百年，之后地球就走完了三分之二的航程，它将掉转发动机的方向，开始长达五百年的减速。地球在航行两千四百年后到达比邻星，再过一百年时间，它将泊入这颗恒星的轨道，成为它的一颗卫星。

我知道已被忘却
流浪的航程太长太长
但那一时刻要叫我一声啊
当东方再次出现霞光

我知道已被忘却
启航的时代太远太远
但那一时刻要叫我一声啊
当人类又看到了蓝天

我知道已被忘却
太阳系的往事太久太久
但那一时刻要叫我一声啊
当鲜花重新挂上枝头
……

每当听到这首歌，一股暖流就涌进我这年迈僵硬的身躯，我干涸的老眼又湿润了。我好像看到半人马座三颗金色的太阳在地平线上依次升起，万物沐浴在它温暖的光芒中。固态的空气融化了，变成了碧蓝的天。两千多年前的种子从解冻的土层中复苏，大地绿了。我看到我的第一百代孙子孙女们在绿色的草原上欢笑，草原上有清澈的小溪，溪中有银色的小鱼……我看到了加代子，她从绿色的大地上向我跑来，年轻美丽，像个天使……

啊，地球，我的流浪地球……

2000 年 1 月 12 日于娘子关

（选自《流浪地球——刘慈欣获奖作品》，长江文艺出版社，2008 年版）

阅读提示

  2019 年 12 月 27 日晚，长征五号运载火箭发射成功，在文昌发射基地测发大厅的屏幕上跳出了这样一行字：我们的征途是星辰大海。这句话浪漫地表达了人类对于未知宇宙的好奇向往以及探索征服的欲望。中国也一直走在这样的道路上，从东方红一号人造卫星升空，到神舟五号载人飞天，再到嫦娥探月空、天问赴苍穹、北斗联天下……璀璨星空、浩渺银河，半个多世纪以来，中国对宇宙星空的探索从未间断。

  与此同时，中国科幻界对于星辰大海的想象也从未停止。刘慈欣的系列小说即为其代表。2015 年，刘慈欣的《三体》获第 73 届世界科幻大会颁发的雨果奖最佳长篇小说奖，为首次获此奖项的亚洲作家。复旦大学严锋教授对刘慈欣的评价是："这个人单枪匹马，把中国科幻文学提升到了世界级的水平。"本篇选文以中篇小说《流浪地球》（节选）为例，带领大家走进刘慈欣恢宏壮阔的宇宙世界。

  《流浪地球》的故事背景为：人类监测到太阳氦闪活动加速，预计 400 年后太阳将爆炸，毁灭地球。围绕逃离这场灾难的方式，产生了飞船派和地球派两派。最终地球派胜利，人类将带着地球一起逃往距离人类最近的恒星——在 4.3 光年之外的半人马座比邻星。《流浪地球》创设的情境是世界末日。关于世界末日，各种文化都有自己独特的想象。这些想象反映在最早的神话故事中，在中国是雷公降怒、神龟庇佑，在印度有摩奴养鱼，舟系鱼角，还有著名的挪亚方舟的故事。这些故事中，总有幸运的故事主人公得到神秘的启示，依靠逃离的方式得以生存，这种神话的思维方式衍生到科幻作品中就是少数精英逃离灾难现场，保存人类文明火种，也就是《流浪地球》中飞船派的方法。然而，刘慈欣选择了相反的方法：整个人类带着地球逃离太阳系，寻找新的生存星系。这种设定新奇而浪漫，突破了一般的思维方式和想象力边界。

  科幻小说从诞生之初就充满了世界意识，超越国界，着眼于全人类。刘慈欣的小说也有着当之无愧的世界意识，联合政府的设定、不同国家人员的身影穿梭在作品中……刘慈欣的小说同时也彰显了中国文化：小说中 2 500 年的使命传承，就有《愚公移山》中的"子子孙孙无穷尽也"的影子，是延续了几千年文明的中国历史呈现出来的底蕴。就像小说结尾感叹的那样："啊，地球，我的流浪地球啊……"既充满了悲怆之感，也有一种坚守和磅礴的希望在其中。

  《流浪地球》还有其他非常丰富且值得进一步解读的内容，包括极端生存环境下的人际关系衍变、人性的脆弱与坚强、死亡阴影笼罩下的生存希望、末世的悲观颓废与人定胜天的精神信仰……让我们一起跟随科幻作家的步伐去感受人类共同的征途吧！

思辨感悟

1. 这篇小说中，你认为作者为什么设定要带着地球流浪？

2. 自行阅读《流浪地球》全文，思考太阳在文中是什么形象，结合历史和现实中的太阳形象，分析作者在小说中描述太阳形象的用意。

3.《流浪地球》中的人际关系是什么样子的，为什么会发生这样的变化？

4. 你认为科幻小说和其他文学类型的区别是什么？

拓展延伸

1. 刘慈欣：《三体》，重庆出版社，2008 年版

2. 郝景芳：《孤独深处》，浙江文艺出版社，2021 年版

3. 韩松：《地铁》，上海人民出版社，2011 年版

4. 阿瑟·克拉克，郝明义：《2001：太空漫游》，上海文艺出版社，2019 年版

5. 电影《流浪地球》，2019 年

6. 电影《星际穿越》，2014 年

7. 电影《火星救援》，2015 年

随堂练习

专题实践任务

1. 本专题围绕"旅途"这个话题精选了五篇文章，大致可以分为以下几类：

自然的旅途：徐霞客历经三十年的光阴游历天下，用脚步对我国山河寻根溯源，带领我们领略祖国的大好河山和各地文化。康桥让徐志摩领略了人文和自然的魅力，激发了他天性中的浪漫主义情怀，使他投向文学的怀抱，成为"新月派"的领军人物，留下经典动人的诗篇。

人生的旅途：他人的人生旅程往往带给我们智慧的启迪，比如苏轼的一生始终坚持自己的政见，"不合时宜"使得他被一贬再贬，然而他在每个被贬谪之地都做出了一番政绩，并在诗词上取得了极大的成就。

民族的旅途：中华民族历史上经历数次兴衰成败，近现代更是历经无数磨难走出了一条独属于中国的道路，长征就是民族旅途中的里程碑。民族的历史也是由无数个体组成的历史，"我们从古以来，就有埋头苦干的人，有拼命硬干的人，有为民请命的人，有舍身求法的人，……这就是中国的脊梁"，长征中也有无数这样的个体做出了巨大的牺牲，延续了中国革命的薪火。

未来的旅途：人类对宇宙始终充满好奇，不断探索未知世界。在中国，从东方红一号人造卫星升空，到神舟五号载人飞天，再到嫦娥探月空、天问赴苍穹、北斗联天下……璀璨星空、浩渺银河，中国对宇宙星空的探索从未间断，向着更遥远的宇宙进发。

请以"××的旅途"为话题，进行演讲。

2. 瑞金出发—挺进湘西—冲破四道封锁线—改向贵州—渡过乌江—夺取遵义—四渡赤水河—巧渡金沙江—强渡大渡河，飞夺泸定桥—翻雪山—过草地—到达陕北吴起镇—会师甘肃会宁，横跨十余省，行程二万五千里的红军长征是人类战争史上的奇迹，其间经历了难以想象的磨难，长征精神是我们不断克服困难、走向胜利的宝贵民族精神。请你绘制长征行迹图，讲述长征故事。

实践训练篇

专题十　表达与交流

　　表达与交流一般包括"听"和"说"两部分，两者在现代社会人们的生活中占据了很大的比重，人的社会属性又决定了不可避免地要和他人产生交往，在交往过程中，表达与交流是人们必备的能力，不仅是个人综合素质的体现，关系到自身的形象、人际关系、未来发展等。人也能够在说话和倾听的过程，通过观察、思考，提高个人的思维能力、应变能力、感知力、记忆力、表达能力、分析和解决问题能力、创造力等。鉴于表达与交流的重要，人们对这方面有突出表现的人和事格外的关注，历史上和文学作品中都留下了不少关于表达与交流的逸闻轶事，如苏秦、张仪合纵连横，搅弄战国风云；晏婴使楚不辱使命，捍卫齐国的国格和国威；曹操、刘备青梅煮酒，品评当世英雄；诸葛亮舌战群儒，联盟孙权抵抗曹操；刘姥姥在大观园中通达人情，语言得体巧妙……本专题以交谈、演讲、辩论、无领导小组讨论为例创设情景，以促进学生表达与交流能力的提高。

交　谈

一、任务情境

李玉是学校艺术学院的学生会主席，现艺术学院正准备面向全院学生举办一场诗词诵读比赛，打算借用学校的多媒体报告厅作为比赛场地。李玉作为此次诵读比赛的组织者，需要与报告厅的管理员老师进行沟通，向其阐述清楚本次活动的设备要求，并与其协商可借用的具体时间段。为了尽快确定好相关事项，提高沟通效率，李玉决定找到管理员老师并与之进行面对面的实地交谈。

二、知识导读

在去找管理员老师进行沟通之前，李玉感到十分紧张，担忧因自己表述不清而导致沟通不畅，影响比赛的筹办，她准备为即将到来的交谈做些准备，了解什么是交谈。交谈有几种类型？又有哪些基本要求？

（一）交谈的定义

交谈是两人或多人在一起进行的双向或多向交流，是人际间最直接、最简便、最广泛的口语表达活动，是人们进行思想沟通、信息传递、消除隔阂、切磋学问、感情交流等最基本、最常用的语言表达形式之一。

（二）交谈的类型

交谈包括两种类型：一种是指无确定内容与目的的交谈，如寒暄、聊天等，其作用不在于传递信息，而在于融洽气氛与交流感情；另一种是内容具体、目的明确的对话，它广泛应用于社会生活的各个方面，如谈判、洽谈工作、切磋学问、咨询问答、调查采访等。

（三）交谈的基本要求

1. 看准对象，讲究分寸

俗话说，见什么人说什么话。进行交谈前，说话者一定要先明确听众的一些基本特征，诸如性别、年龄、职业、身份、文化程度、气质、性格、爱好甚至禁忌等，进而有针对性地进行交谈。例如，面对同性听众与异性听众的说话方式与态度必然是需要进行区分的；不同年龄的听众往往拥有截然不同的人生经历，这也会导致其兴趣爱好的差别，说话者要想通过简短的交谈迅速拉近双方关系就需要充分考虑到对方的年龄特点；不同文化程度的人对语言的倾向性也存在差异，一般来说，文化程度相对较高的人偏向文雅、委婉、有深度的表达方式，而文化程度一般的人则更偏向直截了当、生活化的表达方式；此外，交谈时若考虑到对方的职业特性也更有利于取得好感。

2. 适应场合，用语准确

交谈是在具体情境中进行的双方交际活动，离不开对语言环境的准确把握，不同的场合需遵循不同的用语规范，在工作场合中用语要简明扼要，日常场合中用语要自然亲切，娱乐场合中用语要生动风趣。

3. 注意谦敬，用语礼貌

日常交谈中，用语礼貌、措辞文雅是中华民族语言的优良传统，这就要求注意谦辞、敬辞的使用。常用的谦辞有"小""拙""愚""鄙""寒"等，如"拙见""寒舍"；敬辞有"贵""大""高""拜""雅""惠"等，如"贵姓""高见""雅正""惠存"。此外，对双方亲属进行称呼时，对别人称自己的长辈和年长的平辈时冠以"家"，对别人称比自己小的家人时冠以"舍"，称别人家中的人冠以"令"表示敬重，总结为"家大舍小令外人"。

4. 明确目的，有的放矢

交谈者在开始交谈前心中需明确交谈的目的，即通过接下来的谈话想要达成怎样的目标、取得怎样的效果，并且在整个交谈过程中要围绕自己的交谈目的来进行，做到言之有物、言之有序。尤其是在较为正式的场合，如咨询、谈判、采访这类交谈场合中时，一定要做到目的明确、有条不紊、言必有中，不可语无伦次、废话连篇。

三、任务明确

至此，李玉已经掌握了交谈的基本要求，她明确了自己的任务为：

〚交谈任务〛

找到报告厅管理员老师，围绕比赛场地的借用事宜与其进行交谈，尽可能成功借用到报告厅作为比赛场地。

〚注意事项〛

交谈时需要将使用时间、参加人数、设备要求、室内卫生等事项与管理员老师沟通清楚，避免不必要的矛盾，推动诵读比赛圆满举办。

四、任务实施

在掌握上述关于交谈的基本要求后，李玉注意到，交谈还有一些小技巧可以帮助说话者更好达成交谈目的。

（一）态度真诚

在交谈过程中，我们应该做到言表心声，用真诚的话语打动对方。说话的魅力不在于滔滔不绝，而在于表达是否真诚。正如翻译家傅雷所说，一个人只要真诚面对，就能打动每一个人。交谈者只有真诚地把自己置身于平等、谦和的交谈氛围中，想对方所想、言对方所言，尊重、关注对方，彼此才能真正放开进行坦诚交流。

（二）学会倾听

良好交谈的开端是双方能够专注地倾听对方说话，这在交谈过程中是对对方基本的礼貌与尊重，有助于取得对方的好感与信赖，为后续交谈奠定良好的情感基础。

那应如何做到专注倾听呢？第一，注意力要持续保持集中状态，认真倾听对方的看法、见解；第二，不轻易打断对方的话语，不轻易下断言，尊重对方观点；第三，正确理解对方语言的要点，积极进行回应，与对方保持适度交流。

（三）适当幽默

幽默是一种交谈的智慧，是交谈者良好素质和个人修养的体现。在交谈过程中，幽默的语言既能引人发笑，营造轻松愉悦的交流氛围，有时还能给人启迪、发人深省，必要时还可化解矛盾、缓和气氛。需要注意的是，幽默并非滑稽，不能仅停留在搞笑层面，而是一种高智商、高情商的反映，要求说话者思维敏捷、知识广博，从容不迫、游刃有余地应对不断变化的交流情景。

（四）委婉含蓄

交谈是一种复杂的心理交往，交谈过程中对一些无伤大雅的话题可以开门见山地直接道明，但是对于涉及对方的话题要有所忌讳，容易导致对方难堪、尴尬或是对方不便直说的内容，就必须要注意表达的技巧，使用委婉含蓄的表达方式更易于让对方接受，更便于进行沟通，体现语言的艺术。

📀 范例展示

　　××老师，您好！很抱歉打扰您！我是艺术学院学生会主席李玉，我们学院正在筹备一场诗词诵读比赛，因为学院的会议室场地不够、设备不足，所以想要向您申请借用一下学校的多媒体报告厅，请问是否可以借用给我们呢？

　　……

　　好的，谢谢您！这次比赛具体时间是在下周六的14：30—17：00，我们学生会成员需要提前半个小时布置会场，所以我大约当天14：00来找您领取多媒体报告厅的钥匙，比赛结束后约17：30我再来交还钥匙给您。我们学院参加比赛的一共36

人，位置是足够的，至于音响设备方面需要借用报告厅中的显示屏、音响和麦克风等设备。使用过程中我们一定小心谨慎，避免损坏设施，比赛结束后我们也会清理干净场地，不留下垃圾杂物，这一点请您放心！

最后，再次感谢您对本次比赛的帮助，待会回去我就请学院指导老师在系统上进行申请，麻烦您抽时间审批一下。另外，到时如果您有时间的话我们也欢迎您莅临现场观赛指导，谢谢××老师，××老师再见！

通过对交谈的系统学习，李玉与管理员老师协商一致，成功借用到了多媒体报告厅，诵读比赛圆满举办。

五、实践训练任务

1. 实践训练任务 1

请从以下三个话题中任选其一，围绕该话题在校园内选择一位同学进行采访，采访过程以录制视频的形式进行记录，课堂上分享。

（1）百善孝为先——《论语》中的"孝"思想

（2）文学是游子最深情的"乡土"

（3）用美的眼睛看世界

知识拓展

采访

采访，即采集寻访，也专指新闻采访，是新闻工作者运用自己的知识基础、新闻观点和思维方式，通过对话、访谈等方法，以大众传播为目的，面向指定人群进行面对面交流的一种媒体信息的采集方式。采访是新闻写作的前提，是一种特殊的调查研究方式。

一次出色的采访需做到以下几点：

（1）精心准备

在采访之前做好充足的准备工作是成功完成采访的必要前提。采访又称为"静态采访"，主要包含两部分的工作：其一，要明确采访的主题与对象，并进一步搜集与该主题、对象相关的信息资料，加深了解；其二，采访者需设计出清晰的采访提纲，包括提问要点和采访流程两部分内容，包括采访的目的、步骤和方式等。采访提纲设计得越精准就越可以做到心中有数，在采访时有条不紊地进行，避免盲目采访的问题，提高采访效率。

（2）善于提问

一个采访任务能否高效进行，关键在于提问的质量。首先，提问应有针对性，表述要具体清晰，切忌含糊其词，应根据设计好的提纲来提问，确保每一个问题都具有明确的目的性。其次，采访时问题的顺序是非常重要的。采访者提出的问题需具有高度的逻辑性，难度由易及难，时间由近及远，思维由外及内进行展开，由浅入深，循序渐进，若顺序颠倒易打乱被采访者的思路。最后，还需处理好预设问题与临场发挥之间的关系，提纲虽发挥着重要的引导作用，但具体的采访过程也不能完全按照提纲进行，采访者绝不能被预设的问题局限住，应根据现场具体情况进行灵活应变，可以对预设问题适当进行浓缩与扩展。

（3）细致观察

第一，观察要"细"。采访者在采访全程要善于观察细节，将被采访者的神情、动作、语言情况，四周环境情况及一些突发事件的精彩细节瞬间均要纳入眼中。第二，观察要"透"。在采访过程中采访者要具备较高的洞察力与敏锐度，善于抓取出彩点，能够透过现象看本质，否则后续报道的内容易华而不实，缺少深度。

2. 实践训练任务 2

班级学生六人为一组，每组中轮流选择一位同学扮演求职者角色，其余五名同学扮演面试官角色，求职者需逐一回答面试官提出的问题，表现最出色的一个小组上台向全班同学做示范。

 知识拓展

求 职 面 试

求职是一门艺术，也是人生的一次重大选择。求职不仅需要具备较强的个人竞争力，也需要有良好的口语表达技能。面试是求职必不可少的关键一步，也是交谈的一种情境，在此过程中掌握一定的交谈技巧可以起到事半功倍的效果，有效提高面试成绩。

1. 口齿清晰，语言流利

交谈时要注意发音准确、吐字清晰，还要注意控制说话的速度，语速过快可能会让面试官听不清楚，语速过慢又会显得磕磕绊绊，影响语言表达的流畅。

2. 语气平缓，音量适中

面试开始时向面试官进行自我介绍以及面试过程中回答问题时，最好多使用平缓、稳定的陈述语气，若非特殊情况不宜使用情感色彩较为浓烈的感叹语或祈使语。面试中还需控制自己的音量，音量大小要根据面试现场情况来进行具体调整，与面试官距离较近时音量不宜太大，容易引起反感，场地开阔且与面试官距离较远时音量不宜太小，会导致听不清楚。总之，音量大小应以使在场的每一位面试官都能准确听清你的发言内容为基本原则。

3. 听清问题，条分缕析

回答面试官的提问时，一定要确认问题，切忌答非所问。当未能明确对方问题的含义时，可将问题复述一遍，先谈谈自己对这一问题的理解，向对方请教以确认提问内容。回答时要做到重点突出、简明扼要、条理清楚、有理有据，一般回答问题时结论在先，先用简明的语言将自己作答的中心思想表达清楚，接着再分点进行具体叙述和论证，最后再用一两句话进行总结提升。当实在回答不出面试官的问题时，应尽量将自己所学所知阐述清楚，然后诚恳地承认不足，知之为知之，不知为不知，不懂装懂、牵强附会的做法反而会起到反效果。

4. 关注听者，及时调整

求职面试是一种双向性的交谈过程，求职者不能只在乎自己的表达，还应随时关注听者，也就是面试官的反应，不断调整表达方式以达成更好的表达效果。当对方心不在焉时，可能表示对方对当前的发言难以提起兴趣，那就应尽快转移话题；当对方侧耳倾听时，可能是当前的音量较小导致难以听清，那就应适当提高音量；当对方皱眉或摇头时，可能是求职者的回答没有切中要点，那么就需要及时调整表达内容，回归正确的答题路径。听者的反应是对当前发言的一种即时性反馈，具有导向性的作用，根据对方反应进行对应调整可有效帮助求职者提高面试效率。

5. 文雅大方，含蓄幽默

为了提高面试的印象分，求职者的面试用语应礼貌得体，忌用口头禅，也不能有不文明的粗话、俗话出现。面试交谈时除了基本的发音要求外，适当的时候可以发挥自己的语言机智，使用风趣幽默的语言在现场营造轻松愉快的交谈环境。尤其是当遇到难以回答的问题时，幽默的语言可以有效化解尴尬的场面，显示自己的交际智慧，但一定要注意幽默的尺度，否则容易弄巧成拙。

演　讲

一、任务情境

为迎接国庆，××学院组织了一场"青春逢盛世　奋斗正当时"的演讲比赛，王言和李伟是××学院的学生，他们想参加这次演讲，提升自己的胆量和口才，所以积极报了名。

二、知识导读

王言和李伟之前没有参加过演讲，不确定如何才能做出一场精彩的演讲，他们比较焦虑，决定首先通过网络了解关于演讲的基本信息。他们首先了解了演讲的概念和特点等知识。

（一）演讲的概念

演讲又叫讲演或演说，是一种口语表达形式，指面对听众，在特定的场合下，对某个问题进行有针对性地发表意见、抒发感情、阐述事理。演讲是"演"和"讲"两个部分的结合，通过姿态、手势、表情等身体语言来增强"讲"的效果，从而达到交流的目的。

（二）演讲的特点

作为一种独特的语言表达形式，演讲具有以下特点：

1. 综合性

演讲包括"讲"和"演"两方面，具有综合性的特点。"讲"是将有组织、有思想、有逻辑的内容用有声语言表达出来；"演"是在"讲"的过程中，辅以手势、表情等动作语言，将二者艺术性地融合，最终达到演讲的目的。

2. 针对性

为了让听众听得进，有所触动，演讲必须具有针对性。所谓针对性，就是要结合听众的年龄、身份、文化程度、关注点等，来准备演讲的内容和设计语言表达方式，以便吸引听众，并产生好的演讲效果。根据不同的场合，演讲者在演讲时间的把控上也应有针对性，重要场合的演讲，比如会议专题演讲，时间可以稍长，但大众化的演讲，短小精悍即可。

3. 逻辑性

演讲考验演讲者的语言组织和表达能力，体现着思维的逻辑性和缜密性，因此，语言应条理清晰，层次分明，结构清楚，具有较强的信服力。

4. 鼓动性

能够感染听众，激发听众的情感共鸣，让听众获取新知识、新信息，或是接受某种主张、观点，便是演讲成功的体现，也是演讲的鼓动性体现。

在了解了演讲的基本信息后，王言和李伟决定首先明确一下自己作为初学者需要完成的任务。

三、任务明确

〖写一份演讲稿并进行演讲训练〗
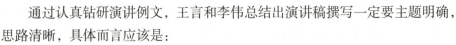

（一）写一份精彩的演讲稿

王言和李伟明确了首先需要认真写好演讲稿，需要多学习优秀的演讲稿，在此基础上首先把自己想说的话写出来，然后搜集合适的论据证明自己的演讲观点，适当增加一些名言警句，提升稿件的质量，同时需要精心打磨开头和结尾，多使用祈使句以及排比句，以增加演讲的气势。

（二）熟记演讲稿

在打磨稿件的基础上熟记演讲稿内容，才能保证演讲现场发挥最好的效果。

（三）练习演讲

在正式参加比赛之前，需要自己私下对镜练习或者找观众练习，听取他人意见修改演讲稿及演讲姿态等。

四、任务实施

（一）撰写演讲稿

王言和李伟两个人在网络上找到一篇演讲稿例文，认真学习，这篇例文来自复旦大学教师熊浩在"时代新人说——我与祖国共成长"演讲大赛上的演讲——《意义的唤醒》。

演讲稿
《意义的
唤醒》

通过认真钻研演讲例文，王言和李伟总结出演讲稿撰写一定要主题明确，思路清晰，具体而言应该是：

1. 主题明确

演讲应有一个明确的主题，无论是演讲时引用的名人名言、生动感人的故事或事迹，或是列举的数字、图表、实物，还是采用的手势、表情、动作等身体语言，皆是用来服务主题的，使得主题的表达更加突出、明确。为了达到说服、鼓舞听众的目的，演讲者在演讲时，除了观点应是明确的以外，态度应是坚定的，所用支撑观点的材料也应是典型有力，切合主题的。

2. 结构完整

演讲一般分为开头、正文、结尾。开头也叫开场白，能否吸引听众的注意力、调动听众的兴趣，关系到一个演讲的成败，因此，开头显得至关重要。可以采用设问、游戏、情景引入等方式。正文要做到思路清晰，逻辑分明，可以用"首先""其次""最后"来突出层次，表明环节与环节之间的关系，做到环环相扣。结尾要直截了当，明确演讲主题，振奋听众精神，启发其思考和回味。

3. 语言生动

演讲语言生动，可以更好地调动现场观众的情绪。其中比较容易引发人们兴趣的就是幽默。幽默是演讲的调节剂，可以为演讲锦上添花。例如林语堂言谈很风趣，有一次，纽约某林氏宗亲会邀请他演讲，希望借此宣扬林氏祖先的光荣事迹。但凡这种演讲，如果不说夸赞祖先的话，同宗就会失望，若是太过吹嘘，又有失学人风范。林说："我们姓林的始祖，据说有商朝的比干丞相，这在《封神榜》里提到过；英勇的有《水浒传》里的林冲；旅行家有《镜花缘》里的林之洋；才女有《红楼梦》里的林黛玉。此外，还有美国大总统林肯，独自驾机飞越大西洋的林白，可谓人才辈出。"林语堂这段简单而精彩的演讲，令台下宗亲雀跃不已，禁不住鼓掌叫好。然而，当我们仔细回味他的话时，就会发现他所谈的不是小说中虚构的人物，就是与林氏毫不相干的海外名人，并未对祖先歌功颂德。王言和李伟决定再多找几篇例文研究，在此基础上首先把自己想说的话写出来，然后搜集合适的论据证明自己的演讲观点，适当增加一些名言，提升稿件的质量，同时需要精心打磨开头和结尾，多使用祈使句以及排比句，以增加演讲的气势。除了写演讲稿，进行适当的演讲训练也是非常有必要的。

（二）演讲训练

王言和李伟首先观看了很多演讲视频，通过观摩演讲视频及向师长请教，王言和李伟两人总结了一些临场演讲技巧。

1. 准备充分

演讲前要做好充分的准备，了解听众的特点，根据听众接受情况确定演讲的方式和内容，并熟悉演讲的主题和内容，做到心中有数；熟悉演讲的场地，进行演讲前的练习，确保演讲时应对自如。

2. 善用身体语言

手势、体态、眼神、表情等皆属于身体语言，在演讲的过程中，除了声音的感染力外，身体语言亦是十分重要的，能够为演讲的效果起到加持的作用。例如手势的使用，不仅能够缓解自身的紧张，也能够吸引观众的注意力，引导他们的思路跟着演讲者走。虽然手势种类繁多，但需结合实际应用，避免生硬做作。体态指的是身体的姿态，好的体态能给听众以美感，使其领略到演讲者的气质与风度，僵硬的姿态容易显露出演讲者的不自信、不自然。所以在演讲时，要做到自然大方，抬头挺胸、稳健持重，身体动作的变化要与演讲内容相协调。眼神能起到传情达意的作用，喜怒哀乐皆可从眼神流露出来，通过眼神的变化感染听众，眼神还要注视着台下听众，但切记死盯一个方位，多方位的流转，能够让在场的所有听众感受到被注意。眼神的传达与交流要自然、得体。面部表情的变化能够让听众迅速捕捉到演讲者的情感表达，虽然演讲有"演"的成分，但表情除了鲜明准确外，要做到真实、真诚，真实和真诚最能够打动听众的内心。总之，身体语言要做到得体大方。

3. 声音与语言

声音本身的特性会影响演讲效果，一般而言，低沉的声音比高亢的声音更容易获得信任，因为声音低沉会让人更有威严沉着的感觉。声音和腔调是天生的，不可能立刻改变，但可以在演讲时尽量做到发音准确清晰；音色难以改变，但要尽量调整好音量，避免破音，或过于低音，要做到圆润而清亮。以声带情，以情发声，声音应随着情感的变化而出现层次上的变化，使得声音富有感染力。除此以外，日常经过专门的声音训练，可在一定程度上修饰自己的音质特色。

除了音质音色，语速也是演讲的关键要素。在准备演讲稿的时候也可以参照以下准则：我们正常说话在 100~200 字 / 分钟，演讲的语速可以控制在 120~150 字 / 分钟。另外，演讲的语速应当配合内容有快有慢，如果全程都是一样的语速，只会让观众感到乏味不堪。

演讲的语言应简明扼要，在符合演讲者身份和听众接受度的基础上，避免过度复杂化，要具有真实性，杜绝假大空，做到言之有理，合乎逻辑，准确反映演讲的主题思想。在真实的基础上，演讲时也要避免使用陈词滥调，否则容易让听众产生厌烦情绪，可以旧话新说，抓住听众在意的点，让听众有所收获。

4. 服饰、发型和发色

服装：一般而言，演讲是严肃的场合，选择正装如西服、中山装、套裙等是不容易出错的，颜色方面可考虑黑色、深蓝色、灰色等，也可以根据演讲的主题适当选择活泼一些的颜色，但总体而言，全身上下不要超过三种颜色，避免给观众花里胡哨的感觉。不要佩戴过于闪亮的装饰品，以免喧宾夺主。注意鞋跟不宜过高，以免影响运气发声。

发型和发色：男士的发型应当注意前不遮眉，侧不掩耳，后不及领，可以选择露出额头。女士的发型如是长发一般选择马尾或者盘发，如是短发，以干净利落为主。注意，男士女士发色均要以自然色为主，勿染过于夸张的发色。

5. 与观众互动

演讲时要注意与听众互动，这样可以渲染场上的气氛，增强感染力。比如通过提问的方式："如果是你，你会选择第一个还是第二个？"，或者号召的方式"认为对的请举手"，也可以根据演讲主题设计一些简单的小游戏，或者播放一些有趣的视频、图片等。通过一些技巧性的互动，持续不断地吸引听众的注意力，更容易让听众对你的演讲印象深刻。

范例展示

王言和李伟经过反复修改，写出了以下稿件：

时间浩荡，风云变幻；七十寰宇，换了人间。我们正值青春年华，正值国家之盛。生逢盛世，乃我们之幸；于盛世中奋斗，乃我们之责。青年应当书写无愧于青春的奋斗者之歌。

我们的盛世从何而来，是无数的革命先烈为了民族解放事业，为了带领中国人民推翻三座大山，为了共产主义的信仰而舍生取义。刘胡兰、董存瑞、邱少云、黄继光……从这些英雄人物扣人心弦的故事和感人肺腑的壮举中，我明白了国旗为什么这样鲜艳，朝阳为什么这么鲜红。因为这是无数爱国者抛头颅洒热血写就的《血染的风采》。他们在苦难中撑起了一方蓝天，让中华人民共和国巍然屹立。

历史的交接棒正在传递到我们这一代青年手中。我们的同辈中，也有无数的榜样，帮助农民脱贫的村干部黄文秀、中印边境冲突中的营长陈红军、战士陈祥榕、战士肖思远、战士王焯冉、团长祁发宝……他们的职业不同、年龄不同、性别不同，但他们都将自己生命的最好年华奉献给了祖国，他们用凡人的壮举，唱响了新时代的《为了谁》。

2020年，一场突如其来的新冠疫情肆虐，没有硝烟的疫情阻击战全面暴发。在这场战斗中，无数普通人逆行而上，书写了责任与担当。在医疗救治、通信电力、社区工作、交通运输等各条抗疫战线上，也都有无数青年人奋战的身影。他们舍"小家"为"大家"，用勇敢与坚强、担当与尽责、无畏与无私，成为这个战场上披坚执锐、英勇奋战的生力军。

青年正是人生中最应该奋斗的年代，国家正处在蓬勃发展的时期，奋斗与拼搏也正是我们青年一代的使命。尽管我们还是学生，但我们依然可以尽我所能，为祖国贡献微薄之力，以爱国之心，报祖国之恩。梁启超曾经说过"少年强则国强"，孙中山先生也曾这样表达对青年的殷切希望："唯愿诸君将振兴中国之责任，置之于自身之肩上。"百余年后的今天，我们当不忘先辈教诲，砥砺前行。

"红日初升，其道大光；河出伏流，一泻汪洋；潜龙腾渊，鳞爪飞扬；乳虎啸谷，百兽震惶……"相信他日之我，心中有沟壑，立马振山河！坚信明日之中国，仍是五岳向上，江河滚滚！愿我与国，纵有千古，横有八荒，前途似海，来日方长！

五、实践训练任务

1. 实践训练任务1——拟定题目

为第四部分任务实施中的例文拟定一个合适的题目。

提示：题目应能揭示演讲主题，鲜明地表现演讲内容，并做到贴切、简洁、吸引人。标题的类型有：（1）提要型，如男子汉的风度；（2）象征型，如扬起生命的风帆；（3）含蓄型，如沉重的翅膀；（4）设问型，如人才在哪里？（5）抒情型，如故乡啊！我魂牵梦绕的地方。

2. 实践训练任务 2——写演讲稿

以"我的偶像"为题，写一篇演讲稿。

提示：可以观看《我是演说家》相关视频。

3. 实践训练任务 3——勇敢开口说

学习，并和周围同学分享更多的演讲或者公共场合讲话的技巧和知识，如演讲《怎么说话人们才会听》等。

自信演讲

辩　论

一、任务情境

刘芳、王华、李明、张雯是××学院大一新生，他们想锻炼自己的口才，所以组团参加了××学院辩论社社团，辩论社定期举办辩论活动，这次的辩论题目是"宽松式管理对大学生利大于弊还是弊大于利"，刘芳四人正好抽到了辩论的正方。

二、知识导读

为了打好这次辩论，他们向社长和社团里其他有经验的学长学姐耐心请教，并通过网络学习了一些辩论赛的技巧。

（一）辩论的概念

辩论，主要是彼此用一定的理由来说明自己对事物或问题的见解，揭露对方的矛盾，以便在最后得到共同的认识和意见。辩论通常分为对话式辩论、问答式答辩、竞赛式辩论。

对话式辩论通常发生在日常生活中，指的是两个及两个以上的人因为分歧的意见产生争辩，答辩争论起来。

问答式辩论一般发生在学术交流、汇报或者考核过程中，和大学生联系最紧密的就是毕业论文答辩。

竞赛式辩论首先是一种竞赛活动，是有严格的秩序和规则的。竞赛双方持何种观点是抽签决定的，并不代表辩手自身的立场。因此，竞赛式辩论评判的标准并不是选手的观点和立场，而是在比赛过程中展现出来的辩论技巧、口才、胆识等。

（二）竞赛式辩论赛规则

近年来流行的大型辩论赛，一般是由8个人（每队4人）参与。各参赛队中的4名成员，分为一辩、二辩、三辩、四辩手；并按此顺序，由辩论场的中央往旁边排列座位。通常辩手的分工是非常明确的：一辩的职责是阐述己方观点；二、三辩的职责是立足己方观点，和对方进行攻辩；四辩的职责是总结本方观点。

（三）竞赛式辩论赛流程

（1）辩论赛开始，宣布辩题；

（2）介绍参赛代表队及所持立场，介绍参赛队员；

（3）介绍评委及点评嘉宾；

（4）辩论比赛；

（5）观众自由提问时间；

（6）评委及点评嘉宾退席评议；

（7）评委入席，点评嘉宾评析发言；

（8）宣布比赛结果，辩论赛就结束。

注：辩论赛程序由辩论会主席执行。

（四）竞赛式辩论赛细则

（1）时间提示：自由辩论阶段和其他阶段，每方使用时间剩余 30 秒时，计时员以一次短促的铃声提醒；用时满时，以钟声终止发言。攻辩小结阶段，每方使用时间剩余 10 秒时，计时员以一次短促的铃声提醒，用时满时，以钟声终止发言。终止钟声响时，发言辩手必须停止发言，否则作违规处理。

（2）陈词：提倡即兴陈词，引经据典恰当。

（3）开篇立论：立论要求逻辑清晰，言简意赅。

（4）攻辩

① 攻辩由正方二辩开始，正反方交替进行。

② 正反方二、三辩参加攻辩。正反方一辩作攻辩小结。正反方二、三辩各有且必须有一次作为攻方：辩方由攻方任意指定，不受次数限制。攻辩双方必须单独完成本轮攻辩，不得中途更替。

③ 攻辩双方必须正面回答对方问题，提问和回答都要简洁明确。重复提问和回避问题均要被扣分。每一轮攻辩，攻辩角色不得互换，辩方不得反问，攻方也不得回答问题。

④ 正反方选手站立完成第一轮攻辩阶段，攻辩双方任意一方落座视为完成本次攻辩。其间，攻方可以任意打断。

⑤ 每一轮攻辩阶段为 1 分 45 秒，攻方每次提问不得超过 10 秒，每轮必须提出三个以上的问题。辩方每次回答不得超过 20 秒。用时满时，以钟声终止发言，若攻辩双方尚未完成提问或回答，不作扣分处理。

⑥ 四轮攻辩阶段完毕，先由正方一辩再由反方一辩为本队作攻辩小结，限时 1 分 30 秒。正反双方的攻辩小结要针对攻辩阶段的态势及涉及内容，严禁脱离比赛实际状况的背稿。

（5）自由辩论：这一阶段，正反方辩手自动轮流发言。发言辩手落座为发言结束即为另一方发言开始的计时标志，另一辩手必须紧接着发言；若有间隙，累积时照常进行。同一方辩手的发言次序不限。如果一方时间已经用完，另一方可以继续发言，也可向主席示意放弃发言。自由辩论提倡积极交锋，对重要问题回避交锋两次以上的一方扣分，对于对方已经明确回答的问题仍然纠缠不放的，适当扣分。

（6）观众提问：正反方各回答两个观众提出的问题，双方除四辩外任意辩手作答，一个问题的回答时间为 1 分钟，如一位辩手的回答用时未满，其他辩手可以补充（问题须经过半数以上评委审核，辩手方可作答）。

（7）结辩、辩论双方应针对辩论会整体态势进行总结陈词；若脱离实际，背诵事先准备的稿件，适当扣分，辩论赛细则用时见表1。

（8）根据所有辩手的表现，评选出最佳辩手。最佳辩手要求有：自信大声，有感情，能言善辩。

表1　辩论赛细则用时说明表

顺序	程序	时间	备注
1	正方一辩发言	2分30秒	
2	反方一辩发言	2分30秒	
3	正方二辩选择反方二辩或三辩进行一对一攻辩	1分45秒	
4	反方二辩选择正方二辩或三辩进行一对一攻辩	1分45秒	每个提问不超过15秒；每次回答不超过20秒
5	正方三辩选择反方二辩或三辩进行一对一攻辩	1分45秒	
6	反方三辩选择正方二辩或三辩进行一对一攻辩	1分45秒	
7	正方一辩进行攻辩小结	1分30秒	
8	反方一辩进行攻辩小结	1分30秒	
9	自由辩论（正方先开始）	8分钟（双方各4分钟）	
10	观众向正方提问一个问题	回答时间不超过1分钟	除四辩外任意辩手回答
11	观众向反方提问一个问题	回答时间不超过1分钟	
12	观众向正方提问一个问题	回答时间不超过1分钟	
13	观众向反方提问一个问题	回答时间不超过1分钟	
14	反方四辩总结陈词	3分钟	
15	正方四辩总结陈词	3分钟	

（五）竞赛式辩论技巧

首先是不同辩论阶段的技巧。

1. 立论阶段

立论是由一辩来完成的。一辩是整场辩论的第一个发言者，核心任务是旗帜鲜明地陈述己方观点。整体论述要求逻辑清晰、言简意赅、引经据典恰当。一辩要有演讲能力，具有强烈的感染能力，因为一辩要把观众吸引到己方的观点和立场上，把观众带入一种论辩的氛围中。一辩如果能在念出最后一个字时，恰恰时间结束的铃声响起，可收到先声夺人之效。这一点极难，所以不必强求。如果时间已到而稿子还未念完，可以把论点重复一遍，然后坐下。

正方一辩可以尝试发言结尾向对方连续提问，扰乱对方一辩发言。反方一辩如果遇到这种情况可以选择避而不答。一辩也可以选择在结尾时说：关于×××将由我方二辩、三辩作进一步的阐述。但这种做法优缺点都很明显，优势是配合了接下来的辩手发言，配合连贯，缺点就是破坏己方立论的整体感和气势。一辩可根据个人风格和辩题需要决定是否使用之类技巧。

2. 攻辩阶段

攻辩主要由二、三辩完成，二、三辩主要是针对本方观点，与对方辩手展开激烈角逐，在阐述己方的立场上还能揭露对方的纰漏，因此要求他们具有较强的逻辑思维能力和非凡的反应能力，如果能揭露对方纰漏并反为己用，会取得非常好的效果。如果什么都不准备，就会出现以下情况：明明听到对方漏洞百出，想辩驳，却不知从何下手；或者知道了应该驳斥哪一点，但语言组织不佳，说话吞吞吐吐，效果大打折扣。因此在攻辩阶段应当做到：① 做好充足的准备，站在对手的立场思考问题，将对方可能的攻击点一一列出，针对每一个攻击点准备好化解的方法；② 可以将注意力放在对手发言中的开头部分，在有限的时间里，如果驳斥对手结尾，往往来不及组织语言；③ 如果对方出现了常识性错误或口误，应当抓住机会予以痛击；④ 最好是针对前一个发言者进行驳斥，如果中间已经隔了几轮发言，驳斥的效果会减弱；⑤ 最后，如果确实觉得反驳有困难可以只立论，不能冷场不发言。

3. 自由辩阶段

自由辩论的战术：自由辩论是辩论赛中非常重要的环节，有不少评委是根据自由辩论的胜负来决定比赛胜负的。自由辩论的随机应变成分很高，有时候事先准备的资料也没办法利用，就出现打到哪里算哪里的情况，有时候双方都过多纠缠细节问题，导致核心问题被忽略。因此，平时的自我训练是非常重要的，另外在赛场上不要被激烈的氛围影响，尽力保持冷静，这些都非常重要。可以从以下方面进行尝试：① 节奏把握：自由辩论的时间不长，但争锋激烈，对抗性强，一般节奏非常快。但是能全程都保持强劲势头的队伍是少数，因此可以采取先弱后强，欲擒故纵的策略，先让对方强，观察对方的底牌和优劣，再有针对性地辩驳对方；② 避锋折锐：针锋相对，往往会陷于对峙和僵持。可以采取不正面迎击，而是闪避一旁，轻轻折断其锋锐，或侧击、或高压、或机智、或幽默，巧击要害；③ 时间把握：己方的时间要严格控制，同时在有精力的基础上可以引导对方在无意识中把规定时间及早耗尽；④ 如有辩论能力突出的队员，那么该队员发言后，不要立即把话筒传给其他队员，而要在对方发言后，由该队员决定是否作第二次发言。这种战术的目的是保持发言的连贯性，在队员相互之间很不了解，配合很生疏时应用。

4. 结辩阶段

结辩是由四辩进行的，这需要做到总结己方观点并加以发挥和升华，和一辩一样要有激情，铿锵有力，让评委和观众心理上认同己方的观点。结尾处可以考虑使用气势宏大的名言、诗词，提升结辩效果。

还有一些要点是需要所有辩手注意的：

第一，语言通俗化、口语化。刚刚接触辩论的人听到陌生词汇时，会觉得该辩手准备充分，学问高深，但其实这样的情况并不是非常适合辩论。真正优秀的辩手应当做到深入浅出。辩手经过准备之后，对辩题的理解比评委和听众一般要深刻，但使用过多的专用术语，会导致想要表达的含义不能准确被评委和听众接收，效果反而要打折扣，因此要尽可能使用通俗易懂的语言。如果真的必须使用专业术语，最好在最开始使用比喻、举例子等方式让评委和听众理解该专业术语。

第二，概念的模糊和清晰。对于辩论来说，需要通过对概念进行模糊化处理让对方找不到靶子，举例来说，一道辩题是"法治是否能消除腐败"，"消除"的权威定义是字典中的释义——（动）除去；使不存在。如果正方辩手要采用"消除"的权威概念，那么很难进行辩论，这时候就可以将概念模糊化，比如，法治能消除腐败，指的是法治的惩治、防范、监督、教育几种功能相互作用的动态过程。这就是概念的模糊化处理。那么对于这道辩论题目中的反方，就要采取从源头厘清概念的策略，一定要坚持消除的权威定义。

第三，煽情。通常使用该策略是在结辩、自由辩论以及立论阶段。自由辩论中个人发言时间不长，所以使用时受到一定限制。立论主要是陈述清楚己方观点，所以煽情要谨慎。因此，最经常使用该策略的时间点是在结辩阶段。该煽情时辩手一定要投入感情，该慷慨激昂时可以声情并茂，该沉痛哀伤处可以低沉缓慢，但也要注意适度，不能出现泣不成声、拍桌子等过激行为，同时也不能影响自己的发言逻辑。

在了解了辩论的规则和技巧后，刘芳四人明确了自己接下来应该做的事情。

三、任务明确

〖进行竞赛式辩论〗

刘芳四人首先明确自己参加的是竞赛式辩论，在熟悉了竞赛式辩论的规则后，他们按照以下步骤进一步明确团队任务。

（一）分析辩题

刘芳等人明白首先应该就辩论题目"宽松式管理对大学生利大于弊"进行分析，明确辩论题目的基本范畴和方向，列出一个基本提纲。

（二）搜集辩论素材

在分析辩题的基础上搜集辩论素材，完善提纲，添砖加瓦，用数据、实例、名人名言等作为论据去支撑自己的辩题。

（三）模拟对手

辩论赛除了关心自己的辩题，更应该设想对方辩手会从哪些角度抛出观点，以及会从哪些角度攻击本队，查漏补缺，可以模拟对手，站在对手的立场上思考，这样可以做到查漏补缺，进而完善本队的观点，知己知彼，百战不殆。

四、任务实施

（一）分析辩题

己方立场 宽松式管理对大学生利大于弊	对手立场 宽松式管理对大学生弊大于利
己方主要观点 1. 宽松式管理更有利于培养大学生的自觉性和自律性、规划能力 2. 宽松式管理有利于大学生提前适应社会 3. 宽松式管理更有利于大学生的个性发展 4. 宽松式管理更有利于培养大学生的创新思维 ……	对手可能观点 1. 宽松式管理会导致大学生规则意识的丧失 2. 宽松式管理对被管理者的自觉性要求较高，不利于大部分学生的发展 3. 宽松式管理的实践结果具有不确定性 ……

（二）搜集辩论素材

观点	素材
宽松式管理更有利于培养大学生的自觉性和自律性、规划能力	清华、北大、哈佛、耶鲁很多都是实行宽松式管理
宽松式管理有利于大学生提前适应社会	微软公司工作任意时间制 谷歌公司一切享受条件 腾讯旗下光子工作室强制下班管理机制
宽松式管理更有利于大学生的个性发展	北大"思想自由，兼容并包" 清华　水木年华组合
宽松式管理更有利于培养大学生的创新思维	宽松式的大学　学术创新　科技创新

（三）模拟对手

刘芳查阅了"宽松式管理"相关资料，学习梳理了其中的辩论内容和技巧，并将这份资料分享到了小组内部，供大家学习参考。

（四）辩论实战

半个月后，辩论社举办了"宽松式管理对大学生利大于弊还是弊大于利"的辩论赛，由于准备充分，刘芳四人取得了此次辩论赛的胜利。

《宽松式管理利大于弊》攻辩资料

五、实践训练任务

1. 实践训练任务 1——辩题梳理

请分别模拟正反双方，梳理以下辩题：

（1）逆境还是顺境更有利于人成长？

（2）对高职学生来说，打工对学业利大于弊还是弊大于利？

（3）现代社会更需要专才还是通才？

（4）爱情是自私的还是无私的？

（5）网络语言有没有存在的合理性？

（6）形成代沟的主要原因在于父母还是子女？

（7）青年成才的关键是自身能力还是外部机遇？

2. 实践训练任务 2——开展辩论赛

请从实践训练任务 1 中的 7 个辩题中任选其一，开展一场辩论赛。

3. 实践训练任务 3——辩论技巧分享

除了本节所阐述的辩论技巧，大家还有哪些辩论技巧可以补充，一起分享给班级同学吧！

无领导小组讨论

一、任务情境

刘川是一名应届毕业生，根据自身所学的专业，他决定应聘市场营销岗位。在梳理好个人学习、获奖、实习等经历，比对了几种不同的简历后，刘川依据市场营销岗位的要求，制作了一份能够彰显自身特色、合乎岗位要求的个人简历，并进行了线上投递。在等待几天后，刘川接到了最为心仪的 ×× 公司的面试通知，并被告知面试环节采用无领导小组讨论的形式进行。

二、知识导读

什么是无领导小组讨论？以及相关的知识和准备有哪些？为了在面试中脱颖而出，成功进入 ×× 公司，在参加组织无领导小组讨论面试之前，刘川需要先确定清楚：

（一）无领导小组讨论的含义

无领导小组讨论是采用情景模拟的方式，对面试者进行综合测评的一种手段、技术，通常由 6~9 人组成临时工作小组，对给定的问题进行讨论，并提出解决问题的方案。小组成员之间是彼此平等的关系，自行组织讨论，并无指定的领导。在讨论过程中，面试者所展现出的口语表达能力、组织协调能力、人际交往能力、情绪调节力、身体调控力，以及思维逻辑性、责任心、自信心、灵活性等，皆是评价者评估面试者的依据。

无领导小组讨论适用的范围越来越广，如公务员考试、校园招聘等，甚至学生之间的竞选也用到了此项测评方法。

（二）无领导小组讨论的形式

1. 开放式问题

此类问题的答案范围受限少，可从多个方面进行回答，所以能够更加全面、有针对性地考察面试者。优点是面试官容易出题，缺点是此类问题不容易引起面试者之间的争辩，不易评价面试者。

2. 两难式问题

让面试者从两种互有利弊的答案中选择一种，面试官需要注意的是两种备选答案的利弊是相等的，不能在选择上有明显的优势。

3. 多项选择问题

让面试者按照重要性对多种备选答案进行排序或多选。此类问题不容易出题目。

4. 操作性问题

让面试者利用所给的材料、道具等设计出一个或多个由面试官指定的物体。优点在于更多考察面试者的操作行为，但言语方面的考察较欠缺。

5. 资源争夺问题

让处于同等地位的面试者分配有限的资源，此类适用于指定角色的小组讨论。优点是能引起面试者的充分辩论，缺点是要求讨论题应具有平等性的角色地位和充分性的材料准备。

（三）无领导小组讨论的注意事项

1. 明确考察要求

围绕问题核心进行思考、讨论，避免方向走偏，产生无效讨论。

2. 把握发言机会

无领导小组讨论属于群面，群面中应把握个人发言的机会，积极发言，注重语言的逻辑性、清晰流畅、说服力，同时也要展现自身的责任感、自信力、创新力、应变力等，在短时间给面试官留下深刻印象。

3. 注重团队精神

虽然在讨论过程中应展示个人能力，但人际交往、语言沟通等能力，以及合作协助的团队精神也应注重，这就要求面试者围绕问题，在方案框架内，合作讨论出解决问题的对策。

4. 细节把控

细节决定成败，面试过程中，穿着、举止、神态、语速、语调等往往会给予面试官初印象，因此，得当的穿着、举止，饱满的精神状态，合适的语速、语调，真诚可信的言辞皆需注意。

（四）无领导小组讨论的过程

1. 准备阶段（面试官一方）

（1）确定明确的指导语；

（2）选择合适的面试场地，一般无领导小组讨论采用圆桌形式；

（3）根据所需，选择适合的讨论题型。

2. 实施阶段（面试者一方）

（1）面试官宣读试题，面试者在接收到相关的资料、问题背景、讨论的规则及要求后，独立思考，将思考内容列为提纲，时长 10 分钟；

（2）面试者轮流阐释各自观点，每人限时 3 分钟；

（3）面试者自由发言，在阐释自己观点的同时，对他人的观点提出意见，最终小组达成某一协议，限时 30 分钟；

（4）小组汇报，限时 3 分钟。

注意事项：讨论过程中不能用举手表决或投票等方式形成一致的意见和方案，必须通过充分的讨论。

3. 评价阶段（面试官一方）

评价者要克服对面试者的初印象、偏见，依据所列条目对面试者的表现进行客观、公正的评价。评价者要由两人以上担任。

4. 总结阶段（面试官一方）

无领导小组讨论结束后，针对此次讨论的整体情况、所问的问题内容、此问题的优缺点，主要包括每个面试者的具体表现、自己的建议、最终录取意见等，所有面试官皆要撰写评定报告，进行总结。

三、任务明确

〖**明晰实施阶段的任务**〗

刘川在了解了无领导小组讨论的相关内容后，在网上搜索了不同形式的无领导小组讨论视频，进行了反复观摩，从而熟悉了讨论的流程、注意事项等，并且进行了记录，尤其是实施阶段需要自己完成和参与的部分。

四、任务实施

刘川按照要求的时间和地点来到了 ×× 公司的会议室，等待面试的开始。

（一）准备阶段

面试官公布讨论材料：

公司要推出一个全新的产品，未来前景广阔，且前期已投入了巨大的营销费用，然而在发行前一天该产品被发现有问题，可能给客户带来巨大损失，且新闻媒体已经对市场上推出的同类问题产品进行了曝光。问：如果你作为该公司的领导现在该怎么办，继续发行该产品，还是取消？

刘川在阅读讨论材料后，总结出该面试题属于开放式两难式题型，是无领导小组讨论的常见分类，考察求职者在限定环境下的分析能力、人际沟通能力，以及在选择是否继续发行方面呈现出的个人价值观。

刘川在简单分析后，准备发言提纲。

（二）个人陈述阶段

此阶段按照顺序进行发言，轮到刘川时，她结合材料中公司信誉、利益和客户的利益进行陈述。

第一，对于公司层面来说：（1）产品前期投入巨大，后期可能带来丰厚收益；（2）如果产品出现问题，会影响公司形象、信誉；（3）继续发行问题产品可能违反国家相应的法规制度。

第二，对于客户层面来说，自己的权益可能难以保障。

通过以上的利益分析，我们发现问题主要集中在产品能否继续发行。如果继续发行，可能给客户带来巨大损失，影响公司信誉；如果不发行，公司的前期投入打了水漂，后期产品所带来的收入也会没有，影响较大。

（三）集体讨论阶段

针对解决方案，面试者各自陈述自己的观点，并对他人观点提出不同的意见，经过充分讨论，小组达成一致观点。

（四）小组汇报阶段

刘川代表小组向面试官汇报小组的解决方案：

通过对以上问题的界定，我们讨论出的答案是取消发行，并发一诚恳的情况说明和道歉。因为这事关公司形象、信誉，客户的利益。虽然公司一时会面临收益上的损失，但放长远来看，如果名誉一旦受损，影响到的不只是这一产品前期投入的资金。而且，公司所发的诚恳的情况说明和道歉不仅会让市场理解，也会让市场更加认可公司，会带来更多潜在的客户。

五、活动示例

深圳卫视《你好！面试官》第五季（2020-03-19、2019-06-06、2019-05-30、2019-05-23、2019-05-16 五期）

六、实践训练任务

1. 实践训练任务1——大学期间你是否支持勤工俭学

要求：6~9人组成临时工作小组。

1. 每人用5分钟时间思考，罗列提纲，在此期间不要相互讨论；

2. 每人3分钟，分别阐述自己的观点；

3. 自由讨论，并反驳他人观点，经过充分讨论后，达成一致观点；

4. 小组选派一名代表在讨论结束后向主考官报告讨论情况和结果。

2. 实践训练任务2——自由讨论

你即将结束大学生涯，跨入社会。假设给你五年的时间，通过先后从事三种不同的工作来提高各方面的能力、获取更多的经验。你会选择哪三种工作，如何安排各个工作的任职时间？下面是可供选择的工作：

A. 报刊记者助理，负责对反映社会热点与国计民生的重大事件、会议、活动等进行采访报道，工作中需要与政府的相关部门打交道，能提高人际关系能力，并拓展人际关系网络。

B. 国际品牌店的店长助理，从中可以学习和应用国际品牌的市场推广并积累经验；你需要根据市场的需求和顾客的喜好，设定每一季度的推广货品，负责品牌的维护和推广，拓展市场占有率。

C. 参与国家"三支一扶"计划，到西部的大中城市服务2年。服务期完成后，你可以享受包括就业、考研、自主创业、公务员考试等多方面的优惠政策。

D. 房地产公司的销售培训人员，负责对该公司的销售员进行培训；在职期间，公司会资助你参加相关的能力提升课程。

E. ……

你需要：

1. 从上述选择三种不同的工作；

2. 确定三种工作的先后从事顺序，及各项工作的任职时长；

3. 说明你的理由。

要求：6~9人组成临时工作小组。

1. 每人用5分钟时间思考，罗列提纲，在此期间不要相互讨论。

2. 每人3分钟，分别阐述自己的观点；

3. 自由讨论，并反驳他人观点，经过充分讨论后，达成一致观点；

4. 小组选派一名代表在讨论结束后向主考官报告讨论情况和结果。

专题十一　应用文写作

　　昔日刘勰有言：“文之为德也大矣，与天地并生者何哉！”天地之间有文，落日熔金，暮云合璧；万事万物有文，草木彰华，虎豹凝姿。天地既有万物，万物既有文德，映照于人之文，则放言遣词，吐耀含章。文章之林府，恰如天地万物之品类，彬彬然可俯察其盛矣。

　　“一代有一代之文”，此说已成定论。但目光若仅聚焦于唐诗宋词明清小说，则不免狭隘。古代文章林府中之公文系统始终被忽略。翻开历代名家别集，寥寥数篇经典虽然光彩夺目，但数量更为庞大者，则为制、为诰、为状、为表，为送序、为墓表、为碑铭、为题记。古人公文之品类，实亦繁盛可彰。

　　时代流变，文亦随迁。一百年来，传统文体衰落，新兴文体如杂文、新闻、通讯、报告文学各领风骚数十纪。沿至当下，各行各业遂有相对应之专业应用文体，如财经、如外贸、如银行、如法律，社会分工愈细，文种文类愈繁。且普遍重实用、真实、针对性和时效性，与传统文采之雕琢、辞藻之华丽、用典之精工，已大不相侔矣。

　　于诸生而言，文类虽繁，有部分文种需要普遍习得掌握，概因其应用范围业已超越一专业一领域。如需明了简历之编排，区别会议记录与会议纪要，细分通知种类。寄言诸生，离校之际工作之初，定心、细心，有恒心，“弗之怠”！

简　历

一、任务情境

张进的大学生涯走到了毕业季，他要真正开始为自己的未来打算、考虑，确定自己的职业目标和方向。2022年的秋季招聘已经开始，学校邀请了很多企业和单位，准备在10月22日进行一次校园招聘会。经过打听，张进发现，要想在招聘会上获得目标单位的垂青，他必须在招聘会前制作好一份个人简历并打印数份出来，以便在招聘会上进行投递。可是，他此前并未撰写过简历，那么，一份合格的简历都包含哪些内容，以及要如何撰写一份能够让应聘单位眼前一亮的简历呢？

二、知识导读

要想写好一份简历并非一件简单的事情。简历，是对个人学历、经历、特长、爱好及其他有关情况所作的简明扼要的书面介绍，它是有针对性的自我介绍，是一种规范化、逻辑化的书面表达。对应聘者来说，简历是求职的"敲门砖"。成功的简历就是一件营销武器，它向未来的雇主证明自己能够解决他的问题或者满足他的特定需要，因此确保能够得到会使自己成功的面试。

通过查阅资料，张进发现一份完整的简历，均要包含以下内容：

1. 个人基本情况

包括姓名、性别、年龄、籍贯、证件照、政治面貌、学校、系别及专业，婚姻状况、健康状况、身高、爱好与兴趣、家庭住址、电话号码等。

2. 学历情况

在简历上应写明自己曾在××学校、××专业或学科学习，以及起止期间；并列出所学主要课程及学习成绩，在学校和班级所担任的职务，在校期间所获得的各种奖励和荣誉。

3. 工作资历情况

若有工作经验，最好详细列明，首先列出最近的资料，后详述曾工作的单位、起止日期、职位、工作内容。

4. 求职意向

即求职目标或个人期望的工作职位，表明你通过求职希望得到什么样的工种、职位，以及你的奋斗目标，可以和个人特长等合写在一起。

为体现不同人群的特点，上述四部分的排序及组合可以根据实际情况灵活调整。

在简历的制作中，有些要点需要注意：

（1）明确求职目标。简历写作是命题作文。简历中的每一句话，都需要紧紧围绕目标岗位来写。一份成功的简历能够让招聘单位了解到，自己才是他们需要的人。

（2）逻辑重心前移。要把重要的内容、应聘单位最感兴趣的点放在前面，让应聘单位更容易、更有效地理解所有的内容。

（3）善用 STAR 法则。S（situation）是事情发生的背景，或遇到的困难。T（task）是自己的任务或目标。A（act）是自己针对该情况所进行的思考和行动。R（result）是结果，即达到的目标、学到的经验。STAR 法则适合在撰写短期经历中使用，能从小事中见出应聘者的学习能力、沟通能力、团队协作、抗压能力。

（4）注重简历编辑。一般情况下，简历的长度以 A4 纸 1 页为限。编排要重点突出、内容精炼、语言简洁，如使用斜体、大写字母、下划线、首字突出、首行缩进或箭头等来突出简历中的重点，绝对不能出现错别字、语法和标点符号方面的低级错误，最好要用积极的语言表达，切忌用缺乏自信和消极的语言风格来写你的个人简历。条件允许的情况下，可以考虑对简历进行专门的版式设计。

三、任务明确

张进的专业是金融学，在大学期间，他在多家证券公司进行过实习，他决定以此为重点，有针对性、目的性地进行简历的制作。

四、任务实施

按照简历制作的要点，张进主要从以下几个方面对自己的简历进行了设计：

1. 明确求职目标

张进对自己曾经实习过的工作岗位进行搜索，逐渐将求职目标明确为市场研究专员，他查找到 10 篇相关的招聘启事并进行提炼，摘抄出这些岗位反复强调的能力、态度和经验方面的要求，如数据分析对比能力、专题报告撰写能力、资料搜索整理能力等。

2. 逻辑重心前移

确定要求职目标之后，张进对简历的整体布局进行精心的构思。他将自己的简历分为基本信息、教育背景、实习经历、实践经历、社团经历和个人信息六个部分。根据逻辑重心前移的布局原则，将成果突出的教育背景和实习经历放在简历的前半部分进行重点呈现，而且紧紧围绕招聘单位列出的能力要求，突出自己实习经历中的业绩、数据和成果部分。

3. 善用 STAR 法则

在表述个人的实习经历和社团经历时，张进使用了 STAR 法则。他对自己的工作进行具体量化表达，比如调研报告的数量，对比分析的样本数量、调研的维度和方法等，突出地表现了自己分析阐述问题的清晰性、条理性和逻辑性。同时，使用了一些金融行业相关的专业词汇，这就使得这份简历看起来比较专业，容易被招聘者看重。

4. 注重简历编辑

张进将简历浓缩在 1 页 A4 纸，在一些需要强调之处，使用了"加粗"字体来进行突显。在简历基本制作完成后，又反复检查，字斟句酌，杜绝出现低级错误。

🌐 范例展示

张进

照片

性　　别：男　　　　　　联系电话：182××××
毕业时间：2023/06　　　　邮箱地址：××××
求职意向：市场研究专员　　通信地址：南京××××

教育背景

2020.09—2022.09　　　××大学　　专业：金融学　　GPA：87/100（专业前20%）

● 荣誉/奖项：2020—2021学年，××大学二等奖学金；"数创杯"全国大学生数学建模挑战赛优秀奖；2020年大学生创新创业训练项目学校立项

实习经历

××证券股份有限公司　　固定收益部　　　　实习生　　　　2022.08至今

● 协助分析师撰写新债定价分析报告3篇，通过wind等工具手机整理可转债企业资料，对公司进行财务、同业竞争、行业水平分析

● 协助分析师完成××产业链相关可转债公司专题报告2篇，独立完成可转债投资逻辑、正股表现及债券估值等部分内容

××股份有限公司　　　投资银行事业部　　实习生　　　2021.10—2022.02

● 参与××公司尽职调查工作，撰写现场检查报告、汇总相关情况并在晨会上汇报

● 通过对同行业5家上市公司进行比较，分析其财务比率及经济周期、原材料和生产过程的影响，确定××发行人的财务风险和操作风险

● 整理核对××持续督导项目、××资产重组底稿，共68册，保证其规范完整性

××股份有限公司　　　投资研究部　　　实习生　　　2021.07—2021.08

● 协助分析师进行金工专题研究，运用wind及choice等金融数据库搜索个股收益率、换手率及市场收益率等相关数据

● 独立撰写"事件驱动型"研究报告，针对A股117家上市公司实施员工持股计划的股价效应分析，运用stata与python进行事件检验

实践经历

数据分析技能培训　　　　　××训练营　　　　　　2021.05—2021.06

- 掌握 MySQL 数据库建立、数据查询；union、join、case 等内置函数、嵌套查询及多表格关联
- 学习 Tableau 数据可视化的基本图标、地理图标以及多维度指标仪表盘
- 熟练使用 python 基础函数；理解 Numpy、Pandas 和 Matplotlib 工具，运用爬虫进行静态、动态网页信息爬取

社团经历

××俱乐部社长　　　　　　2021.07—2022.08

- 通过 app 及线下宣传招聘 20 名成员留在校俱乐部；组织 10 ＋线下金融分享会，邀请在校及在职优秀人士就金融行业进行知识普及和经验分享，到场人数 100 ＋
- 了解校内外大学生对金融知识需求，推广上海金融实训项目，平均每学期带来 5 000 ＋收益

个人技能

英语　　　　CET-6：525
金融　　　　证券从业资格、已通过 CFA 一级
计算机　　　Microsoft Office；Matlab；Wind；Stata；SQL
兴趣爱好　　古筝十级、素描五级、金融类书籍年阅读量 20～30 本

五、实践训练任务

1. 实践训练任务 1——模仿写作

请模仿上面的例文示范，以市场销售为求职意向，撰写一份简历。

2. 实践训练任务 2——换位思考

假设你是一个新媒体公众号的 HR，现在需要招一个新媒体运营实习生，下面是你收到的一个简历，你是否愿意招收这个应聘者？为什么？

姓名：张三

性别：男

学校：××职业技术学院 2021 级

政治面貌：共青团员

工作经历：

暑期曾到餐厅做过服务员

大学期间担任班长

做过 QQ 运营，管理 1 000 人的 QQ 群

技能特长：

熟练掌握电脑操作，善于与人沟通打交道。

熟练掌握新媒体运营技巧

联系方式：×××××××××

求职宣言：我能吃苦耐劳动，善于学习，诚实守信。不选我，你会后悔的！

3. 实践训练任务3——补充修改

请以"张三"本人的身份，对任务2中的简历进行补充修改。

投递简历

求 职 信

一、任务情境

吉安与海生一样，也想要在 10 月 22 日的校园招聘会上投递简历。她的求职目标非常明确，是位于南京市的一家建筑公司，在网上搜寻该公司的招聘信息时，吉安发现需要提交给公司的不仅仅有简历，还包括一封求职信。

二、知识导读

许多大学应届毕业生在求职的时候，模糊了求职信与简历的区别，往往将之混为一谈，以至于在该使用求职信的时候使用简历，该使用简历的时候使用求职信，甚至内容互相掺杂、重复累赘。这会给自己的求职带来很大的不利。现在，我们将求职信与简历放在一起进行比较，看看它们之间的异同。

相同之处：求职信与简历是求职者写给用人单位，向用人单位介绍并推荐自己，以使对方接纳自己的重要的求职文书。二者的写作目的相同，都是为获得某项工作或职位；在写作过程中，二者都要求内容真实准确，表述实在客观，形式简洁精炼，逻辑严谨周密。

相异之处：第一，形式不同。求职信是书信的一种，写作时要遵循书信的基本格式规范。而简历则是求职者个人履历的一个简单介绍，一般以表格或分条列项的形式进行呈现。第二，内容要素不同。求职信的主要内容包括问候语、打算应聘的工作岗位、自我介绍和推荐、对工作或职位的认识和工作愿景、自己的联系方式、祝颂语、附件、落款等。简历内容大致包括个人基本信息——求职意向——教育背景——实践和工作经历——外语及计算机水平——获奖情况等。第三，性质不同。求职信多为"单发"，是专门写给某一用人单位的，目标比较明确，在内容上往往紧扣所谋求的工作或职位进行自我介绍和推荐，灵活机动、重点突出、针对性强。简历则相对更具有"普发"的特点，面向广大的社会用人单位和性质相近的多种工作岗位，求职目标并不十分具体，针对性不如求职信明显。

求职信的格式：

求职信一般包括标题、称呼、问候语、正文、祝语、落款和附件等几个部分。

标题通常只由文种名称组成，一般以"求职信"或"应聘信"三个字为标题，居于首页第一行正中。

称呼在求职信的第二行顶格书写。主要写明收信人，是求职者对自己求职单位或领导人的称呼，称呼后面加上冒号，是引起下文的意思。称呼要礼貌得体，要根据不同单位、不同部门的情况而定。一般情况下，对国有企事业单位的可称"××单位"或"××单位的人事处（组织人事部）"，如"广西建工集团第一建筑工程有限责任公司"；对民营、私营或合资独资企业的可称"××公司经理或××公司人事部负责人"，如"广西良兵消防公司人事部"；若没有目的的求职信可以直接称呼"尊敬的领导"等。

问候语写在称呼的下一行，空两格，独立成段，表示对用人单位的尊重和敬意，也是文明礼貌的表现。常用的问候语有："您好"或"你们好"。

正文是求职信的核心，一般由开头、主体、结语三部分组成。1. 开头。开头一般先写明求职、应聘的缘由，是毕业求职、待岗求职还是在岗者换岗求职等，都要说明清楚。开头的表达要简明准确，富有说服力。2. 主体部分。要针对用人单位的征招信息或者根据自己了解到的用人单位通常的要求，有针对性地介绍自己能胜任某项工作的优越条件（如学历、知识、经验等），使用人单位意识到你正是他们用人的最佳人选。这一部分是求职信的关键，其内容通常包括：（1）个人的学历、年龄、专长、经历、业绩；（2）个人的志向、兴趣、性格；（3）求聘的工种、职位；（4）待遇要求（也可不写）。3. 结语。结语的语气要谦恭有礼。一般表明求职者想得到该工作的迫切愿望，或以商量的语气表达希望前往拜访或打电话了解面试消息等请求。常用结语词有"盼望答复""伫候佳音"等。

祝语的写作与其他信函一样，但要礼貌，不可过于随便。常用语有"此致、敬礼"或"顺颂高祺"等。

落款在祝语的右下方，要写上"求职者：×××"，并注明写求职信的具体日期。为方便对方回文联系，还需写上自己的详细通信地址、邮政编码、电话号码、个人网站、电子邮箱地址等。

附件部分是附在信末用于证明或介绍自己具体情况的书面材料。包括：所学课程及成绩表、获奖证书或等级认定证书、发表的文章，专家、单位提供的推荐信或证明材料等的复印件。

三、任务明确

明确了求职信、简历的差异，以及求职信的具体格式，吉安决定按照格式给建筑公司写一封情真意切的求职信。

四、任务实施

按照求职信的要求，吉安在写作过程中尤为注意以下几点：

1. 态度要谦恭

求职信是求职人用来向用人单位"求"职的。所以，通常情况下，求职者的语气要谦恭、礼貌，表述要得体，用语要亲切；对于迫切希望得到某个职位的求职者来说，在求职信中除了恭敬与礼貌外，在展示自身才能的同时，还应该表达一种恳切之情，力求以情感人，加深对方对自己的印象。

2. 情况要真实

一般用人单位招聘员工往往要通过面试，聘用员工还有试用期。如果求职者把并不具备的素质和能力作为标签贴在自己身上，迟早要露馅，到头来徒增烦恼；甚至还会导致用人单位对求职者的品格产生怀疑，影响个人的发展前途。

3. 目标要明确

求职目标意向要明确，一方面对自己希望获得什么职位要表达清楚，另一方面对于自身从事相关工作，履行相应职责所具备的基本素质或特殊才能也应表述清楚。如果是应聘式求职函，还应严格依据招聘条件，有针对性地逐条如实表述。

4. 语言要简洁

求职信的特殊目的以及它所针对的特殊对象，决定了求职信的语言与其他文体有所不同，必须做到简洁得体，文字表达朴实通顺，不要使用修饰性词语，切忌错别字和语法错误。

 范例展示

结合以上要点，吉安最后写成了如下求职信：

求　职　信

尊敬的领导：

您好！

首先，为我的冒昧打扰向您表示真诚的歉意。在即将毕业之际，我怀着对贵公司的无比信任与憧憬，斗胆投石问路，希望能成为贵公司的一员，为贵公司服务。

我是 ×× 职业技术学院土木工程系建筑工程技术专业的一名学生，将于今年 7 月毕业。×× 职业技术学院是唯一一所国家公办的建筑类的高等学校，建校 50 多年来，已为社会输送了 3 万多名各类建设工程技术专门人才。

在大学三年的学习期间，在师友的严格教益及个人的努力下，我具备了扎实的专业基础知识，系统地掌握了 ××、×× 等有关理论知识；同时，我还利用课余时间广泛地涉猎了大量书籍，不但充实了自己，培养了自己多方面的技能，也提高了个人综合的素质。曾获 ×× 比赛一等奖，×× 年获学校优秀奖学金……

作为新时代的大学生，我非常注意各方面能力的培养，抓住每一个机会，积极参加社会实践，不断地提高自己各方面的能力。曾在 ×× 公司 ×× 项目实习（主要实习内容为：现场施工质量检测），也曾在假期到 ×× 项目实习……这些实践活动让我初步掌握了建筑工程技术现场施工必备的技能。

大学三年学习，我深深地感受到，与优秀学生共事，使我在竞争中获益；向实际困难挑战，让我在挫折中成长。祖辈们教我勤奋、尽责、善良、正直；学校培养了我实事求是、开拓进取的作风。

我热爱贵单位所从事的事业，殷切地期望能够在您的领导下，为这一光荣的事业添砖加瓦，并且在实践中不断学习、进步。

诚然我尚缺乏丰富的工作经验，如果贵公司能给我机会，我会用我的热情、勤奋来弥补，用我的知识、能力来回报贵公司的赏识。

收笔之际，郑重地提一个小小的要求：无论您是否选择我，尊敬的领导，希望您能够接受我诚恳的谢意！
　　此致
敬礼！
　　祝愿贵单位事业蒸蒸日上！

求职人：吉安　敬上
××××年×月×日

　　联系地址：××××
　　邮编：××××
　　电话：××××

五、实践训练任务

1. 实践训练任务 1——指出问题

下面是一篇存在问题的应聘式求职信，试指出其存在的主要问题。

应　聘　信

尊敬的 ×× 建筑公司 ××× 总经理：

我从 ×月×日《×× 日报》上看到了贵公司招聘员工的启事。

我叫张××，女，今年 24 岁，本市人。大学毕业后在 ×× 商场做销售员，由于专业不对口，所学特长无法发挥，很苦闷，很羡慕那些专业对口具有用武之地的人士。

此致
敬礼！

求职人：张×× 谨上
××××年×月×日

2. 实践训练任务 2——模仿写作

请根据自己的专业和求职意愿，按照求职信的写作要求，拟写一封求职信。

会 议 记 录

一、任务情境

阴差阳错，海生没能够进入金融行业工作，反而在过五关斩六将之后，进入到某一高校的校长办公室，开启了办公室文员的职业生涯。而在入职之后，他接到的第一份工作，就是对一周后的某次校领导办公会议进行会议记录。海生通过翻阅过往的会议记录资料档案，意识到会议记录的写作也并非一项可以随性而至的工作。

二、知识导读

会议记录是指在会议过程中，由记录人员把会议的组织情况和具体内容记录下来，其内容包括会议议题、议定事项、讨论情况以及主要精神等。会议记录是会议内容的实录，是忠实记载会议情况的公文文种。写好会议记录，不仅能为其他公文（会议纪要、会议简报等）的撰写提供原始材料，而且还能为以后的工作提供存档备查材料。

会议记录有详记与略记之别。略记是记会议大要，只需要记录会议讨论的重点、决议事项和决定。详记则要求记录的项目必须完备，记录的言论必须详细完整，如具体讨论的过程，个人的发言内容或意见等事无巨细，均需要记录完整。

会议记录的方式有笔录、音录和影像录几种。其中音录、影像录通常只是手段，最终还要将录下的内容还原成文字。笔录也常常要借助音录、影像录，以之作为记录内容最大限度地再现会议情境的保证。

会议记录一般由会议标题、组织情况、会议内容和会议结尾四部分组成。

（1）会议标题由机关单位名称、会议名称组成。如《××职业学院第×次会议记录》。或由具体部门和具体会议事项组成，如《××院部基层党组织政治学习会议记录》。

（2）会议组织情况要按照记录的顺序分别列出会议时间、会议地点、出席人员、列席人员、缺席人员、主持人和记录人员。缺席人员要列明缺席原因。

（3）会议内容是会议记录的重点，主要包括会议议题、议程、讨论发言情况、决议事项、具体工作安排等。这部分内容要按照会议具体流程，围绕会议主要议题，尽可能全面完整地记录与会人员的具体发言、讨论和报告情况。

（4）会议结尾由"散会"（或"完""结束"等）字样标记、主持人和记录人签字三部分组成。

要写好会议记录，应做到以下"六要"。

1. 认识要清楚

记录人员要保持清醒的头脑，本着对历史负责、对事业负责、对领导负责、对自己负责的态度，客观公正地记录好会议中的每一句话，使会议记录在短期内起到备查、参考的作用，长期内成为经得起检验的档案史料。以应付了事的态度对待会议记录，必然导致不必要的损失。因此，做好会议记录，必须要有强烈的责任感和使命感。

2. 要素要齐全

会议记录要素必须全面，环节要衔接紧密，不能出现缺项漏项。一旦出现遗漏或不明确的现象，会议记录的真实性就会大打折扣，不利于会议研究决定事项的落实。

3. 心思要专注

记录人员要全程跟进会议进程，认真倾听与会者的发言和观点，随时注意会议的每一个细节，真正做到心到、眼到、手到。要随着会议进程中出现的变化，随机应变，在记录时做出必要的调整，确保记录最终能够准确再现会议实况。

4. 记录要准确

真实准确是会议记录的生命。记写会议记录要实事求是、客观公正，尊重与会者的真实意愿，"原汁原味"记录会议发言。记录时要字斟句酌，以客观、精准、凝练的语句记录在案。

5. 技巧要熟练

会议记录包含信息量大，熟练掌握记录技巧至关重要。记录技巧主要有四条：第一，书写要快。记录时基本做到与会者发言结束就记写完成。第二，要点突出。紧跟会议主题，主要记写观点性、结论性发言，省略或简要记写过程性发言，不记与会议主题无关联或关联不大的内容。第三，以简代繁。在不改变会议发言本意或没有歧义的情况下，尽量使用简称、代码记录，提高记录速度和效率。第四，善用辅助。根据会议实际情况，在做会议记录时可以选择使用录音笔、录像机等辅助工具，实时记录会议全过程，会后根据会议录音、录像等资料，精心整理完善会议记录。

6. 保密要到位

会议记录人作为参会人，要增强保密意识，严格遵守保密纪律，做好参会者会上的发言和议定事项保密工作。同时，要保管好会议材料特别是会议记录，坚决杜绝泄密问题发生。

三、任务明确

海生明确了会议记录的内容和要求后，决定以"录音＋笔录"的方式对此次会议进行记录。

四、任务实施

在会议开始之前，海生准备了一支充满电的录音笔，在会议进行时全程录音，同时进行速记。在会议结束后，他根据录音对速记的内容进行了补充和整理，撰写了最终的会议记录。

××大学第×次办公会会议记录

会议时间：20××年10月25日14：00

会议地点：文汇楼1110会议室

出席人：罗××（院长）、吴××（后勤处处长）、黄××（院长办公室主任）、谢××（院长办公室秘书）及各系部处室主要负责人。

缺席人：朱××、王××（到省里开会）

主持人：罗××（院长）

记录人：谢××（院长办公室秘书）

会议内容

一、报告

（一）吴××报告学院基本建设进展情况

具体报告内容：（略）

（二）主持人罗××传达省人民政府《关于压缩行政经费的通知》（以下简称《通知》）

具体通知内容：（略）

二、讨论

我院如何按照省人民政府的《通知》精神，抓好行政经费的合理开支，切实做到既勤俭节约，又不影响正常教学、科研等活动的开展。

出席人发言：

黄××：（略）

谢××：（略）

吴××：（略）

三、决议

（一）利用两个半天的时间（具体时间由各系部处室自行安排，但必须安排在本周内），组织有关人员集中传达学习省人民政府的《通知》精神，提高认识，统一思想。

（二）在认真学习的基础上，各系部处室负责人利用下周政治学习时间，向教职工传达宣传。

（三）各系部处室责成有关人员根据省人民政府《通知》的压缩指标，重新审查和修订本年度行政经费开支预算，并于两周内报院长办公室。

（四）各系部处室必须严格控制派出参加学院以外会议及外出学习的人数，财务部门要严格把关。

（五）利用学习和贯彻省人民政府《通知》精神的机会，对全院师生员工普遍开展一次勤俭节约、艰苦朴素的传统教育。

　　散会。

　　　　　　　　　　　　　　　　　　　　主持人：罗××

　　　　　　　　　　　　　　　　　　　　记录人：谢××

五、实践训练任务

　　你们班级在学期之初进行了一次关于毕业季应聘注意事项的班会，请根据此次会议的主要内容，撰写一份会议记录。

会 议 纪 要

一、任务情境

海生入职两个月后，对于撰写会议记录这项工作已经得心应手。有一天，办公室主任突然要求他，依据一周后要进行的 2022 年第 16 次校长办公会，撰写一份会议纪要，并强调该会议纪要内容会在全校公示。

二、知识导读

会议纪要是用来记载、传达会议情况和议定事项的法定公文，党政军机关、企事业单位、社会团体等组织经常用到会议纪要。

很多人以为会议纪要就是会议记录的摘要，是将会议记录的内容进行简单的文字加工，然后把整理过后的会议记录套上红头文件就是会议纪要。但会议纪要与会议记录在以下四个方面有着显著的不同：

1. 本质不同

会议纪要与会议记录的本质并不相同。会议纪要是法定公文文书，2012 年 7 月 1 日实施的《党政机关公文处理工作条例》中第二章公文种类第八条明确规定了 15 种法定公文，纪要是其中一种。因此，会议纪要的撰写及制作需要严格按照公文制发和公文处理的流程。而会议记录是事务性文书，只需要记录人当场把会议的基本情况和会议上讨论的问题、发言、决议等内容记录下来，保持记录的原始性、真实性与完整性，以备日后查验。会议记录是内部资料，不需要公文制发和公文处理环节。

2. 内容不同

会议记录是客观真实地对会议过程进行实录，如会议的议程、参会人员、发言情况等，侧重于会议过程的记录。会议纪要需要把会议的主要内容、议定事项、发言讨论进行整理概括，然后提炼出会议的主要精神，可作为对外发文，用来上传下达或者平级单位沟通与交流，侧重于会议精神的传达。

3. 重要程度不同

凡有会议必有会议记录，会议记录十分常见。但比较重要的会议才有会议纪要。一般来讲，会议记录是一手材料，会议纪要是在此基础上进行整理、加工、制作而形成的公文。

4. 写作视角与行文风格不同

在会议记录中，每个发言人都有自己的视角，甚至有可能会出现不同的意见，同时，为保证记录的真实性，记录下来的发言也多带有口语色彩。但在会议纪要中，常以"会议"为表述主体，使用"会议指出""会议决定"等字眼，尽量避免口语化内容，应使用标准的书面语。

会议纪要的格式如下：

标题——

会议纪要的标题通常有以下三种写法。

（1）单标题：这类标题最为常见，使用频率最高。通常是"会议名称＋纪要"，如《2022年教学工作会议纪要》。

（2）双标题：这种标题多是用来对外发布的公文，通常由"正标题＋副标题"构成。副标题一般为"会议名称＋纪要"，如《加强消防安全管理提升应急处置能力——××市××区消防救援工作研讨会纪要》

（3）"发文机关名称＋议题＋纪要"，如《×××学院校长办公会关于人才引进工作会议纪要》。

正文——

会议纪要的正文包括开头、主体。

开头，主要用于概述会议基本情况，包括会议名称、时间、地点、主持人、参加人、会议主要成果等，开头结尾一般用"现将会议主要内容纪要如下"进行承上启下。

主体是会议纪要的核心部分，其常见写法有三种：

（1）条文式写法。把会议内容根据分类按条目写出来，办公会议纪要、工作会议纪要常用这种写法。

（2）综述式写法。将会议所讨论、研究的问题综合成若干部分，每个部分谈一个方面的内容，较复杂的工作会议或经验交流会议纪要常用此写法。

（3）摘记式写法。把参会人的发言核心意思记录下来，并署以发言人姓名，按照发言人发言顺序将会议发言内容呈现出来，比较重要的座谈会纪要一般用这种写法。

会议纪要主体部分的写作决定着会议纪要的质量。按照逻辑关系可以分为三部分，一是会议的精神，一般由"会议认为"等导语开头，写工作的总体情况分析、工作的重要意义和主要原则等；二是会议的成果，一般由"会议明确""会议决定"等导语开头，写会议对问题怎么解决、工作怎么开展等总体上的决策和部署；三是会议的要求，一般由"会议要求""会议强调"等导语开头，写具体的工作安排和各部门要承担的具体任务等。这三部分内容要分层次整理叙述，逻辑分明、条理清晰，不可以张冠李戴。

同时，会议纪要的主体也要适当进行提炼。一次成功的会议，其宗旨和意见具有统一性。对于符合会议宗旨最终形成的统一意见，以及会议主持人的总结意见，在会议纪要中要集中体现。要反映会议的精神要点，既要详尽细致又要提炼概括，可以根据议题的内容范围和复杂程度进行篇幅上的安排，做到简洁明快、详略得当。

落款——

会议纪要的落款包括署名和日期两部分。办公室会议纪要一般需要署名，通常署召开会议的领导机关规范名称的全称，署名一般放在会议纪要的文头部分。日期则是会议纪要的成文日期，并加盖署名机关公章。

三、任务明确

海生对于此次会议纪要的写作非常重视，为了圆满完成此次任务，他分阶段主要进行了如下准备工作：

1. 明确会议目的。通过向同事及领导请教，海生得知，此次会议是学校校长办公室的例行会议。例行会议的会议纪要需要明确近期需落实事项，统一思想、传递任务，敦促参会人员执行相关事宜。因此，他需要事先对任务事项有所了解，在会议中要专注于捕捉主要事项信息及负责人员发言，将相关项目或事项、时间限制、相关负责人清晰列明。

2. 做好会议准备。掌握会议议程及材料信息；通过内部 OA 平台或邮件等方式收集会议议题及相关材料，提前熟悉相关内容；掌握参会人员信息，发言代表及发言顺序。

四、任务实施

会议中，海生主要进行了以下工作：

（1）使用录音笔，防止信息泄露。（2）做好会议记录，严格按照会议的实际进程，详细记录开会的情况和每位发言人的发言内容，保证会议记录的完整客观。（3）理清发言人的思路与逻辑，抓住会议主持人最后做的会议总结及要点。

会议后，海生在整理完会议记录之后，开始撰写此次会议的纪要。

（1）选择纪要格式。海生了解到学校有专用的会议纪要格式和模板，提前下载好以备写作。（2）明确会议纪要阅读对象。（3）明确纪要制发和处理流程。了解到此次会议纪要撰写完成后，需要相关人员会签确认，并由校长办公室签发，发放范围为全校各部门。

最后，海生将撰写好的会议纪要呈交相关人员。

 范例展示

××××大学校长办公会

会 议 纪 要

×工会〔2022〕16 号

××××大学校长办公室　　　　　　　　　　　2022 年 11 月 23 日

2022 年 11 月 21 日上午，校长顾××在文汇楼 12×× 会议室主持召开 2022 年第 16 次校长办公会，审定高层次人才引进事宜，现纪要如下。

人才办负责人汇报了拟引进高层次人才刘××、孙×的基本情况和考核情况。经会议研究，同意录用顾××为建筑工程学院教师；录用周×为艺术设计学院教师；同意人才办提出的安家费、科研启动经费等相关待遇。会议要求人才办会同相关学院加强与拟引进高层次人才的线下沟通交流，做好拟引进人才考察工作，确保引进人才质量，并按照程序及时办理入职手续。

会上，质管办负责人还汇报了人才培养工作状态数据采集管理平台和高等教育事业统计工作核心数据填报的主要情况。经会议研究，同意填报方案。会议要求质管办根据会议意见建议，修改完善后尽快提交材料；相关部门认真学习研究教育部等五部门印发的《高等学校办学条件达标工程实施方案》文件要求，进一步完善学校办学条件，为学校事业高质量发展奠定坚实基础。

  出席：顾× 杨×× 唐×× 邓×× 姚×× 王××

  请假：孙×

  列席：刘× 唐×× 康×× 王×× 贾×× 钱×× 罗×× 张××
周×× 宋×× 金××

  记录：王海生

五、实践训练任务

请根据下列材料撰写一份会议纪要。

（1）会议纪要主要内容：由公司总经理王帆主持，在公司会议室召开了2022年度第一次办公会议，与会人员有总经理王帆、副总经理××、××、××，总经理助理××，总经理办公室主任××与各部门经理列席了会议，会议就2021年度工作总结暨2022年度工作计划等问题进行了研究，会议时间是2022年1月11日上午9点。

（2）会议纪要标题：红帆商贸有限公司2022年度第一次办公会议纪要。

（3）会议纪要要求：学生分小组根据以上材料进行讨论、交流，模拟会议流程，并以小组为单位写作会议纪要，结束后进行互评，互相提出修改意见。

通知——（一）事务性通知

一、任务情境

吉安和海生是学校人事处刚入职的职员。2022年学校辅导员的招聘工作正在有序开展，前期已经于2022年10月9日在××××省人社厅官网发布了《××××学院2022年公开招聘专职辅导员公告》，公布了招聘岗位，报名已经完成。根据工作安排，学校将于2022年11月5日组织报名人员进行笔试考核。校人事处负责人唐珂让吉安和海生负责此事，告知报名人员准时参加考试相关事宜，这让吉安和海生开始思考，怎样才能让所有报名人员都准确得到消息呢？他们同时想到了一个办法，通过邮件、学校官网公告、微信、qq群、短信或电话向所有报名人员发布通知，告知笔试考核相关事宜，同时，为了学校能精准及时地得到信息反馈，便于开展进行下一步工作，他们决定在通知后面附上回执单。

二、知识导读

问题来了，吉安和海生明白，要写好这个通知，首先要知道什么是通知，通知的格式是什么，有哪些类型等。当下，他们并不了解关于通知的写作格式、规范、要求及注意事项等，于是，他们查阅了资料，对通知的写作有了下面的了解。

1. 通知是公文写作中的一项重要内容，是政府、机关、企事业单位应用最为广泛、使用频率最高的公文之一。

通知是向特定受文对象周知或转达有关事项或文件，让对象知道或执行的知照性公文。上级机关对下级机关、平行机关之间可以用通知，下级机关向上级领导机关不能发布通知。

2. 通知具有应用的广泛性、文种功能的晓谕性和知照性等特点。其类型很多，根据适用范围的不同，可分为：发布性通知、批转性通知、转发性通知、指示性通知、任免性通知、事务性通知六大类。

（1）发布性通知：用于发布行政规章制度及党内规章制度。

（2）批转性通知：一般用于上级机关批转下级机关的公文给所属人员，让他们周知或执行。一般是下级单位或者部门，向上级提出请示或者报告后，上级机关予以批示意见，再下发到本单位下属部门和单位，要求遵照执行。

（3）转发性通知：用于转发上级机关和不相隶属的机关的公文给所属人员，让他们周知或执行，上级机关向下属机关传达领导效果图和部署工作时，如果认为工作的重要程度不宜用命令、决定行文，通常采用通知行文。

（4）指示性通知：用于上级机关指示下级机关如何开展工作。

（5）任免性通知：用于告知有关单位或个人人事任免的通知。

（6）事务性通知：用于传达、安排事务性工作。

吉安和海生明确了本项目属于事务性通知。事务性通知也称一般性通知，用于处理日常工作中的事务性的工作，常把有关信息或要求用通知的形式传达给有关机构或群众。如校庆活动、会议安排、催报材料、运动会报名等事务信息或要求的传达等。

三、任务明确

〖事务性通知的制作〗

吉安和海生明确了工作的主要任务。但同时二人又一致认为通知的种类比较多，而事务性通知只是其中一种，如果仅掌握事务性通知的写作技巧，两人的能力提升有限，所以，在确定事务性通知的写作任务时，他们也一并了解并掌握了其他类型通知的基本写法。

（1）以学校的名义向报名参加专职辅导员的招聘人员发送一份笔试考核的通知。

（2）事务性通知制作时，必须做到内容周密、语言清楚、表达准确，不能产生歧义。

四、任务实施

〖事务性通知的制作步骤〗

吉安和海生把事务性通知写作的步骤按顺序罗列出来，与其他的通知类型的制作进行对比。

1. 标题

事务性通知的标题可以采用"发文机关＋事由＋文种"的结构形式，例如《××市地方××局关于地址迁移的通知》，也可以采用"发文机关＋文种"或"事由＋文种"的结构形式。如果通知发文范围小，只是个别日常小事的告知，内容简单甚至张贴都可以，这样的通知标题可以省略发文机关和事由，只写文种"通知"二字即可。事务性通知标题写法的选择，根据内容重要程度而定。

2. 正文

开头部分写明发此通知的原因、目的。如2022年9月10日是我国第39个教师节，组织做好2022年教师节庆祝工作，集中展示教育系统学习贯彻习近平新时代中国特色社会主义思想和党的二十大精神，推进××××××××××，对于进一步团结凝聚广大教师不忘初心，牢记使命，深入落实立德树人根本任务，培养德智体美劳全面发展的社会主义建设者和接班人具有十分重要的意义。

第二部分是具体事项部分，讲布置安排的工作和告知的事项，逐条逐项列出、阐述清楚，并讲清要求、措施和办法等。如考试报到安排、考试笔试安排、考试其他事项等。

第三部分是结尾，提出贯彻执行的习惯结语。也有的结尾不再单独强调要求。

事务性通知的正文要开门见山，切忌转弯抹角。在叙述事项时，要突出重点，把主要的、重要的写在前面，根据内容需要，主要的内容可详写，讲清道理，讲明措施；次要的则尽量简略，扼要交代即可。在语言表达方面，通知主要以叙述为主，对下级单位提出要求，有时可以适当做一些分析，讲道理。但通知中的讲道理不像议论文一样要有严密的逻辑性，只需要抓住关键问题，用简洁的语言把道理阐述清楚即可。

3. 回执单

回执单是对方收到书面通知的回复，即接收通知的个人或单位为了保证发出通知告示个人或单位知晓并作出短信息回复时用的单子，回执单包括姓名、性别、岗位、联系电话、到达时间等内容。

4. 签署成文日期和印章

××××学校人事处

2022 年 11 月 1 日

 范例展示

×××××× 学校

××× 学校〔2022〕96 号

×××××× 学校 ×××× 年公开招聘专职辅导员考核通知

各位报名 ××× 学校专职辅导员岗位招聘报名人员：

根据学校工作安排，定于 2022 年 11 月 5 日对我校 2022 年 10 月 9 日在 ×××× 省人力资源和社会保障网发布的《×××× 学院 2022 年公开招聘专职辅导员公告》中的招聘岗位进行笔试考核。现将相关事宜通知如下：

一、报到安排

1. 报到时间：2022 年 11 月 5 日（星期六）13：00—13：30，迟到者按弃考处理。

2. 报到地点：×××××× 学院东门，××× 市 ××× 路 98 号

3. 携带资料：身份证原件、准考证及根据疫情防控要求需要现场出示（提交）的核酸检测证明材料等。

二、笔试安排

1. 笔试时间：11 月 5 日（星期六）14：00—16：00

2. 笔试地点：××× 楼 B 座二楼、三楼

3. 注意事项：考生可提前 30 分钟进入笔试考场候考，迟到 20 分钟不得入场。

三、其他事项

1. 根据属地最新疫情防控要求，对省内、省外低风险区的考生先落实落地检，

须完成 7 天 5 检；省外常态化地区考生先落实落地检，须完成 3 天 3 检（省内南京市参照执行）；省内市外（除南京市）常态化地区考生实行落地检，所有考生进校均须提供 24 小时核酸检测阴性证明。

2. 笔试当天，考生进入测温查验区前请提前准备好"苏康码"和"行程卡"，两码显示时间为考核当日；以及根据疫情防控要求应现场出示（提交）的新冠病毒核酸检测阴性证明等。经查验符合疫情防控要求的考生可进入校园参加笔试。考生须在 11 月 4 日下午 4 点前通过扫描腾讯文档二维码方式，将当天本人及同住人员的"苏康码""行程卡"检测结果截图上传。此外，对核酸检测有"七天五检"和"三天三检"要求的考生还须将已检测结果截图上传，二维码将会在 11 月 3 日下午发送至各位考生报考时填写的邮箱，请及时查看。

3. 笔试期间全程封闭式管理，全部考试结束后由工作人员引导有序离校。

4. 2022 年 10 月 31 日后可登录江苏省人力资源和社会保障网（报名网站）打印准考证。

5. 成绩查询：在笔试结束后 3 个工作日内，凭身份证号码在××××学院网站（http://www.××××.cn）查询。

6. 面试时间：拟定于 2022 年 11 月 19 日进行。资格复审在面试前一周进行，请及时关注我校官网通知。

7. 联系电话：×××××××。

特别提醒：笔试前我们将通过手机短信及邮件方式发送疫情防控要求及考核相关安排提醒，请考生注意查看。

××××××学校人事处（印章）

2022 年 11 月 1 日

附：回执单

序号	姓名	性别	联系电话	到达时间
备注	如其他情况说明请在此处说明：			

五、实践训练任务

1. 实践训练任务 1——纠错练习

请修改下面的通知标题：

上海市人民政府转发市卫生局关于深化医疗体制改革意见的通知

2. 实践训练任务 2——根据任务情境制作事务性通知

2018 年暑假来临之前，请你以 ×× 县教育局的名义，给县内各中小学发一份通知，要求各校在假期内加强安全工作，防止发生安全方面的意外事故。

通知——（二）会议通知

一、任务情境

吉安和海生所在学校计划在 2022 年 11 月中旬举行秋季运动会，此次运动会由学校体育运动委员会和体育部共同组织承办，经体育运动委员会和体育部开会讨论，决定成立2022 年学校秋季运动会的承办小组，具体事宜由朝霞、国庆、永生三位老师负责及联系。朝霞、国庆、永生三位老师接到的第一个任务是要将 2022 年 11 月中旬举办学校秋季运动会这件事情及相关事宜，通知到各二级学院、校医院、工会等部门，以方便各部门协调相关工作，他们三人商议决定开一个各部门到场的筹备会议，方便各部门领导商议学生报名、教师报名、健康保障、奖品发放等具体事项。朝霞、国庆与吉安和海生是好朋友，他们来向吉安和海生请教如何写会议通知。

二、知识导读（省略）

三、任务明确

〖会议性通知的制作〗

吉安和海生告诉朝霞和国庆通知有很多种类，他们要写的会议通知，属于通知的一类，具体写法与其他通知有诸多不同之处。吉安和海生帮助朝霞、国庆明确了本次任务为：

（1）以学校体育运动委员会的名义向各二级学院、校工会、校医院等部门发送一份会议通知。

（2）会议通知的格式采用简便易行的信函格式，信函格式是传达会议通知的常用格式，便于直接使用信笺纸打印。

（3）会议通知制作时必须做到内容周密、语言清楚、表达准确，不能产生歧义。

四、任务实施

〖会议性通知的制作〗

吉安和海生建议朝霞和国庆，先把会议通知写作的步骤按顺序罗列出来。

〖 会议性通知的制作步骤 〗

吉安和海生分别从标题、正文、成文日期和印章等方面，讲解给朝霞和国庆听，帮助他们规范、标准地写好这份会议通知。

1. 标题

会议通知的标题可以采用"发文机关＋事由＋文种"构的形式，例如"××学校关于举办16届秋季运动会筹备会议的通知""关于召开全省军队转业干部安置工作会议的通知"。也可以只写文种"通知"。

2. 正文

召开会议的时间、地点。[例1：会议时间：10月28日8：30—11：00，会期半天；会议地点：文汇楼1105会议室；例2：会议定于2022年6月12日—2022年6月13日；会期1天；会议地点：南京×××宾馆（南京市虎踞北路180号）。]

召开会议的主要议题。（例1：为保证我校秋季运动会的顺利进行，经校体委领导小组研究决定将召开×××学校第十六届秋季运动会筹备会；例2：会议主要议题，是传达全国军队转业干部安置工作会议精神，部署2023年我省军队转业干部安置工作。）

会议的主要流程。会议通知的范围较广，大多数时候不局限一个单位，会议主要流程视情况而定，主要包括以下内容：

一是参会人中的身份及参会前准备工作的要求。[例1：本次会议参会人员为各二级学院书记及分管学生工作的副院长、校医院院长、工会主席；例2：本次会议参会人员为各市分管军队转业干部安置工作的副书记或副市长1名，市委组织部、人事局、劳动局负责同志和市委组织部综合干部科（处）长、军转办主任各1名，省委各部委、省各委办厅局、省各直属单位及部属各有关单位负责同志和人事（干部）处长各1名。]

二是会议报到的时间、地点。（例1：各市出席会议人员于6月17日18：00前到双门楼宾馆报到；省级机关各部门、单位和部属各有关单位出席会议人员6月18日上午8：15直接到会。）

三是会议联络人员及联系方式。（例：会议联络人朝霞：电话1512133×××；国庆：电话1377123×××）

四是其他需要事先说明的事项。供单位内部张贴或者广告的周知性会议通知，正文开头可以不写受文对象，应在通知事项中说明会议的时间、地点、内容、准备材料及出席人员等。

会议的住宿、膳食安排、携带文件或其他特殊要求，也应视需要写入。对于参加人员要写清楚姓对象、人数、职务，忌含混不清。

会议通知可以将有关的票证一起附上，如入场券、通行证等。

会议通知的信封应注意标明"会议通知"，并要注明送达日期，避免误时误事。

3. 成文日期和印章

江苏省人民政府办公厅

二〇〇二年六月十五日

抄送：省委常委，副省长。

南京军区（原），省军区，省武警总队。

新华日报，省广电总台。

4. 其他注意事项

如：各市、省级机关各部门、单位和部属各有关单位请于6月17日上午11时前将出席会议人员名单报省军转办。各市限带车2辆。

5. 回执单

回执单是对方收到书面通知的回复，即接收通知的个人或单位为了保证发出通知告示个人或单位知晓并作出短信息时用的单子，回执单包括姓名、性别、职务、电话、到达时间等内容。因朝霞、国庆和永生发布的会议在学校内部，所以不需要回执单。

 范例展示

××××××学校

××××××学校〔2022〕93号

关于召开××××××学校第十六届秋季运动会筹备会的通知

为保证我校田径运动会的顺利进行，经校体委研究决定将召开××学校第十六届田径运动会筹备会，具体通知如下：

一、会议时间：2022年11月28日（周一）8：30—11：00

二、会议地点：文汇楼1105会议室

三、参会人员：学校党委书记、学校分管教学的副校长、学校分管学生工作的副校长、校体育运动委员会委员、校院办主任，各二级学院书记、分管学生工作的副院长，校医院院长、工会主席、副主席。

四、会议议程

1. 第十六届秋季运动会筹备工作汇报及赛事相关工作安排；

2. 根据分工安排各组交流讨论；

3. 校领导讲话。

五、相关要求

1. 请参会人员签到入场，并将手机调至静音状态。

2. 确因特殊情况不能参会的，须严格履行请假手续。

六、会议联络人员及联系方式。朝霞：电话1512133××××；国庆：电话1377123××××

××××××学校体育运动委员会

2022年11月23日

遇到转发（批转）"通知"的"通知"怎么办？

我们在写转发（批转）性通知的时候，如果遇到所转发（批转）的文件也是通知，很可能出现这样的标题：《××单位转发××单位关于×××问题的通知的通知》，如再多一层转发，就可能出现"通知的通知的通知"这样的标题。在标题中出现两个上的"通知"，这种写法不好，我们可以用两个办法来避免：

（1）在转发性通知的标题中不写被转发通知的标题，而只写被转发通知的文号，如《××单位转发×××单位××发〔2018〕16号文件的通知》。

（2）在转发性通知的标题中不写被转通知的原标题，而是用自己的语言概括被转发通知的内容，如《××单位转发××单位关于加强校园安全保卫工作的通知》

五、实践训练任务

1. 实践训练任务 1——根据任务情境制作转发通知

（1）××市××区教育局向××市教委送交了一份题为《××区中小学开展爱国主义教育的情况报告》，××市教委认为这个报告写得很好，需要将这个报告批转给××市所有区的教育局。请你代××市教委起草一份批转性的通知。

（2）××县财政局收到了××市财政局的一个题为《关于严肃财经纪律的若干问题的通知》的文件，××县财政局要将这个文件转发给下属的乡、镇财政部门。请你代××县财政局起草一份转发性的通知。

2. 实践训练任务 3——根据任务情境制作任免通知

龙港市三湾区根据工作需求，对部分部门和人员进行了工作调整，调整的情况如下：赵兵同志任三湾区新闻中心主任；张敏同志任三湾区人民法院副院长；柯珂同志任三湾区教育局副局长；丁安同志任三湾区安全生产监督管理局副局长，免去其三湾区对外贸易经济合作局副局长职务；王勇刚同志任三湾区对外贸易经济合作局副局长，免去其三湾区安全生产监督管理局副局长职务。

请你以龙港市三湾区政府的名义撰写一份任免类通知。

◆ 附件：通知的结构格式

通知格式模板（1）

提示	模板
此为印发性通知。 1. 标题 由发文单位、事由、文种三个要素组成。所发布的文件名称，要加书名号 2. 正文 往往很简短，只用两三句话 3. 落款 要写发文单位名称，盖上印章，用阿拉伯数字写上成文日期。所印发的文件不是附件，将全文放在发文日期下面	关于印发《＿＿＿＿＿条例》的通知 ＿＿＿＿＿： 现将《＿＿＿＿＿条例》印发给你们，请认真贯彻执行。 （发文单位署名、印章） ××××年××月××日 ＿＿＿＿＿条例 （条例全文）

通知格式模板（2）

提示	模板
此为批转性通知。是上级单位批转下级单位文件时所使用的。 1. 标题 由发文单位、事由、文种三个要素组成 2. 正文 往往很简短，要加附件说明 3. 落款 要写发文单位名称，盖上印章，用阿拉伯数字写上成文日期。所批转的文件不属附件，要全文放在发文日期下面	＿＿＿＿＿批转＿＿＿＿＿关于＿＿＿＿＿的意见的通知 ＿＿＿＿＿、＿＿＿＿＿： ＿＿＿＿＿《关于＿＿＿＿＿的意见》很好，现转发给你们，望你们结合本单位的实际，认真贯彻执行。 （发文单位署名、印章） ××××年××月××日 关于＿＿＿＿＿的意见 （意见全文）

提示	模板
此为转发性通知。是下级单位转发上级单位文件或转发不相隶属机关的文件时所使用的。 1. 标题 由发文单位、事由、文种三个要素组成 2. 正文 往往很简短，要加附件说明 3. 落款 要写发文单位名称，盖上印章，用阿拉伯数字写上成文日期。所转发的文件不是附件，要全文放在发文日期下面	_____转发_____关于_____的意见的通知 _____、_____： 现将_____《关于_____的意见》转发给你们，请你们结合本单位的实际，认真贯彻执行。 （发文单位署名、印章） ××××年××月××日 关于_____的意见 （意见全文）

通知格式模板（4）

提示	模板
此为指示性通知。 1. 标题 由三个要素或两个要素组成 2. 正文 第一段是通知的缘由，末句为过渡句。第一段后为通知的事项，可分条分项来写。结尾用规范用语 3. 落款 要写发文单位名称，盖上印章，用阿拉伯数字写上成文日期	_____关于_____的通知 _____、_____： _____。 现将有关事项通知如下： 一、_____。 二、_____。 三、_____。 特此通知 （发文单位署名、印章） ××××年××月××日

计　　划

一、任务情境

李明是学校保卫处新入职的员工。2023 年 3 月初，正值新学期伊始，为深入贯彻落实各院部安全工作责任制，强化安全常规管理，建立安全长效管理机制，为广大师生创造良好的校园安全环境，保障学校教育事业健康持续发展，保卫处负责人让李明负责此事。那么该如何条理清晰、重点突出地将有关事项传达给各院部呢？李明经过思考决定，通过学校官网公告、群发工作邮件等形式向全校师生特别是各部门安全第一责任人发布一份计划，告知本年度学校安全教育工作的主要内容与具体安排。

二、知识导读

在着手撰写计划之前，李明觉得自己首先需要厘清什么是计划，计划有哪些特点与类别，计划又该怎样写才能更加规范呢，于是，李明决定深入去了解学习"计划"这一文种。

（一）计划的概念

计划是单位、组织或个人对未来一段时间内需要完成的活动、任务预先做出安排和打算，拟定出活动目标、活动内容、实施步骤、具体措施和完成期限的一种事务性文书，最根本的功能是使工作有条不紊开展，避免盲目和混乱。

（二）计划的特点

1. 指导性

计划是以人们对客观规律的认识为基础，通过人的思维加工而成的，既是实践的反映，又反过来指导实践。计划从本质上来说是一种自我规范性文件，具有很强的指导作用。

2. 预见性

计划具有前导性，先于要进行的实践活动而制订，需要预先考虑到做什么、怎样做、遇到问题采取哪些对策等内容。

3. 目的性

计划应具有明确的目的，是为达成某个目标、完成某项任务而制订的。计划中所列举的措施及方法，从根本上讲无一不是为了一定的目的服务的，目的性是计划的出发点。

4. 可行性

计划以实现工作目的为基础，既不能毫无突破、不思进取，又不能脱离实际、好高骛远，必须在充分考虑主客观条件的情况下提出切实可行的方案，实事求是。

5. 约束性

计划一经通过、批准，在它所涉及的范围内，就有了一定的约束性，机关、单位、部门、个人在工作中必须按要求予以贯彻执行，不得随意变更，更不能不予实施。

（三）计划的类型

（1）按内容分，有工作计划、学习计划、生产计划、教学计划、销售计划等。

（2）按范围分，有个人计划、班组计划、单位计划、部门计划、地区计划、国家计划等。

（3）按时限分，有周计划、旬计划、月份计划、季度计划、年度计划、跨年度计划等，也可分为短期计划、中期计划和长期计划。

（4）按性质分，有综合性计划、专题性计划等。

（5）按形式分，有条文式计划、表格式计划、条文与表格相结合的计划。

三、任务明确

〖 工作计划的制作 〗

李明明确了本项目属于计划中的工作计划，它是行政活动中适用范围很广的重要公文。机关、团体、企事业单位的各级机构，对一定时期的工作预先作出安排和打算时，都要制订工作计划，用到"工作计划"这种公文。

至此，李明确定了自己的任务为：

（1）以学校的名义向各院部及全体师生发布一份以 2023 年度学校安全教育工作为主题的工作计划。

（2）工作计划制作时，必须做到重点突出、条理清晰、目的明确、切实可行。

四、任务实施

通过以上学习，李明对计划的了解更加深入了，那么具体写作时需要遵循哪些格式要求呢？李明发现，虽然计划具有诸多类别，但写作要求是近乎一致的，李明对具体操作步骤总结如下。

1. 标题

（1）事由 + 文种：如工作计划、学习计划、成长计划等。

（2）制订计划单位或团体或个人的名称 + 计划期限 + 事由 + 文种：如"××职业技术学院学生会 2023 年工作计划""×××（人名）2023 年学习计划"等。

2. 正文

正文由前言、主体、结语三部分构成，一般需要涵盖工作的目的和要求、项目和指标、实施步骤和措施等内容，也就是需要阐明为什么做、做什么、怎么做、做到哪种程度这四个方面。

（1）前言：简要说明计划的依据、目的、背景，即回答"为什么要制订计划""为什么要这样制定"两个问题，通常使用"为此，制定如下计划"作为上下文间的过渡句。

（2）主体：分为目标和任务，步骤和措施两部分。

目标和任务：即"做什么"，要求提出明确的目标和主要的任务。

步骤和措施：即"怎么做"，包含活动程序、时间安排、具体要求、采取的保障措施等。

（3）结语：表示决心，发出号召，提出期望，还可用作补充说明，注意结语的语言应简洁有力。

3. 落款

正文右下方标明署名、时间，署名需为计划制订者，可以是单位或个人，如标题已表明，则落款处二者可省略。

 范例展示

×××学校文件

×××学校〔20××〕××号

×××学校20××年安全教育工作计划

一、指导思想

认真贯彻落实全国学校安全工作电视电话会议精神和"江苏省高等学校安全管理规定"，巩固"江苏省消防安全教育示范学校""江苏省高等学校和谐校园""江苏省平安校园建设示范高校"创建成果，坚持生命至上，强化红线意识，从着力保障全校师生的生命和财产安全，维护校园的安全稳定入手，充分利用传统和新媒体等宣传平台开展内容丰富、形式多样、覆盖广泛的安全教育活动，全面提升学校师生安全防范意识，使学校安全教育、安全管理工作再上一个新台阶。

二、工作目标

今年是我校争创"江苏省平安校园示范校"工作稳步推进之年，通过安全教育活动的开展，各部门、各院（部）安全教育、安全管理工作得到进一步加强，各项安全工作制度得到进一步完善和落实，全体师生对当前安全形势、安全工作重要性的认识进一步提高，安全防范意识强，校园安全满意率大幅提高，全面实现20××年度《治安综合治理目标责任书》的管理目标，力争使我校"江苏省平安校园示范校"创建工作取得实质性进展。

三、安全教育内容

各部门、各院（部）要毫不动摇始终坚持把维护校园内部安全稳定作为头等大事来抓；确立底线思维和安全意识，增强居安思危的忧患意识，从大局出发，积极主动把维护校园内部安全稳定工作视为己任常抓不懈；要结合安全教育、安全管理、安全生产工作的实际，拓展思路，积极创新安全教育、安全管理工作的方式方法，着重围绕以下几方面开展安全教育工作：

1. 加强师生的日常安全教育。要把预防校园贷、网络电信诈骗、消防安全事故、人身意外伤害安全事故、交通安全事故、水、电安全事故、食品安全事故、实验实训安全事故、危化品安全事故等作为安全教育的重要内容进行经常性、常态化地开展。

2. 加强师生意识形态教育。要关注师生思想动态，杜绝邪教、非法传播宗教、非法传销等案件发生。要严格执行教育和宗教相分离，加强非法刀具管理，拒绝黄、赌、毒，有效遏制暴力事件在校园的发生。

3. 加强师生的心理安全教育。尤其要做好学生心理健康和心理危机排查及评估，及时发现和教育、疏导有心理障碍、心理异常的学生，把学生注意力引到健康、有益的活动上来，营造积极向上、和谐的校园文化氛围。

4. 加强师生的网络安全教育。教育师生坚决杜绝利用网络散布非法言论和传播影响社会稳定的小道消息等违法案件的发生，教育师生坚决做到不信谣、不造谣、不传谣。要教育引导学生合理使用网络，自觉抵制网络不良信息和不法行为。

5. 重视师生外出招生、学生外出岗位实习实训、社会实践和受邀参加其他社会公益活动期间的治安、生产、交通等各项安全教育工作。

6. 做好重要节点、节假日及敏感时期师生的思想教育工作，做好信息收集、分析报送工作。对校园内可能引发不稳定因素，做到早预测、早发现、早报告、早对策，及时准确地向分管领导反映情况，做到情况明、底数清、矛盾纠纷发现得早、化解得了、控制得住、处理得好。

7. 各部门、二级学院（部）要坚持把消防安全教育作为核心的安全教育内容，持续开展以消防"四个能力"建设为基本内容的消防安全教育活动，教育师生必须熟知并掌握消防安全"应知应会"内容，除积极参加保卫处组织的大型消防及突发事件应急处置逃生演练活动外，各部门、二级学院（部）要结合实际，自行组织师生进行应急疏散逃生演练活动，并在每次活动前将详细预案提前两天报送保卫处进行安全备案。

四、工作安排和要求

1. 各院部要根据学校20××年安全教育内容，结合本部门工作实际，制订切实可行的安全教育工作计划，于××月××日前报保卫处。

2. 保卫处作为学院安全管理的职能部门，要积极组织并积极配合各院（部）的教育活动，邀请公安、消防或高校专家深入院（部）分批举办专题安全教育讲座。

×××学校

20××年××月××日

五、实践训练任务

1. 实践训练任务 1

苏霍姆林斯基说过：“要天天看书，终生以书籍为友，这是一天也不能断流的潺潺小溪，它充实着思想的江河。”近日，学校正在开展“书香进校园”活动，为响应学校创建书香校园的号召，请你于校图书馆自行借阅经典名著，并为自己制订一份为期两个月的读书计划。

2. 实践训练任务 2

《礼记·中庸》云：“凡事预则立，不预则废。”作为一名大一新生，为了让大学生活过得充实而有意义，请你从学习成绩、技能竞赛、社团活动、社会服务、评奖评优等方面为大一学年制订一份学习生活计划。

请从以上两项任务中任选一项，完成一份计划的写作。

按计划执行

活动策划书

一、任务情境

海燕和大有刚踏入大学校门，校园里的一切对于他们两人来说都是新鲜的。经过一段时间的观察和体验，他们发现大学生活与高中有所不同，不像以前的课程从早到晚排得满满的，有很多自由时间让自己来支配。看到学长学姐们有的整天在学生会、社团忙忙碌碌，参加各种丰富多彩的社团活动，结识新的朋友；有的在藏书丰富的图书馆里看自己喜欢的书，努力提升自己，作一名学霸；有的待在宿舍无所事事、浑浑噩噩；有的一头扎进兼职工作中，忙着挣钱……恰好他们加入了校学生会办公室，校学生会打算在11月底举办面向全校学生的职业生涯规划大赛，办公室负责活动方案的策划，部长要求海燕和大有写一份职业生涯规划大赛活动的活动策划书，以保证活动有序开展。

二、知识导读

刚进入大学的海燕和大有一头雾水，什么是策划书？策划书的格式是什么样的？包括什么内容？怎么写？海燕和大有搜集了大量的资料，终于了解了策划书的基本内容。

1. 策划书的概念：策划书即对某个未来的活动或者事件进行策划，并展现给读者的文本。怎么举办活动活动方案等。

2. 写策划书的目的：活动若办，策划先行。写策划书的主要目的，首先是让领导了解该项活动实施的可行性，从而决定是否批准这项活动；然后让组织人员了解活动的内容和安排，从而更好地协助举办活动。

3. 策划书的基本框架：封面、目录、正文、附件。

封面：具体写出策划名称（活动主题），如"××××年××月××大学运动会策划书"，置于页面中央，如果是学校或公司活动，要有其学校或公司的标志图标。另外还包含主办方、承办单位（协办方）、日期等信息。

目录：将策划的内容按照顺序编辑成目录。

正文：正文部分主要包括活动背景、活动主题、目的、意义或目标等以下方面。

（1）活动背景

首先，这部分内容应根据策划书的特点在以下项目中选取内容重点阐述。具体项目有：基本情况简介、主要执行对象、近期状况、组织部门、活动开展原因、影响，以及相关目的动机。其次，应说明问题的环境特征，主要考虑环境的内在优势、弱点、机会及威胁等因素。

（2）活动主题、目的、意义或目标

应用简洁明了的语言将目的要点表述清楚。在陈述目的要点时，该活动的核心构成或策划的独到之处及由此产生的意义（对学生的积极影响，对学校的影响）都应该明确写出。活动目标要具体化，并需要满足重要性、可行性、时效性。

（3）活动负责人及主要参与者

注明组织者、参与者姓名、嘉宾、单位（如果是小组策划应注明小组名称、负责人）。

（4）资源需要

列出所需人力资源、物力资源，包括使用的地方，如场地或使用活动中心都详细列出。可以分为已有资源和需要资源两部分。

（5）活动开展

作为策划的正文部分，表现方式要简洁明了，使人容易理解，但表述方面要力求详尽，写出每一点能设想到的东西，没有遗漏。在此部分中，不仅仅局限于用文字表述，也可适当加入统计图表等；对策划的各工作项目，应按照时间的先后顺序排列，绘制实施时间表有助于方案核查。人员的组织配置、活动对象、相应权责及时间地点也应在这部分加以说明，执行的应变程序也应该在这部分加以考虑。

比如举办运动会，可以增加运动会场的设计和布置、嘉宾座次、赞助方式、合同协议、媒体的支持、校园宣传、领导讲话、司仪、会场服务、秩序的维持、现场气氛调节、运动会项目的安排和赛事流程，活动后清理人员等。请根据实情自行调节（具体内容可自行填充）。

（6）经费预算

活动的各项费用在根据实际情况进行具体、周密的计算后，用清晰明了的形式列出（用图表可以更直观地呈现）。

（7）活动中应注意的问题及细节

内外环境的变化，不可避免地会给活动策划方案的执行带来一些不确定性因素，因此，当环境变化时是否有应变措施、应急措施等也应在策划中加以说明。

附件：正文未涵盖内容，比如通联表、报名名单等需要回复的信息。

策划书内容可以根据活动的具体要求和安排，进行适当添加、删减或改变，只要表达准确、明了，格式工整即可，但是一定要认真、仔细（即使一个标点和一个字都不能错），注重细节、全面。

三、任务明确

海燕和大有明确了工作的主要任务，即策划职业生涯规划大赛活动，撰写一份职业生涯规划大赛的策划书或策划方案。

四、任务实施

1. 向学长、学姐请教职业生涯规划大赛策划方案的重点内容和注意事项，海燕和大有明确活动策划书的内涵和具体内容。

2. 海燕、大有在网上搜集既往本校和省内各高校职业生涯规划大赛的举办史和策划方案，讨论本次举办职业生涯规划大赛的实施方案，明确活动背景、活动意义、主题。

3. 海燕和大有搜集大量资料后，拟创新本次比赛形式，比如邀请创业、技能大赛获全国金奖的知名校友现场分享职业生涯规划的重要意义，以丰富活动内容。关于获奖奖励，海燕和大有打算组织获奖选手前往知名校友所在单位或负责企业实习或参观。

4. 和二级学院学工处沟通协调，初步确定举办时间（考虑疫情因素可以线上线下同时举办）、举办地点、参加对象、经费预算等，论证职业生涯规划大赛策划方案的可行性。

5. 向校学生会主席汇报策划方案，待领导同意，并了解策划书的格式后，开始撰写策划书。

 范例展示

×× 学院

职业生涯规划大赛

策

划

书

主办方：×× 大学学生会
时　间：2022 年 10 月 12 日
策划人：×××

目　录

一、活动背景

来到学校，大家的内心中对自己的未来有所迷茫，对自己学习的专业是为了什么，将来能干什么工作，都不清楚，很多学生在大学学了几年后，在面对当今严峻的就业形势时，对就业和未来发展没有意识，缺乏提前规划。以至于步入社会觉得无所适从，走向职场的时候显得力不从心、竞争力不强，选择工作时难以下手。

二、活动目的

通过对职业生涯的规划，可以提前确定个人发展的目标，自己适合什么职业，然后结合自身的兴趣爱好、性格特点、内在潜能，找到目标，通过采取不同的计划行动，可以在日常生活中更有计划、有效率地学习。若能及早地对自己做好职业规划，也能更早地了解自己不容易察觉的特点，扬长补短，完善自我，从而更好地规划自己的未来。

三、活动主题

"生涯逐梦，职赢未来"

四、活动意义

丰富学生生活，活跃学习氛围，提升了新生对智能制造学院的了解与认识。在活动中，学生们积极参加，同学和老师给予热烈的掌声和鼓励的目光，让学生在活动中充分体验到自豪感以及学院的温情，实现个人的目标规划与长远成长。

五、活动地点

文峰楼 A308

六、活动时间

2022 年 10 月 15 日（星期六）

七、活动方式

初赛分为自我介绍、文字作品评审与现场问答三个环节；

复赛由文字作品评审、现场生涯规划展示及问答两部分组成，现场陈述 5 分钟，评委问答 2 分钟。

八、参加对象

智能制造学院全体学生

九、活动人员

1. 办公室负责活动人员的签到签退表和活动节目表的安排以及制作；

2. 由学生会主席团与办公室，挑选并确定当天晚上参加志愿者服务的人数以及名单，并制作相应的表格；

3. 志愿者负责活动的宣传，制作横幅，并负责悬挂；

4. 评委老师及主持人等。

十、活动过程

（一）宣传报名与组织工作

1. 智能制造学生会配合学工办，以线上线下形式广泛开展动员，采用主题班会、微信推文等方式通知各班级，让学生都了解职业生涯规划，并组织其踊跃参与报名工作。

2. 选出两名比赛主持人，要求形象端正，吐字清晰。

3. 在比赛开始前一天对现场完成布置，包括横幅、桌椅的位置摆放。

4. 比赛前一天，展开选手的比赛顺序抽签工作，并安排好比赛当天志愿者的工作任务，比赛选手的休息场地，以及比赛的签到工作。

5. 志愿者比赛当天提前 30 分钟入场，检查比赛道具是否完好。

（二）学院初赛

1. 时间：2022 年 10 月 15 日

2. 比赛流程：

主持人开场白，宣布初赛开始后，依次介绍今天来到现场的各位老师。初赛分为自我介绍、文字作品评审与现场问答三个环节，每位参赛选手有 5 分钟的发挥时间，问答结束后，从规定位置返回休息场地，随后由主持人上台，宣布下一位选手上台。比赛结束后，由评委老师给出最后分数，主持人宣布晋级选手名单，比赛结束，参赛选手合影留念。合影结束后，参赛人员有序散场，志愿者最后离场，协助道具摆放与垃圾清理。

（三）学院复赛

1. 时间：2022 年 10 月 17 日

2. 比赛流程：

复赛由文字作品评审、现场生涯规划展示及问答两部分组成，现场陈述 6 分钟，评委问答 2 分钟。比赛结束后，由评委老师给出最后分数，评选出特等奖 1 名、一等奖 2 名、二等奖 3 名、三等奖 4 名，以及优秀奖若干名，比赛结束，复赛选手进行合影留念。合影结束后，参赛人员有序散场，志愿者最后离场，协助道具摆放与垃圾清理。

（四）活动结束

1. 为总决赛获奖的同学进行表彰，颁发相应证书以及奖品。

2. 进行记录宣传，在微信上发送相关的推文。

十一、经费预算

此次活动总经费预算，其中分为购置前期宣传用品海报横幅，现场活动道具，活动后期的参赛证书的颁发。（详细购置账单见附录一）

十二、应急预案

（一）突发事故应急方案

1. 前一位比赛选手开始比赛时，其后的一位选手在后台准备，如遇比赛选手由于各种原因无法按时参与比赛时，由下一号比赛选手跟进。

2. 比赛选手在演出过程中发生失误或无法顺利进行的情况时，由负责人与志愿者做好临时组织工作，保持比赛的正常运行。例如，选手比赛时，话筒突然不能工作，志愿者要及时传递话筒给参赛选手。

（二）突然停电

1. 需及时安抚所有的参演与观看人员，保持原地，严禁四处跑动，严禁大声喧哗和私自离开位置，并通知大家打开手机的手电筒，以便于志愿者之间沟通并确定方位。

2. 如比赛难以进行，志愿者要妥善维持会场内所有人员的安全撤离。

（三）突发伤病

做好受伤人员的救治工作，如有人员受伤及时由校医进行治疗。

（四）工作要求

1. 所有比赛参与人员，需提高安全认识，加强安全防护，保持比赛场地的肃静，遇到突发问题，听从老师以及活动负责人指挥。

2. 各组人员要各负其责，严禁离岗、空岗、大声喧哗等现象。

附录一

名称	单价	数量	总计
矿泉水	2 元 / 瓶	50	100
横幅	40 元 / 条	1	40
奖品、证书			500
合计			640

附录二

部门	姓名	职务	电话	备注
主席团	×××	执行主席		
主席团	×××	主席团成员		
主席团	×××	主席团成员		
办公室	×××	主任		
办公室	×××	副主任		
学习部	×××	部长		

五、实践训练任务

为了加强学校体育工作、提高学生健康素质，全面落实科学发展观，坚持以人为本，促进青少年学生全面发展。经学校研究决定，于 10 月 27—28 日召开校第十五届田径运动会，请撰写一份运动会的活动策划方案。

专题十二　文化寻访

　　将"读书"与"躬行"相结合的思想古来有之，唐杜甫有"读书破万卷，下笔如有神"，宋陆游有"纸上得来终觉浅，绝知此事要躬行"，明董其昌有"读万卷书，行万里路"，明王阳明有"知者行之始，行者知之成"。以上思想我们从小耳濡目染，使我们懂得读书使人明智，实践能出真知，书本上汲取的知识需要"躬行"才能使知识落地，发挥知识对于实践的指导作用，从而更易于理解所学知识的价值和意义。因此，大学语文的学习，我们不仅要在课堂上学习书本上的知识，也应该走出去，关注脚下土地，关注国粹艺术，关注祖先留给我们丰厚的文化遗产，感受文化之美，探寻文化之根，传承文化之魂，让大学语文落地生根。本专题以"诗·城""戏曲寻梦""探寻非遗"三个活动为媒介，延展大学语文的学习空间。

诗·城

一、任务情境

大学语文课上，伊伊、欣欣、洛洛通过学习了解到诗歌中有相当一部分内容和城市相关。我国疆域广阔，诗人足迹遍布广袤大地，留下了许多脍炙人口的诗歌，其中，以洛阳、杭州、苏州、西安、扬州等为代表的历史文化名城都可谓"被诗歌浸润的城市"，关于这些城市的作品不胜枚举。诗歌作为"史"的存在，记录、反映了它们的历史文化，提高了它们的文化知名度，而它们自身的文化底蕴也丰富了诗歌表现形式，可谓互为成就。伊伊、欣欣、洛洛皆来自洛阳，他们虽然从小就知道许多耳熟能详的诗人用他们的才思歌颂着洛阳这座城市，流传下来诗歌被千古传颂，但诗人、诗歌和家乡这座城市的关系却是他们之前没有细细思量过的，所以，经过课上的知识点拨，使得三人意识到这一点，并深深为自己的家乡自豪，他们极力想通过文化寻访活动将自己的家乡介绍给大家。

二、知识导读

（一）诗歌的起源和流传

诗歌起源于上古时期的劳动号子与祭祀颂词，具有悠久的历史和丰富的文化遗产。历数而来，先秦的作品有《诗经》《楚辞》，汉代有乐府诗，魏晋南北朝有民歌，唐诗、宋词、元曲、明清诗歌，可谓一个时代有一个时代的代表作品、诗体。除此之外，更有灿若星河的代表作家，屈原、曹植、李白、杜甫、王维、孟浩然、高适、苏轼、李清照、辛弃疾、陆游、马致远、纳兰容若等，他们用诗歌这一表达方式抒发着自己的情感。

（二）诗歌与城市

梳理诗歌可知，诗歌的内容多和城市有关，作者生于斯，长于斯，游于斯，向往于斯，他们用手中的文字，不仅展现出对于这个城市的喜爱之情，有对风景的盛赞、对风土人情的描述，更以城市文化为载体，抒发对历史的反思、建功立业的满腔抱负、怀才不遇的苦闷、面对人生低谷时的旷达等。

我国疆域广阔，诗人的足迹遍布，可以说西北至边塞，东临碣石，南至海南，多数城市皆有相关诗歌流传，其中，以洛阳、杭州、苏州、西安、扬州等为代表的历史文化名城更是被诗歌浸润的城市。翻开诗歌史，这几个城市如明星般耀眼存在，司马光的"若问古今兴废事，请君只看洛阳城"借洛阳的兴衰发思古之幽情；苏轼的"欲把西湖比西子，淡妆浓抹总相宜"道出了西湖的神韵；张继的"月落乌啼霜满天，江枫渔火对愁眠"勾画出了客船夜泊者对江南深秋的感受，并表现了作者身处乱世尚无归宿之忧；李白的"长安一片月，万户捣衣声"情景交融，写出了妇人对于远征边陲的良人的思念；徐凝的"天下三分明月夜，二分无赖是扬州"，使扬州赢得了"月亮城"的美誉……我国是一个诗的国度，城市与诗歌水乳交融，互相成就，两者之间具有密切的关系。

三、任务明确

〖"何人不爱洛阳花"PPT 制作〗

洛阳历史厚重、资源丰富，相关的诗歌多且流传度广，有述说历史沧桑的、有表达思乡之情的、有描述风景遗迹的，有咏唱某一意象的……其中，牡丹作为洛阳的文化标志，和它相关的一切在诗歌中被反复歌颂。因此，伊伊、欣欣、洛洛在查阅了洛阳牡丹的相关资料，利用五一假期走访了一些历史名胜之后，决定选取牡丹花这个意象来作为呈现对象，以 PPT 汇报的形式向大家展现，将自己的家乡介绍给大家。

四、任务实施

伊伊、欣欣、洛洛明确了任务后，开始着手实施：

（1）三人分工：伊伊负责搜寻描写洛阳牡丹的诗人、诗歌；欣欣负责搜寻和洛阳牡丹相关的故事、传说；洛洛负责搜寻和洛阳牡丹相关的文物、遗迹、文创、饮食等；

洛阳牡丹

（2）根据伊伊所搜寻的 × 个诗人 × 首诗歌，欣欣搜寻的隋炀帝建东都洛阳、武则天贬牡丹于洛阳等故事、传说，洛洛搜寻的 ×× 种与洛阳牡丹相关的文物、遗迹、文创、饮食等，三人商讨，归纳出诗歌中洛阳牡丹的文化意象；

（3）经过搜集材料，结合自身生活经验，三人意识到诗中的牡丹已经融入洛阳这座城市，成为洛阳的名片，所以，三人决定进行实地寻访：观赏中国国花园的牡丹种植园、打卡王城公园的牡丹仙子像、沉浸式体验洛阳牡丹瓷博物馆的牡丹瓷制作过程、聆听洛阳博物馆讲解员讲述与牡丹相关的文物、品尝老字号的牡丹主题菜品和甜点、参观牡丹主题文创等，其间通过拍照、录制视频、采访，留存资料；

（4）根据所收集的所有材料，三人梳理线索，以"何人不爱洛阳花"为主题，伊伊撰写文稿，欣欣制作 PPT；

（5）洛洛熟悉 PPT、文稿，负责课堂汇报。

范例展示

1. 2022 年央视春晚创意音舞诗画节目《忆江南》

2. 2022 年河南卫视《中秋奇妙游·神都相逢》

3. 中国大学生慕课《微言品语文·诗扬州》系列视频

五、实践训练任务

请结合自己所在城市的诗歌文化，选取角度，或从风景名胜，或从历史人物、典故，或从红色文化等出发进行寻访，最终以 PPT 汇报或微视频形式呈现，要求如下：

1. 时长不少于 5 分钟；

2. 内容准确，能够呈现出诗歌与城市的关联。

探 寻 非 遗

一、任务情境

为了传承中华优秀传统文化，加深同学们对于非遗文化的认识和了解，增强文化自信，学校组织了非遗进校园活动。受此活动影响，南嘉作为非遗文化的爱好者，决定利用暑假探寻家乡的非遗文化。

二、知识导读

什么是非遗？在探寻非遗之前，首先要做好功课，简单了解一下非遗的基本知识。非遗的全称是非物质文化遗产，它的相关知识如下：

（一）含义

2011年《中华人民共和国非物质文化遗产法》出台，该法规定：非物质文化遗产是指各族人民世代相传并视为其文化遗产组成部分的各种传统文化表现形式，以及与传统文化表现形式相关的实物和场所。包括：（1）传统口头文学以及作为其载体的语言；（2）传统美术、书法、音乐、舞蹈、戏剧、曲艺和杂技；（3）传统技艺、医药和历法；（4）传统礼仪、节庆等民俗；（5）传统体育和游艺；（6）其他非物质文化遗产。

（二）中国入选联合国教科文组织非物质文化遗产名录（名册）项目

截至2022年11月，共计676个项目入选联合国教科文组织非物质文化遗产名录（名册），涉及136个国家，我国是世界上入选"非遗"项目最多的国家，共43项，分别为：

1.《人类非物质文化遗产代表作名录》35个（含2个跨国联合申请项目）

昆曲（2008年）；中国古琴艺术（2008年）；蒙古族长调民歌（与蒙古国联合申报，2008年）、新疆维吾尔木卡姆艺术（2008年）；中国传统桑蚕丝织技艺（2009年）、中国朝鲜族农乐舞（2009年）、南音（2009年）、南京云锦织造技艺（2009年）、宣纸传统制作技艺（2009年）、侗族大歌（2009年）、粤剧（2009年）、《格萨（斯）尔》（2009年）、龙泉青瓷传统烧制技艺（2009年）、热贡艺术（2009年）、藏戏、《玛纳斯》（2009年）、蒙古族呼麦歌唱艺术（2009年）、花儿（2009年）、西安鼓乐（2009年）、中国书法（2009年）、中国篆刻（2009年）、中国剪纸（2009年）、中国雕版印刷技艺（2009年）、中国传统木结构建筑营造技艺（2009年）、端午节（2009年）、妈祖信俗（2009年）；京剧（2010年）、中国针灸（2010年）；中国皮影戏（2011年）；中国珠算——运用算盘进行数学计算的知识与实践（2013年）；二十四节气——中国人通过观察太阳周年运动而形成的时间知识体系及其实践（2016年）；藏医药浴法——中国藏族有关生命健康和疾病防治的知识与实践（2018年）；太极拳（2020年）、送王船——有关人与海洋可持续联系的仪式及相关实践（与马来西亚联合申报）（2020年）；中国传统制茶技艺及其相关习俗（2022年）。

2.《急需保护的非物质文化遗产名录》7个

羌年（2009年）、黎族传统纺染织绣技艺（2009年）、中国木拱桥传统营造技艺（2009年）；麦西热甫（2010年）、中国活字印刷术（2010年）、中国水密隔舱福船制造技艺（2010年）；赫哲族伊玛堪（2011年）。

3.《保护非物质文化遗产优秀实践名录》1个

福建木偶戏后继人才培养计划（2012年）

（三）保护原则

《非物质文化遗产法》第4条规定，保护非物质文化遗产，应当注重其真实性、整体性和传承性，有利于增强中华民族的文化认同，有利于维护国家统一和民族团结，有利于促进社会和谐和可持续发展。

非遗代表作为中华民族几千年历史沉淀的精神瑰宝，体现了各族人民的思维方式、价值观念、行为准则，了解非遗，能够更加深刻理解我们国家的文化。

三、任务明确

〖沉浸式体验中国雕版印刷术〗

南嘉明白非遗是"活"的文化，是先辈通过日常生活的运用而留存到现代的文化财富，融入了民族历史文化的"基因"。但非遗本身的脆弱性决定了它的未来需要得到更多的关注。因此，来自扬州的她依据自身的兴趣爱好和家乡文化，选择了非遗中的雕版印刷术为寻访对象，通过参观扬州中国雕版印刷博物馆、广陵古籍刻印社，以沉浸式体验的方式来感受非遗的魅力。

四、任务实施

南嘉在确定了寻访非遗的对象后，决定列以下计划实施，并做好访谈记录（如表1）。

1. 寻访活动前，通过网络和书籍，了解雕版印刷术的发展历史、文化、传承等相关内容；

2. 参观扬州中国雕版印刷博物馆，通过工作人员讲解，深入了解雕版印刷术的发展历史。过程中，南嘉通过记录、拍照等方式留存材料；

3. 通过扬州中国雕版印刷博物馆互动体验区，观摩雕版印刷工艺流程，从选材制版、制作写样、雕刻上版、印刷，真实体验雕版印刷的制作过程；

4. 参观扬州广陵古籍刻印社，在刻印社的"雕版印刷技艺传习所"，除了再次体验写样、上版、印刷外，主要学习书籍装订技术；

    5. 访谈雕版印刷传承人，深入了解雕版印刷术的传承，并做好访谈记录；

    6. 以"刀行如笔，字起风云——雕版印刷术的前世今生"为主题，撰写演讲稿。

表1　访谈记录表

对象		性别		年龄	
访谈成员			访谈时间		
访谈提纲			访谈记录		

范例展示

    1. 央视 CCTV-1 大型文化节目《非遗里的中国》

    2. 非物质文化遗产雕版印刷术纪录短片——《雕刻时光》

    3.《古籍之美》纪录片

五、实践训练任务

    请选取家乡的文化遗产，进行实地寻访，了解其历史、形式、传承、价值等，并拟定主题，撰写演讲稿。

戏 曲 寻 梦

一、任务情境

大学语文课上，教师带领着同学们赏析了一些经典戏曲文本，并以视频形式让大家感受了戏曲表演的魅力。吉安、海生、洛洛、圣杰惊叹于戏曲唱腔的一唱三叹、身段表演的灵活生动、人物装扮的妙趣横生，尤其是虚拟性和程式化的表演，不仅模拟生活动作，灵活处理舞台上的空间和时间，如"三五步行遍天下，六七人百万雄兵"，而且经过概括、提炼、美化生活，形成演绎的规范化、舞蹈化，以固定的格式展现现实中的场景，如骑马、开门、上楼等动作。作为传统文化爱好者，为了扩大和加深对于戏曲的了解，吉安、海生、洛洛、圣杰决定以小组形式组织"戏曲寻梦"文化寻访活动。

二、知识导读

戏曲文化博大精深，涵盖面很广，如何让"戏曲寻梦"活动顺利进行，吉安、海生、洛洛、圣杰决定先要了解一下戏曲的基本常识：

（一）起源与流传

中国戏曲起源于原始歌舞，综合文学、音乐、舞蹈、美术、武术、杂技以及表演艺术而成，集唱腔、念白、身段、表情、武术技法于一体，体现出精湛深厚的艺术性。戏曲在先秦时期处于萌芽状态，经历了汉代百戏、唐代参军戏、北宋杂剧、金代院本、南宋南戏、明清传奇等阶段。到近代，一批有造诣的戏曲艺术家改良了戏曲艺术，新中国成立后，根据观众需要，同时适应时代要求，戏曲艺术又得到了新的发展。

在历史的发展中，戏曲兼收并蓄所在地区的语言、民歌、音乐等，形成了约三百六十多种种类，其中最被人所熟知的有京剧、昆曲、越剧、黄梅戏、豫剧、川剧、评剧、秦腔等，各个剧种有其自身的艺术特色，在梨园界争奇斗艳，向大众传递着真、善、美。作为中华优秀传统文化中的一部分，戏曲有着广泛的群众基础，戏曲艺术自身所包含的文学性、艺术性、思想性都值得我们去寻味。时代虽在改变，但传统还是要坚守。

（二）戏曲行当

戏曲行当主要分"生、旦、净、丑"，每个行当都有与之相关的造型、形象内涵、表演方式，这是对戏曲人物的艺术化、规范化。

生，扮演男性人物，是戏曲表演行当的主要类型之一。根据人物身份、年龄不同，分为小生、老生、武生。小生指的是青年男性，如《牡丹亭》中的柳梦梅；老生指的是中年或老年男性，因多挂髯口，又称须生，如《空城计》中的诸葛亮；武生指的是擅长武艺的青壮年男性，如《长坂坡》中的赵云。

旦，扮演女性人物，是戏曲表演行当的主要类型之一。根据人物身份、年龄、性格不同，分为正旦（青衣）、花旦、武旦、彩旦、老旦等。正旦（青衣）主要扮演娴静庄重的青年、中年妇女，如《六月雪》中的秦香莲；花旦多扮演活泼、性格明快的青年女性，如《西厢记》中的红娘；武旦扮演擅长武艺的女性，如《破洪州》中的穆桂英；彩旦扮演滑稽、刁奸的女性人物，又称丑旦，如《西施》里的东施；老旦扮演老年女性，如《西厢记》中的崔老夫人。

净，俗称花脸，是戏曲表演行当的主要类型之一。分文净、武净，一般有黑头、奸白脸、老脸等。黑头是以包拯为代表的，指性格刚正不阿，铁面无私的人；奸白脸指老奸巨猾的反面人物，如"三国戏"里的曹操；老脸主要扮演老年男性，如《华容道》中的关羽。

丑，喜剧角色，分为文丑、武丑。武丑扮演武艺高超、机智幽默的人物，像侠盗小偷、绿林好汉等，如《时迁偷鸡》中的时迁。武丑以外的丑角都由文丑来扮演。

（三）戏曲艺术

中国戏曲的主要艺术特征是综合性、程式性、虚拟性。

1. 综合性

戏曲综合性最突出的体现就是唱念做打。唱，指唱腔技法，注重声与情、字与声之间的关系；念，念白，是人物内心独白和对话；做，指做功，身段和表情的技法；打，即表演中的武打动作。

2. 程式性

戏曲程式化是为了展现人物的心理活动、动作，在戏曲表演中往往将生活化的动作规范化、艺术化、舞蹈化、格式化，具有一定的虚拟性、假定性，如戏曲舞台表演中的开门、关门等；又如脸谱造型用色：黑色（包拯）代表耿直、红色（关羽）代表忠心、白色（曹操）代表奸诈等。戏曲表演中的唱、念、做、打，以及化妆、服装、音乐、美术等皆展现出程式化的特点，通过程式化，戏曲有机结合了诸多因素，展现出一种综合的艺术，不仅能让观众领略到戏曲艺术的形式美，更能感受到内容上的享受和共鸣。

3. 虚拟性

戏曲虚拟性表现在对舞台空间和时间的处理，以及模拟某些生活动作，调度具体的舞台气氛。如"顷刻间千秋事业，方丈地万里江山""以鞭代马""以旗代车"，无实物的穿针走线等。

三、任务明确

〔情景演绎《游园惊梦》〕

学校所在的城市是苏州，苏州最有名的戏曲剧种是昆曲。作为"临川四梦"之一的《牡丹亭》，是昆曲的代表剧目之一，因此，吉安、海生、洛洛、圣杰决定以《牡丹亭》为切入点，以情景剧的方式来演绎一段至情至性的爱情故事。

四、任务实施

吉安、海生、洛洛、圣杰在明确了用情景剧形式来演绎《牡丹亭》后，具体实施如下：

（1）小组围读《牡丹亭》文本，观看昆曲《牡丹亭》之后，经过商讨，四人决定演绎《牡丹亭》中"游园惊梦"片段；

（2）四人走访当地昆剧院，请杜丽娘和柳梦梅的扮演者为他们讲述戏中人物身份、情感、行为等；

（3）吉安负责剧本创作，对照《牡丹亭》一书和昆曲《牡丹亭》，并关照学习小组成员各自的特点，请语文老师、昆剧院编剧进行剧本的指导修改；

（4）结合剧本所需人物：杜丽娘、柳梦梅、春香、陈最良，确定小组成员角色：吉安——杜丽娘、海生——柳梦梅、洛洛——春香、圣杰——陈最良；

（5）熟读剧本后，四人跟随昆剧院演员学习简单的唱腔、念白、身段，不断观摩昆曲《牡丹亭》中的相关片段；

（6）请昆剧院专业演员指导情景剧排练；

（7）准备简单的道具，课堂汇报演出。

范例展示

1. 剧本

戏 曲 寻 梦

【读戏人拿着戏本上场】

【读戏人看着春和景明，再看看手中的书，有感而发】

读戏人：不到园林，怎知春色如许。戏台上的春天，充满了浪漫和唯美。它可以是崔护笔下"人面桃花相映红"的那一抹青春萌动，还是林妹妹"牡丹谢，芍药怕，海棠惊"的芳心共鸣；更杜丽娘"但是相思莫相负"的一往情深……

【在吟诵声中，杜丽娘上】

【杜丽娘看着满园的春景，读戏人看着园中的杜丽娘】

【两人的眼神忽然碰在了一起，杜丽娘羞涩，作游园状】

【杜丽娘开始游园、念白，读戏人下】

杜丽娘：（念白）原来姹紫嫣红开遍，似这般都付与断井颓垣，良辰美景奈何天，赏心乐事谁家院。朝飞暮卷，云霞翠轩，雨丝风片，烟波画船，锦屏人忒看的这韶光贱。

配乐：昆曲《牡丹亭·游园》选段

【杜丽娘下】

【读戏人上，依依不舍地望着杜丽娘远去的背影】

【读戏人打开戏本，戏本中出现了夏日风情】

【读戏人在夏日情景中，再次陷入了沉思】

读戏人：春去夏来天渐长，独步梨园赏风光。戏文里的夏日声音，同样是妙曲清心。初夏时分，"四月里南风吹动麦梢黄"回响在三晋大地；仲夏伊始，吴越江南处处上演"年年端阳年年春"的人间美景；盛夏渐远，徽风皖韵中人人都吟唱着"架上累累悬瓜果"的香甜生活。

【农家小院中，织女上】

【织女看着架上累累的瓜果，读戏人望着甜在心窝的织女】

【织女开始念白，读戏人下】

织女：（念白）架上累累悬瓜果，风吹稻海荡金波，夜静犹闻人笑语，到底人间欢乐多。闻一闻瓜香心也醉，尝一尝新果甜透心窝，听一听乡邻们问寒问暖知心语，看一看画中人影舞婆娑，休要愁眉长锁，莫把时光错过，到人间巧手同绣好山河。

【织女幸福地进屋，读戏人上】

【读戏人看着幸福的织女，心头也升起慢慢的香甜】

【景色由夏到秋，满池的荷花也渐渐变成了飘零的荒野】

读戏人：绿色渐去，黄色渐浓，那属于秋天的丝丝薄凉和柔润，也逐渐出现在我们的戏文中。《琵琶记》的"中秋望月"，《凤仪亭》中的"拜月赐环"，《长生殿》的"仙梦重圆"，都是秋的经典画面。尤其是片片秋叶，更是浸染着痴男怨女们的淡淡风情。

【莺莺、红娘、张生上】

【读戏人远远地望着莺莺、红娘和张生作别，心生悲悯】

【莺莺开始念白，读戏人下】

崔莺莺：（念白）碧云天，黄花地，西风紧，北雁南翔。问晓来谁染得霜林绛？总是离人泪千行。成就迟，分别早，叫人惆怅。系不住骏马儿空有这柳丝长。七星车快与我把马儿赶上，那疏林也与我挂住了斜阳。

配乐：京剧《西厢记·长亭送别》选段

【莺莺、红娘、张生分下】

【读戏人上，看着片片黄叶，心里伤感起来】

【黄叶飘零，在空中幻化为雪花，读戏人的心也开始变得凄凉】

读戏人：秋去冬来伤岁暮，大雪纷飞入戏文。风雪中似乎总有人家，上演着不同的风雪意象。《野猪林》的风雪，说的是英雄末路；《金玉奴》的风雪，写的是古道热肠；《走雪山》的风雪，演的是侠肝义胆，《白兔记》的风雪，唱的是久别重逢。

【在吟诵声中，李三娘定格在皑皑白雪中】

【读戏人远远地望着李三娘】

李三娘：(念白) 漫天大雪落纷纷，遥对苍天忆平生。知远啊，磨盘围着磨芯转，三娘我抚心自问无遗恨！十六年，千斤石磨可作证，磨灭了多少晨与昏。十六年，寒暑井台可作证，踩过了多少冬与春，十六年，含泪玉桂可作证，洒下了多少血泪痕。十六年，苦水鱼塘可作证，闯过了多少死与生。十六年，长长足印可作证，回眸足印有浅深。浅的是那，同胞虚情似浮尘，深的是我，思夫爱子心意真。

【杜丽娘、织女、崔莺莺、李三娘错落地站在时光中】

【读戏人穿越在她们中间】

读戏人：人间至味，莫过于四季风光。春生夏长、秋收冬藏，戏文的四季不仅仅是人们眼中景色的嬗替，更是艺术家对天、地、人的崭新感悟，对自然最浪漫表达，在那上场的一瞬间，四季交替循环的生命，万物生生不息的气韵，和着一句句的戏文，交融成一种至美至善的境界。

2. 视频

2022 年河南卫视《清明奇妙游·清茗酬知音》

五、实践训练任务

好的作品经久不衰，其丰富的内容、动人的情节、鲜明的主题思想、典型的人物形象使得其在文学史、戏曲史上具有重要的地位，由其创作改编的舞台表演亦有深厚的群众基础。请选取经典剧目进行剧本创作，以小组的形式走访家乡的戏曲剧院，在演员指导下排练演绎，在课堂上进行展示。

一、著作类

[1] 朱熹. 四书章句集注 [M]. 北京：中华书局，2021.

[2] 王国轩. 大学·中庸 [M]. 北京：中华书局，2006.

[3] 夷夏. 梁启超讲演集 [M]. 石家庄：河北人民出版社，2004.

[4] 杨伯峻. 论语译注 [M]. 北京：中华书局，2019.

[5] 孟祥才. 孟子新传 [M]. 北京：人民出版社，2021.

[6] 杨泽波. 孟子性善论研究 [M]. 北京：中国人民大学出版社，2010.

[7] 梁涛. 孟子解读 [M]. 北京：中国人民大学出版社，2010.

[8] 杨伯峻. 孟子译注 [M]. 北京：中华书局，2019.

[9] 司马迁. 史记 [M]. 杨燕起，译. 长沙：岳麓书社，2019.

[10] 金开诚，等. 屈原集校注 [M]. 北京：中华书局，1996.

[11] 张载. 横渠易说校注 [M]. 北京：中华书局，2021.

[12] 方光华，曹振明. 张载思想研究 [M]. 西安：西北大学出版社，2020.

[13] 张载. 张载集 [M]. 章锡琛，点校. 北京：中华书局，2012.

[14] 李大钊. 李大钊全集 [M]. 北京：人民出版社，2021.

[15] 李大钊. 李大钊诗文选集 [M]. 北京：人民文学出版社，1981.

[16] 王朝柱. 李大钊 [M]. 北京：作家出版社，2013.

[17] 王佐良. 王佐良全集 [M]. 北京：外语教学与研究出版社，2016.

[18] 席慕蓉. 七里香 席慕蓉诗集 [M]. 武汉：长江文艺出版社，2017.

[19] 郭沫若. 女神 [M]. 北京：人民文学出版社，2020.

[20] 郭沫若. 郭沫若全集（文学编）：第六卷 [M]. 北京：人民文学出版社，1984.

[21] 程俊英，蒋见元. 诗经注析 [M]. 北京：中华书局，2017.

[22] 郭茂倩. 乐府诗集 [M]. 北京：中华书局，2019.

[23] 鲁迅. 彷徨 [M] // 鲁迅全集：第二卷. 北京：人民文学出版社，2017.

[24] 鲁迅. 坟 [M] // 鲁迅全集：第一卷. 北京：人民文学出版社，2017.

[25] 亨里克·易卜生. 玩偶之家 易卜生戏剧选 [M]. 方华文，译，南京：译林出版社，2022.

［26］中国图书评论学会. 读书的方法与艺术［M］. 北京：人民出版社，2017.

［27］孟宪承. 中国古代教育文选［M］. 孙培青，注. 北京：人民教育出版社，2003.

［28］王文锦. 礼记译解［M］. 北京：中华书局，2016.

［29］陶潜. 陶渊明集笺注［M］. 袁行霈，笺注. 北京：中华书局，2022.

［30］李长之. 陶渊明传论［M］. 天津：天津人民出版社，2015.

［31］陈宏谋. 五种遗规［M］. 北京：线装书局，2015.

［32］朱熹. 四书章句集注［M］. 北京：中华书局，2012.

［33］范晔. 后汉书（第六册）［M］. 李贤等，注. 北京：中华书局，2016.

［34］钟肇鹏，周桂钿. 桓谭王充评传［M］. 南京：南京大学出版社，1993.

［35］黄晖. 论衡校释［M］. 北京：中华书局，2018.

［36］伊塔洛·卡尔维诺. 为什么读经典［M］. 黄灿然，李桂蜜，译. 南京：译林出版社，2019.

［37］张崇琛. 楚辞文化研究［M］. 北京：中国社会科学出版社，2020.

［38］林家骊，译注. 楚辞［M］. 北京：中华书局，2015.

［39］朱熹. 楚辞集注［M］. 黄灵庚，点校. 上海：上海古籍出版社，2022.

［40］张彦远. 历代名画记校笺［M］. 许逸民，点校. 北京：中华书局，2021.

［41］钱锺书. 谈艺录［M］. 上海：生活·读书·新知三联书店，2019.

［42］刘勰. 文心雕龙今译［M］. 周振甫，点校. 北京：中华书局，2013.

［43］刘熙载. 艺概注稿［M］. 北京：中华书局，2009.

［44］余敦康. 魏晋玄学史［M］. 北京：北京大学出版社，2016.

［45］徐震堮. 世说新语校笺［M］. 北京：中华书局，2016.

［46］阎步克. 士大夫政治演生史稿［M］. 北京：北京大学出版社，2015.

［47］田余庆. 东晋门阀政治［M］. 北京：北京大学出版社，2012.

［48］刘义庆. 世说新语笺疏［M］. 余嘉锡，注. 北京：中华书局，2011.

［49］余秋雨. 中国文脉［M］. 北京：北京联合出版公司，2019.

［50］李泽厚. 中国古代思想史论［M］. 上海：生活·读书·新知三联书店，2008.

［51］李泽厚. 美的历程［M］. 上海：生活·读书·新知三联书店，2022.

［52］曹寅，集注. 全唐诗［M］. 石家庄：河北人民出版社，1993.

［53］陈尚君，补辑. 全唐诗［M］. 北京：中华书局，2018.

［54］叶嘉莹. 叶嘉莹说初盛唐诗［M］. 北京：中华书局，2018.

［55］李泽厚. 华夏美学［M］. 武汉：长江文艺出版社，2019.

［56］肖复兴. 肖复兴音乐散文［M］. 北京：人民文学出版社，2013.

［57］刘小枫. 拯救与逍遥［M］. 上海：上海三联书店，2007.

［58］阿尔贝特·史怀泽. 敬畏生命［M］. 陈泽环，译. 上海：上海人民出版社，

1992.

[59] 史铁生. 命若琴弦 [M]. 北京：人民文学出版社，2008.

[60] 周国平. 周国平散文 [M]. 北京：人民文学出版社，2008.

[61] 史铁生. 史铁生作品集 [M]. 北京：中国社会科学出版社，2000.

[62] 巴金. 激流三部曲：家春秋（全三册）[M]. 北京：人民文学出版社，2022.

[63] 巴金. 巴金散文 [M]. 北京：人民文学出版社，2022.

[64] 余华. 没有一条道路是重复的 [M]. 北京：作家出版社，2012.

[65] 蒙田. 蒙田随笔 [M]. 上海：上海译文出版社，2022.

[66] 培根. 论人生 [M]. 张毅，译. 上海：上海人民出版社，2012.

[67] 杰克·伦敦. 杰克·伦敦小说选 [M]. 万紫等，译. 北京：人民文学出版社，2003.

[68] 曹操. 曹操集 [M]. 北京：中华书局，2018.

[69] 上海辞书出版社文学鉴赏辞典编纂中心. 毛泽东诗词鉴赏辞典 [M]. 上海：上海辞书出版社，2011.

[70] 沈德潜. 古诗源 [M]. 北京：中华书局，2006.

[71] 杨伯峻. 春秋左传注 [M]. 北京：中华书局，2016.

[72] 韩兆琦. 新白话史记 [M]. 北京：中华书局，2009.

[73] 苗怀明. 陶庵梦忆（中华经典名著全本全注全译丛书）[M]. 北京：中华书局，2020.

[74]《如果国宝会说话》节目组. 如果国宝会说话 [M]. 北京：五洲传播出版社，2019.

[75]《大国工匠》节目组. 大国工匠 [M]. 北京：新世界出版社，2019.

[76] 殷义祥. 古文观止新注 [M]. 北京：人民文学出版社，2001.

[77] 陈鼓应. 庄子今注今译 [M]. 北京：中华书局，1983.

[78] 蔡义江. 蔡义江新评红楼梦 [M]. 北京：商务印书馆，2022.

[79] 任仲文. 传奇校长张桂梅和1804个女孩的故事 [M]. 北京：人民日报出版社，2021.

[80] 唐娜·邓宁. 你的职业性格是什么？：MBTI16型人格与职业规划 [M]. 王瑶，邢之浩，译. 北京：电子工业出版社，2019.

[81] 杰克·韦尔奇，约翰·拜恩. 杰克·韦尔奇自传：尊享版 [M]. 曹彦博，孙立明，丁浩，译. 北京：中信出版社，2017.

[82] 陈嘉映. 说理 [M]. 上海：上海文艺出版社，2020.

[83] 戴尔·卡耐基. 人性：优点与弱点 [M]. 李麦逊，译. 北京：北京大学出版社，2015.

[84] 中央纪委国家监委网络中心. 中国大家 [M]. 北京：中国方正出版社，2019.

［85］人民日报社文艺部．人民日报 70 年报告文学选［M］．北京：人民日报出版社，2018.

［86］赵忆宁．大国工程［M］．北京：中国人民大学出版社，2018.

［87］单霁翔．大运河漂来紫禁城［M］．北京：中国大百科全书出版社，2020.

［88］冬冰．长河有歌吟：大运河诗词中的扬州记忆［M］．南京：东南大学出版社，2014.

［89］夏坚勇．大运河传［M］．南京：江苏文艺出版社，2018.

［90］扬雄，郭璞．方言［M］．北京：中华书局，2016.

［91］贾德臣．中国传统相声大全［M］．北京：作家出版社，2017.

［92］中国社会科学院语言研究所．方言调查字表［M］．北京：商务印书馆，1981.

［93］汪曾祺．汪曾祺散文：食事［M］．南京：江苏人民出版社，2020.

［94］蔡澜．寻味中国：大食会［M］．青岛：青岛出版社，2018.

［95］袁枚．随园食单［M］．北京：中华书局，2020.

［96］金庸．鹿鼎记［M］．广州：广州出版社，2020.

［97］六神磊磊．六神磊磊读金庸［M］．杭州：浙江文艺出版社，2021.

［98］陈墨．文化金庸：陈墨评金庸系列 7［M］．北京：海豚出版社，2015.

［99］刘旭东．吾乡风物［M］．南京：江苏凤凰文艺出版社，2017.

［100］费孝通．乡土中国［M］．北京：人民出版社，2022.

［101］莫砺锋．莫砺锋讲杜甫诗［M］．桂林：广西师范大学出版社，2019.

［102］谢思炜．杜甫集校注［M］．上海：上海古籍出版社，2016.

［103］莫砺锋．杜甫评传［M］．南京：南京大学出版社，1993.

［104］梁启超．戊戌政变记［M］．长沙：岳麓书社，2011.

［105］朱刚．苏轼十讲［M］．上海：上海三联书店出版社，2019.

［106］苏轼．苏轼选集［M］．王水照，选注．上海：上海古籍出版社，2014.

［107］徐四海．毛泽东诗词全编笺译［M］．上海：东方出版社，2017.

［108］毛泽东．毛泽东诗词选［M］．北京：人民文学出版社，1986.

［109］萧三．革命烈士诗抄［M］．北京：中国青年出版社，2011.

［110］徐霞客．徐霞客游记（全四册）［M］．朱惠荣，李兴和，译注．北京：中华书局，2015.

［111］徐志摩．徐志摩散文［M］．北京：人民文学出版社，2007.

［112］徐志摩．徐志摩全集［M］．韩石山，编．天津：天津人民出版社，2005.

［113］朱自清．朱自清散文［M］．北京：人民文学出版社，2005.

［114］王照水，崔铭．苏轼传［M］．天津：天津人民出版社，2013.

［115］苏轼．苏轼词编年校注（全三册）［M］．邹同庆，王宗堂，校注．北京：中华书局，2002.

［116］苏轼．苏轼诗集合注（全六册）［M］．冯应榴，辑注，黄任轲，朱怀春，校点．上海：上海古籍出版社，2019.

［117］林语堂．苏东坡传［M］．天津：百花文艺出版社，2008.

［118］埃德加·斯诺埃．红星照耀中国［M］．董乐山，译．北京：人民文学出版社，2017.

［119］王树增．长征（修订版）［M］．北京：人民文学出版社，2016.

［120］哈里森·索尔兹伯里．长征：前所未闻的故事［M］．朱晓宇，译．北京：北京联合出版公司，2015.

［121］郝景芳．孤独深处［M］．杭州：浙江文艺出版社，2021.

［122］韩松．地铁［M］．上海：上海人民出版社，2011.

［123］刘慈欣．流浪地球——刘慈欣获奖作品［M］．武汉：长江文艺出版社，2008.

［124］刘慈欣．三体［M］．重庆：重庆出版社，2008.

二、期刊类

［1］张岱年．孔子与中国文化［J］．清华大学学报（哲学社会科学版），1986,1（1）：2-7.

［2］史铁生．宿命与反抗［J］．理论与创作，1997，2：34-36.

［3］陈顺馨．论史铁生创作的精神历程［J］．文学评论，1994，2：98-104，127.

郑重声明

高等教育出版社依法对本书享有专有出版权。任何未经许可的复制、销售行为均违反《中华人民共和国著作权法》，其行为人将承担相应的民事责任和行政责任；构成犯罪的，将被依法追究刑事责任。为了维护市场秩序，保护读者的合法权益，避免读者误用盗版书造成不良后果，我社将配合行政执法部门和司法机关对违法犯罪的单位和个人进行严厉打击。社会各界人士如发现上述侵权行为，希望及时举报，我社将奖励举报有功人员。

反盗版举报电话　（010）58581999　58582371

反盗版举报邮箱　dd@hep.com.cn

通信地址　北京市西城区德外大街4号　高等教育出版社法律事务部

邮政编码　100120

读者意见反馈

为收集对教材的意见建议，进一步完善教材编写并做好服务工作，读者可将对本教材的意见建议通过如下渠道反馈至我社。

咨询电话　400-810-0598

反馈邮箱　gjdzfwb@pub.hep.cn

通信地址　北京市朝阳区惠新东街4号富盛大厦1座

　　　　　高等教育出版社总编辑办公室

邮政编码　100029

资源服务提示

授课教师如需获得本书配套教学资源，请登录"高等教育出版社产品检索信息系统"（https://xuanshu.hep.com.cn/）搜索本书并下载资源，首次使用本系统的用户，请先注册并进行教师资格认证。

联系我们

高教社高职语文教育研讨QQ群1群：638427589，2群：790979113